中国中小企业改制上市操作手册

2019

上海市中小企业上市促进中心◎主编

China's Small and Medium-Sized Enterprise Restructuring and Listing Operation Manual 2019

中国经济出版社
CHINA ECONOMIC PUBLISHING HOUSE
·北京·

图书在版编目（CIP）数据

中国中小企业改制上市操作手册 2019/ 上海市中小企业上市促进中心主编 .
—北京：中国经济出版社，2019.9

ISBN 978-7-5136-5427-2

Ⅰ . ①中… Ⅱ . ①上… Ⅲ . ①中小企业—上市公司—上海—手册

Ⅳ . ① F279.275.1-62

中国版本图书馆 CIP 数据核字（2018）第 252146 号

选题策划　汪　京
责任编辑　葛　晶
责任印制　马小宾
封面设计　任燕飞装帧设计工作室

出版发行　中国经济出版社
印 刷 者　北京力信诚印刷有限公司
经 销 者　各地新华书店
开　　本　710mm × 1000mm　1/16
印　　张　21
字　　数　325 千字
版　　次　2019 年 9 月第 1 版
印　　次　2019 年 9 月第 1 次
定　　价　88.00 元
广告经营许可证　京西工商广字第 8179 号

中国经济出版社　**网址** www. economyph. com　**社址** 北京市西城区百万庄北街 3 号　**邮编** 100037
本版图书如存在印装质量问题，请与本社发行中心联系调换（联系电话：010-68330607）

编委会

前 言

2018年11月5日，习近平总书记宣布将在上海证券交易所设立科创板并试点注册制。这是党中央根据当前世界经济金融形势，立足中国改革开放大局做出的重大战略部署，是资本市场的重大制度创新，是完善我国多层次资本市场体系的重大举措。

近年来，随着境内股票发行审核流程进一步优化，审核效率不断提高，我国多层次资本市场快速发展，为一大批创新能力强、发展潜力大的企业，尤其是民营经济和中小企业，提供了产业与资本充分结合的平台，为众多怀揣梦想、锐意进取的企业家创造了施展才干、实现梦想的舞台。

企业的改制上市是一项系统工程，无论是久居行业龙头的企业，还是处于新兴产业的朝阳企业，都必须严格遵循这项系统工程所特有的各项规定。为了更有效地引导各行各业中小企业充分认识我国多层次资本市场，帮助企业了解改制上市的流程和条件，服务企业早日登陆资本市场的舞台，我们编撰了《中国中小企业改制上市操作手册2019》，本书从我国多层次资本市场体系概要、企业改制上市（挂牌）实务、证监会审核流程、IPO案例分析、政府部门办事流程、股权激励，以及红筹企业回归等方面进行了详细介绍。

本书的编撰工作得到了上海证券交易所、深圳证券交易所、平安证券股份有限公司、金茂凯德律师事务所、通力律师事务所、天健会计师事务所（特殊普通合伙）和盛世投资等业内知名机构的鼎力支持，在此深表感谢！

希望本书能够为处于改制阶段或正在为上市努力的中小企业提供帮助和参考。由于时间仓促和水平所限，书中难免有疏漏和不足之处，敬请阅者提出宝贵意见和建议，以便进一步修订完善。

编 者

2018年12月

目录 contents

第一章　资本市场概要

第一节　我国多层次资本市场建设概要 / 3

第二节　主板、中小板市场 / 4

第三节　创业板市场 / 8

第四节　科创板市场 / 11

第五节　场外交易市场 / 16

第六节　境外上市概述 / 24

第二章　改制上市（挂牌）概要

第一节　改制上市（挂牌）决策 / 51

第二节　上市地选择 / 54

第三节　改制上市基本知识 / 58

第三章　改制操作实务

第一节　前期准备 / 73

第二节　确定改制方式 / 78

第三节　重点法律问题 / 86

第四节　资产评估 / 88

第五节　外商投资企业改制及上市 / 92

第四章　财务与税收

第一节　财务规范 / 101

第二节　涉税处理 / 113

第三节　2018 年 IPO 审核财务与会计知识问答 / 119

第五章　股份公司成立及规范运作

第一节　创立大会 / 149

第二节　公司治理 / 152

第三节　规范运作 / 158

第六章　证监会审核流程

第一节　中国证监会发行监管部首次公开发行股票审核工作流程 / 165

第二节　中国证监会发行监管部再融资审核工作流程 / 169

第二节　中国证监会公开发行公司债券审核工作流程 / 172

第七章　IPO 审核重点及失败案例

第一节　主体资格 / 179

第二节　独立性 / 182

第三节　规范运行 / 185

第四节　持续盈利能力 / 186

第五节　财务与会计 / 189

第六节　募集资金运用 / 192

第七节　信息披露和中介报告 / 193

第八章　政府部门办事流程

第一节　股份有限公司工商设立登记程序 / 197
第二节　改制辅导 / 200
第三节　投资项目立项备案 / 202
第四节　建设项目核准与备案流程 / 204
第五节　上市环保核查与环评 / 209
第六节　合规性证明文件办理 / 219

第九章　引进战略投资者

第一节　战略投资者的引入 / 223
第二节　对赌协议 / 235
第三节　公司估值 / 238

第十章　股权激励

第一节　股权激励概述 / 243
第二节　股权激励模式 / 249

第十一章　红　筹

第一节　红筹架构概述 / 259
第二节　红筹架构企业回归的路径选择及主要方式 / 260
第三节　红筹架构企业回归所涉主要合规问题 / 267
第四节　红筹架构企业回归重组方案考虑因素 / 280
第五节　上市相关特殊关注事项 / 285

附　录

附录 1　部分服务机构信息 / 291

附录 2　重点法律法规文件索引 / 299

附录 3　尽职调查内容清单 / 310

附录 4　国内各板块功能定位及对发行人的要求 / 316

附录 5　拆除股权控制类红筹架构流程 4F / 320

附件 6　拆除协议控制类红筹架构流程 5F / 323

第一章

资本市场概要

第一节　我国多层次资本市场建设概要

主板、中小企业板、创业板、科创板和场外市场是我国多层次资本市场建设的重要组成部分，由于服务对象不同，各层次市场在发行标准、制度设计、风险特征、估值水平等方面都有所区别。

一、主板（含中小企业板）

目前，上海和深圳两个证券市场都是主板，中小企业板是主板的一部分。2014 年 3 月 27 日，中国证监会首次明确“首发企业可以根据自身意愿，在沪深市场之间自主选择上市地，不与企业公开发行股数多少挂钩。中国证监会审核部门将按照沪深交易所均衡的原则开展首发审核工作”。换言之，两地发行条件相同，申请 IPO 的企业可自主选择在上海证券交易所或者深圳证券交易所（中小企业板）上市，不受企业规模大小的限制。

根据《首次公开发行股票并上市管理办法》《上海证券交易所股票上市规则》，主板（中小板）对净利润和股本规模的要求为最近 3 年净利润均为正数且累计超过 3000 万元，发行后股本≥ 5000 万股（通常情况下，发行前股本≥ 3750 万股，公开发行股份≥ 1250 万股）。

允许企业自主选择上市地，是尊重企业自主选择上市地的体现，符合市场化和法制化原则，有利于沪深交易所提高服务效率与能力。

二、创业板

创业板于 2009 年 10 月正式推出，主要目的是促进自主创新企业及成长型创业企业的发展。从发行条件上来看，创业板公司应是具备一定的盈利基础，拥有一定的资产规模，且需存续一定期限，具有较高的成长性的企业。

三、场外市场

1. 全国中小企业股份转让系统（以下简称“新三板”）

2013 年 1 月 16 日，新三板正式揭牌运营，是经国务院批准设立的全国性证券交易场所。“正式揭牌运营后，全国性场外市场的运作平台将由证券业协会自律管理的证券公司代办股份转让系统转为国务院批准设立的全国中小企业股份转让系统有限公司；挂牌公司的准入和持续监管将纳入证监会非上市公众公司监管范围；市场运行制度将由证券业协会发布的试点办法转为全国中小企业股份转让系统业务规则。”自2006年1月中关村科技园区非上市股份有限公司股份报价转让试点工作启动起，截至2017年9月30日，该系统下共有11591家挂牌公司。新三板的揭牌运营，标志着全国场外市场建设翻开了新的一页，是全国场外市场建设从试点走向规范运行的重要转折，更是加快我国多层次资本市场建设与发展的重要举措。

2. 股权托管交易市场

2011年11月，国务院下发了《关于清理整顿各类交易场所切实防范金融风险的决定》（国发〔2011〕38号），同意建立由证监会牵头的清理整顿各类交易场所部际联席会议制度，拟建立全国统一规范的场外交易市场，提出了“顶层设计”概念，形成以新三板市场为主、券商自建柜台交易市场（OTC）并行、各地股权交易所为辅的多层次交易市场。目前，全国股权托管交易中心有淄博齐鲁股权托管交易中心、武汉股权托管交易中心、上海股权托管交易中心、浙江股权交易中心等。

第二节　主板、中小板市场

一、上交所“新蓝筹”主板

经过二十多年的发展，上交所已发展成为拥有股票、债券、基金、衍生品四大类证券交易品种的、市场结构完整的证券交易所。已形成以大型蓝筹企业为主、中型企业共同发展的蓝筹股主板市场，不仅包括国民经济支柱企业，也包括细分市场的龙头企业、优秀民营企业、国家扶持的战略新兴行业企业。上交所上市公司涵盖了国民经济的主要行业，既包括金融、石油化工、煤炭等传统行业，也包括信息技术、生物医药、文化传媒、新能源、节能环保、高端装备制造等新兴行业。

当前，新一轮科技革命和产业变革蓄势待发，新动能培育已成为中国经济由高速增长阶段转向高质量发展阶段的关键，创新是中国经济“行稳致远”的根本动力。在新的机遇与挑战下，上交所针对代表新技术、新产业、新业态、新模式的创新企业加大支持力度，主动拥抱新经济，聚焦实施“新蓝筹行动”，将致力于推动成就一批具有世界影响力和竞争力的创新企业，并逐步把上交所市场建设成为具有多层次、包容性的新蓝筹市场。

二、主板的功能定位及对发行人的基本要求

上交所和深交所主板主要服务于经营相对稳定、盈利能力较强的成熟企业。其对发行人的基本要求如下：

（1）主体资格：依法设立且合法存续的股份有限公司。自股份有限公司成立后，持续经营时间应当在3年以上，但经国务院批准的除外；有限责任公司按原账面净资产值折股整体变更为股份有限公司的，持续经营时间可以从有限责任公司成立之日起计算。

（2）财务指标：最近3个会计年度的累计净利润超过3000万元人民币（净利润以扣除非经常性损益前后较低者为计算依据）；最近3个会计年度经营活动产生的现金流净额累计超过5000万元人民币或最近3个会计年度累计营业收入超过3亿元人民币；最近一期无形资产（扣除土地使用权、水面养殖权和采矿权等后）占净资产的比例不超过20%；最近3个会计年度的财务报告中无虚假记载。

（3）独立性：应具有完整的业务体系和直接面向市场独立经营的能力；资产应当完整；人员、财务、机构以及业务必须独立。

（4）同业竞争：与控股股东、实际控制人及其控制的其他企业间不得有同业竞争；募集资金投资项目实施后，也不会产生同业竞争。

（5）关联交易：与控股股东、实际控制人及其控制的其他企业间不得有显失公平的关联交易；应完整披露关联方关系并按重要性原则恰当披露关联交易；关联交易价格公允，不存在通过关联交易操纵利润的情形。

（6）股本及公众持股：发行前股本总额不少于人民币3000万元；上市股份公司股本总额不低于人民币5000万元；公开发行的股份达到公司股份总数的25%以上；公司股本总额超过人民币4亿元的，公开发行股份的比例为10%以上；企业的股权清晰，控股股东和受控股股东、实际控制人支配的股东持有的企业股份不存在重大权属纠纷。

（7）公司治理：企业已经依法建立健全股东大会、董事会、监事会、独立董事、董事会秘书制度，相关机构和人员能够依法履行职责；企业董事、监事和高级管理人员符合法律、行政法规和规章规定的任职资格；企业的董事、监事和高级管理人员已经了解与股票发行上市有关的法律法

规，知悉上市公司及其董事、监事和高级管理人员的法定义务和责任；内部控制制度健全且被有效执行，能够合理保证财务报告的可靠性、生产经营的合法性、营运的效率与效果。

（8）其他要求：企业最近3年内主营业务和董事、高级管理人员没有发生重大变化，实际控制人没有发生变更；企业的注册资本已足额缴纳，发起人或者股东用作出资的资产的财产权转移手续已办理完毕，企业的主要资产不存在重大权属纠纷；企业的生产经营符合法律、行政法规和公司章程的规定，符合国家产业政策；最近3年内不得有重大违法行为。

三、中小企业板发展情况

中小企业板于2004年6月25日正式推出，至今已13年（其中2005年下半年因配合沪深股市实施股权分置改革，暂停发行上市，2006年6月中小企业板IPO重启）。在这短短几年中，全国各地优秀中小民营企业纷纷进入这一新的直接融资平台。

四、中小企业板的功能定位及对发行人的基本要求

中小企业板主要服务于即将或已进入成熟期、盈利能力强但规模较主板小的中小企业。其对发行人的基本要求如下：

（1）主体资格：依法设立且合法存续的股份有限公司。自股份有限公司成立后，持续经营时间应当在3年以上，但经国务院批准的除外；有限责任公司按原账面净资产值折股整体变更为股份有限公司的，持续经营时间可以从有限责任公司成立之日起计算。

（2）财务指标：最近3个会计年度的累计净利润超过3000万元人民币（净利润以扣除非经常性损益前后较低者为计算依据）；最近3个会计年度经营活动产生的现金流净额累计超过5000万元人民币或最近3个会计年度累计营业收入超过3亿元人民币；最近一期无形资产（扣除土地使用权、水面养殖权和采矿权等后）占净资产的比例不超过20%；最近3个会计年度的财务报告中无虚假记载。

（3）独立性：应具有完整的业务体系和直接面向市场独立经营的能力；资产应当完整；人员、财务、机构以及业务必须独立。

（4）同业竞争：与控股股东、实际控制人及其控制的其他企业间不得

有同业竞争；募集资金投资项目实施后，也不会产生同业竞争。

（5）关联交易：与控股股东、实际控制人及其控制的其他企业间不得有显失公平的关联交易；应完整披露关联方关系并按重要性原则恰当披露关联交易；关联交易价格公允，不存在通过关联交易操纵利润的情形。

（6）股本及公众持股：发行前股本总额不少于人民币 3000 万元；上市股份公司股本总额不低于人民币 5000 万元；公众持股至少为 25%；如果发行时股本总额超过人民币 4 亿元，发行比例可以降低，但不得低于 10%；企业的股权清晰，控股股东和受控股股东、实际控制人支配的股东持有的企业股份不存在重大权属纠纷。

（7）公司治理：企业已经依法建立健全股东大会、董事会、监事会、独立董事、董事会秘书制度，相关机构和人员能够依法履行职责；企业董事、监事和高级管理人员符合法律、行政法规和规章规定的任职资格；企业的董事、监事和高级管理人员已经了解与股票发行上市有关的法律法规，知悉上市公司及其董事、监事和高级管理人员的法定义务和责任；内部控制制度健全且被有效执行，能够合理保证财务报告的可靠性、生产经营的合法性、营运的效率与效果。

（8）其他要求：企业最近 3 年内主营业务和董事、高级管理人员没有发生重大变化，实际控制人没有发生变更；企业的注册资本已足额缴纳，发起人或者股东用作出资的资产的财产权转移手续已办理完毕，企业的主要资产不存在重大权属纠纷；企业的生产经营符合法律、行政法规和公司章程的规定，符合国家产业政策；最近 3 年内不得有重大违法行为。

案例 1–1　思源电气成功在中小企业板上市并再融资

上海思源电气股份有限公司（以下简称“思源电气”）成立于 1993 年 12 月，2004 年 8 月 5 日在中小企业板成功上市，是较早在中小企业板上市的企业。借助资本市场，思源电气已成为国内知名的专业研发和生产输配电及控制设备的高新技术企业，也是电力设备制造与服务业中发展最快的上市公司之一。

思源电气 2004 年 8 月 5 日上市时，发行价格为 16.45 元 / 股，总股本为 5300 万股，可流通股本为 1340 万股。2005 年实施股权分置改革后，所有股份均为流通股，其中：无限售条件的股份为3484万股，占公司总股本的32.87%；有限售条件的股份为7116万股，占公司总股本的67.13%。公司于2007年先以非公开发行的方式增发850万股人民币普通股，实际募集资金4.023亿元；后又以资本公积金转增股本的方式，向全体股东每10股转增5股，共转增5725万股，总股本由11450万股增加至17175万股。公司于2008年以资本公积金转增股本的方式，向全体股东每10股转增6股，共转增10305万股，总股本由17175万股增加至27480万股。公司于2009年再一次以资本公积金向全体股东每10股转增6股，共转增16488万股，至此公司总股本增至43968万股（见图1–1）。

思源电气的发展历程见证了一家中小企业上市后，从5300万股本起步，逐步发展壮大，增至如今43968万股的历程。其间公司多次分红，给股东带来了丰厚利益。

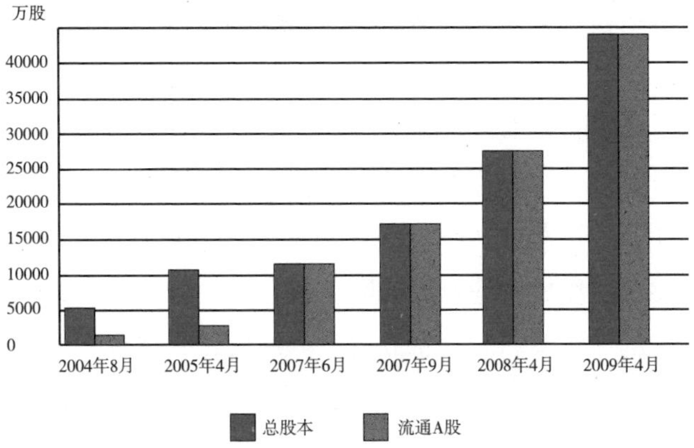

图1–1 思源电气股本增长情况

第三节 创业板市场

一、创业板发展情况

与中小企业板上市公司相比，创业板上市公司规模通常较小。中小企业板公司上市时流通股本多集中在2500万股至5000万股，而创业板公司上市时的流通股本多集中在1300万股至3500万股。同时，相较于中小企业板，创业板上市公司的市盈率更高。

二、创业板的功能定位及对发行人的基本要求

创业板是以自主创新企业及其他成长型创业企业为服务对象，这些企业的成长性特点突出，开始具备一定的规模和盈利能力，在技术创新、经营模式创新等方面非常活跃。

发行人的基本要求如下：

（1）主体资格：依法设立且持续经营3年以上的股份有限公司。有限责任公司按原账面净资产值折股整体变更为股份有限公司的，持续经营时间可以从有限责任公司成立之日起计算。

（2）财务指标：最近两个会计年度连续盈利，最近两个会计年度净利润累计不少于1000万元，且持续增长；或者最近一个会计年度盈利，且净利润不少于500万元，最近一个会计年度营业收入不少于5000万元，最近两个会计年度营业收入增长率均不低于30%。净利润以扣除非经常性损益前后孰低者为计算依据。最近一期末净资产不少于2000万元，且不存在未弥补亏损。

（3）独立性：资产完整，业务及人员、财务、机构独立，具有完整的业务体系和直接面向市场独立经营的能力。

（4）同业竞争：与控股股东、实际控制人及其控制的其他企业间不存在同业竞争，募集资金投资项目实施后，也不会产生同业竞争。

（5）关联交易：与控股股东、实际控制人及其控制的其他企业间不得有严重影响公司独立性或者显失公允的关联交易；应完整披露关联方关系并按重要性原则恰当披露关联交易；关联交易价格公允，不存在通过关联交易操纵利润的情形。

（6）股本及公众持股：最近一期末净资产不少于2000万元，且不存在未弥补亏损，发行后股本总额不少于3000万元，企业的股权清晰，控股股东和受控股股东、实际控制人支配的股东所持企业的股份不存在重大权属纠纷。

（7）公司治理：具有完善的公司治理结构，依法建立健全股东大会、董事会、监事会以及独立董事、董事会秘书、审计委员会制度，相关机构和人员能够依法履行职责，并且公司的董事、监事和高级管理人员符合

法律、行政法规和规章规定的任职资格；公司的董事、监事和高级管理人员已经了解与股票发行上市有关的法律法规，知悉上市公司及其董事、监事和高级管理人员的法定义务和责任；内部控制制度健全且被有效执行，能够合理保证财务报告的可靠性、生产经营的合法性、营运的效率与效果。

（8）具有持续盈利能力：不存在如下情形：经营模式、产品或服务的品种结构已经或者将发生重大变化，并对公司的持续盈利能力构成重大不利影响；行业地位或公司所处行业的经营环境已经或者将发生重大变化，并对公司的持续盈利能力构成重大不利影响；公司在用的商标、专利、专有技术、特许经营权等重要资产或者技术的取得或者使用存在重大不利变化的风险；公司最近一年的营业收入或净利润对关联方或者有重大不确定性的客户存在重大依赖；公司最近一年的净利润主要来自合并财务报表范围以外的投资收益；其他可能对公司持续盈利能力构成重大不利影响的情形。

（9）其他要求：最近2年内主营业务和董事、高级管理人员没有发生重大变化，实际控制人没有发生变更；企业的注册资本已足额缴纳，发起人或者股东用作出资的资产的财产权转移手续已办理完毕，公司的主要资产不存在重大权属纠纷；公司的生产经营符合法律、行政法规和公司章程的规定，符合国家产业政策；最近3年内不得有重大违法行为。

三、创业板保荐机构重点推荐的九大行业和审慎推荐的八大行业

创业板对行业要求较高，2010年3月19日中国证监会发布的《关于进一步做好创业板推荐工作的指引》指出，创业板保荐机构应重点推荐九大行业，须审慎推荐八大行业。重点推荐的九大行业为：①新能源；②新材料；③信息；④生物与新医药；⑤节能环保；⑥航空航天；⑦海洋；⑧先进制造；⑨高技术服务。审慎推荐的八大行业为：①纺织和服装；②电力、煤气及水的生产供应等公用事业；③房地产开发与经营、土木工程建筑；④交通运输；⑤酒类、食品、饮料；⑥金融；⑦一般性服务业；⑧国家产业政策明确抑制的产能过剩和重复建设的行业。因此，中小企业应根据自身状况及利益诉求，选择最适合自己的板块上市。

四、创业板行业分布情况

创业板上市公司主要集中于电子信息、生物医药、连锁经营、治理密集型服务及新能源新材料、节能环保等领域，也出现了一些主板上市公司尚未涉及的新产品，如移动互联、技术检测、文化创意、医疗连锁、农机连锁及新商业模式等。

案例 1–2　东富龙成功上市并超募资金

上海东富龙科技股份有限公司（以下简称“东富龙”）成立于 1993 年，是一家以真空冷冻干燥设备研发、生产、销售、服务为一体的规模型生产企业。经过 10 余年发展，东富龙品牌凭借高品质的产品和优质的服务，在医药行业内赢得了良好声誉。

2011 年 1 月 24 日，这家注册资本为人民币 8000 万元的公司在创业板公开发行公众股 2000 万股，发行价格为人民币 86 元，发行市盈率高达 96.63 倍，实际募集资金为人民币 15.7 亿元，超募人民币 11.54 亿元，超募比例达 398%。由此可见，即使发行股本只有 2000 万股，即使规模较小，只要是好企业，只要在某一行业的某一方面做到顶峰，企业也会创造历史和辉煌。

第四节　科创板市场

一、科创板发展情况

自 2018 年 11 月 5 日，习近平主席在首届“进博会”上宣布，将在上海证券交易所设立科创板并试点注册制，到 2019 年 3 月 1 日，证监会和上海交易所正式发布科创板 IPO 的招股书准则和申请文件准则，标志着科创板正式启动。科创板主要服务于符合国家战略、突破关键核心技术、市场认可度高的科技创新企业，并在发行上市制度设计方面实现了重大突破，它允许符合条件的未盈利企业、红筹架构企业、同股不同权企业上市。

二、科创板定位及重点关注的领域

科创板将重点支持新一代信息技术、高端装备、新材料、新能源、节能环保以及生物医药等高新技术产业和战略性新兴产业，推动互联网、大数据、云计算、人工智能和制造业深度融合，引领中高端消费，推动质量变革、效率变革、动力变革。重点关注领域所涉及的行业如下：

1. 新一代信息技术领域

包括半导体和集成电路、电子信息、下一代信息网络、人工智能、大数据、云计算、新兴软件、互联网、物联网和智能硬件等。

2. 高端装备领域

包括智能制造、航空航天、先进轨道交通、海洋工程装备及相关技术服务等。

3. 新材料领域

包括先进钢铁材料、先进有色金属材料、先进石化化工新材料、先进无机非金属材料、高性能复合材料、前沿新材料及相关技术服务等。

4. 新能源领域

包括先进核电、大型风电、高效光电光热、高效储能及相关技术服务等。

5. 节能环保领域

包括高效节能产品及设备、先进环保技术装备、先进环保产品、资源循环利用、新能源汽车整车、新能源汽车关键零部件、动力电池及相关技术服务等。

6. 生物医药领域

包括生物制品、高端化学药、高端医疗设备与器械及相关技术服务等。

7. 符合科创板定位的其他领域。

三、科创板发行上市的五套标准

《上海证券交易所科创板股票上市规则》以市值为中心，结合净利润、营业收入、研发投入和经营活动产生的现金流量等财务指标，设置了多套上市标准（满足以下任意条件即可申报）：

（1）预计市值不低于人民币 10 亿元，最近 2 年净利润均为正且累计净利润不低于人民币 5000 万元，或者预计市值不低于人民币 10 亿元，最近 1 年净利润为正且营业收入不低于人民币 1 亿元。

（2）预计市值不低于人民币 15 亿元，最近 1 年营业收入不低于人民币 2 亿元，且最近 3 年研发投入合计占最近 3 年营业收入的比例不低于 15%。

（3）预计市值不低于人民币 20 亿元，最近 1 年营业收入不低于人民币 3 亿元，且最近 3 年经营活动产生的现金流量净额累计不低于人民币 1 亿元。

（4）预计市值不低于人民币 30 亿元，且最近 1 年营业收入不低于人民币 3 亿元。

（5）预计市值不低于人民币 40 亿元，主要业务或产品需经国家有关部门批准，市场空间大，目前已取得阶段性成果，并获得知名投资机构一定金额的投资。医药行业企业需取得至少一项一类新药二期临床试验批件，其他符合科创板定位的企业需具备明显的技术优势并满足相应条件。

四、科创板首次公开发行审核内容、方式、理念

1. 科创板首次公开发行审核内容

（1）证监会发行条件

①基本发行条件

组织机构健全，持续经营满 3 年；会计基础工作规范，内控制度健全有效；业务完整，具有直接面向市场独立持续经营的能力；生产经营合法合规。

一般企业以市值为核心有五套上市标准；红筹企业上市条件有所放宽，有四套标准可以选择；存在表决权差异的企业，有两套标准可以选择。

②交易所关注重点

审核重点关注事项：发行人是否符合《注册办法》及中国证监会规定的发行条件；发行保荐书、法律意见书等文件中是否就发行人符合发行条件逐项发表明确意见，并具备充分的理由和依据。

对前述事项存在疑问的，发行人应当按照本所要求作出解释说明，保荐人及证券服务机构应当进行核查，并相应修改发行上市申请文件。

对发行条件具体审核标准等涉及中国证监会部门规章及规范性文件理解和适用的重大疑难问题、重大无先例情况等，请示证监会。

（2）交易所上市条件

①本所审核重点关注事项：发行人是否符合本规则及本所相关规则规定的上市条件；上市保荐书、法律意见书等文件中是否就发行人选择的上

市标准以及符合上市条件发表明确意见，且具备充分的理由和依据。

②本所对前述事项存在疑问的，发行人应当按照本所要求作出解释说明，保荐人及证券服务机构应当进行核查，并相应修改发行上市申请文件。

③发行人存在实施员工持股计划、期权激励、整体变更前累计未弥补亏损等事项的处理，已由《上海证券交易所科创板股票发行上市审核问答》明确。

（3）信息披露

通过提出问题、回答问题等方式，对发行上市申请文件信息披露进行审核，以督促发行人及其保荐人、证券服务机构真实、准确、完整地披露信息，提高信息披露质量。“问出一个真公司，问出一个好公司。”

（4）审核关注：科创板定位

①发行人：结合科创板定位，就是否符合相关行业范围、依靠核心技术开展生产经营、具有较强成长性等事项，进行审慎评估。

②保荐人：就发行人是否符合科创板定位进行专业判断。

③上交所：审核中关注发行人的评估是否客观，保荐人的判断是否合理，并可以根据需要就发行人是否符合科创板定位，向本所设立的科技创新咨询委员会提出咨询。

2. 科创板首次公开发行审核方式

（1）问询式审核

①以信息披露为中心，以投资者需求为导向，通过一轮或多轮审核问询，督促发行人充分披露与投资者投资决策相关的重要信息。

②发行人、中介机构要及时、逐项回复问询，对审核问询的回复是发行上市申请文件的组成部分，发行人、中介机构要保证回复的真实、准确、完整，审核问询采用书面方式，电子化留痕。

③审核问询和发行人及其中介机构的回复及时公开，使投资者能够清楚审核机构所关注的问题、风险点，引导投资者更好地理解公司。

（2）分行业审核

①审核部门根据不同行业的发展情况和风险特征设置若干行业审核小组，探索对发行上市申请实行分行业审核。

②通过开展行业研究培训在审核中学习和积累行业知识等方式，加深审核人员对行业的理解。

③每家企业至少由法律会计专业人员各 1 名进行审核，审核人员除了对企业法律、会计问题进行判断外，将结合具体行业特征，督促发行人从财务与非财务信息、定性与定量、价值与风险等多角度为投资者提供决策信息。

（3）电子化审核

①电子化审核：申请、受理、问询、回复等事项通过发行上市审核业务系统办理。

②业务咨询、预约沟通均通过系统电子化办理。

③无纸化，节约资源。

④减少不必要的接触。

3. 科创板首次公开发行审核程序

（1）受理：申请文件齐备性检查，中介机构资质检查，决定是否受理。

①申请文件齐备性检查、中介机构资质检查，决定是否受理（未提及因行业定位问题不予受理的情形）。同一家保荐机构 12 个月内申报的企业两次不受理，则暂停资格 3 个月。

②辅导验收报告原来是各地证监局出具给证监会发行监管部，现在是各地证监局给保荐机构出《无异议函》，作为申请文件的必备文件。

（2）审核机构审核：向发行人发出首轮问询函、向发行人发出多轮问询函（如有）、向上市委出具审核报告。

①设置若干行业审核小组，探索对上市申请实行分行业审核。

②保荐人答复问询问题的全部时间为三个月，对每一次问询回复的时间没有明确要求，保荐人合理安排进度和工作。

（3）上市委会议审核：上市委审议审核报告及发行上市申请文件、落实上市委意见（如有）、结合上市委审议意见，形成交易所审核意见。

①审核部门承担主要的审核职责，出具审核报告（会有同意或不同意的结论）；上市委与审核机构共同承担审核职责。与现行发审委制度不同。

②上市委由五人组成，实行合议制，不是一人一票，与发审委的决策模式不同。

③上市委人员构成以系统外为主，主要包括会计师、律师、买方基金和系统内人员。

（4）向证监会报送：向证监会报送交易所审核意见、审核资料及发行上市申请文件（特定情形除外）；证监会注册程序。

（5）信息披露

问询意见以及每一次回复都会及时披露，保证信息对外公开的准确和及时，让投资者随时关注企业审核进展和审核情况。

第五节　场外交易市场

一、全国中小企业股份转让系统

与中小企业板、创业板相比，全国中小企业股份转让系统（以下简称“新三板”）没有硬性的财务指标要求，只需要企业业务明确，具有两年持续经营记录，具有挂牌周期较短、费用较低、成功率较高的特点。同时，新三板挂牌可以不发行新股，在挂牌后再进行定向发行，由企业自行决定是否融资、融资时点和融资对象，且实行主办券商终身督导制度。在新三板挂牌给企业带来的机遇主要表现为：

1. 增加企业融资渠道

经各方中介机构对新三板挂牌企业进行尽职调查，完成改制至挂牌等一系列工作后，挂牌企业的经营运作变得相对规范，信息披露真实、完整，企业信用水平得到有效提升，融资渠道变得多样化。

2. 提供阳光化、规范化的股份转让全国性市场

新三板作为国务院批准的全国统一场外市场，通过市场价格反映公司股份的价值，一方面使得股东持有股份的价值得到充分反映，另一方面解决了投资者的退出渠道问题。《全国中小企业股份转让系统业务规则（试行）》及配套文件的出台，对挂牌公司股份公开转让的交易规则做出了规定，通过明确交易方式、规范登记结算制度，提供了规范有序的交易平台。

3. 反映挂牌公司的股份价值

通过在新三板挂牌，形成公司股票的市场价格，有利于提升公司股份

的估值水平，凸显公司价值。依据目前交易数据，挂牌公司的平均市盈率在 20 倍左右（定向增资 20.20 倍）。

4. 提高公司治理水平，为后续资本运作打下基础

通过在新三板挂牌，促使挂牌公司建立完善的法人治理结构和合理的信息披露制度，为公司后续资本运作打下基础。在规范运作方面，挂牌使得进入新三板的公司逐渐了解资本市场的运作规则，熟悉资本运作的监管法规，在规范信息披露和公司运营体制等方面不断完善；在上市运作方面，挂牌对公司今后进入创业板、中小板上市起到了热身作用，待公司各方面条件符合相关的要求后，便可申请 IPO。

5. 增强宣传效应，提升品牌形象

企业在全国性市场新三板挂牌，拥有独立的股票代码（430×××），信息在交易所行情系统中显示，势必吸引众多目光关注，可以很好地宣传企业，提高公司知名度，有利于业务拓展、公司发展，也有利于增强员工凝聚力。

6. 实施股权激励

企业在新三板挂牌后，也能像上市公司那样实施股权激励，通过授予管理层、核心技术人员期权、股权的方式引进人才、留住人才，帮助公司持续发展壮大。

7. 园区企业挂牌，政府提供财政补贴

园区企业在新三板挂牌，当地政府将对此提供财政补贴，补贴幅度由几十万至几百万元不等，这将极大地降低企业的改制成本和挂牌成本。政府补贴力度大的地区，园区企业基本可以实现“零成本”改制和挂牌。

二、全国中小企业股份转让系统的功能定位及对挂牌企业的基本要求

适合新三板挂牌的企业：①有进入资本市场的意愿但暂不符合主板、中小板或创业板条件的，或虽符合条件但不愿意漫长等待的企业；②已有一定的业务规模，但受资金紧张制约业务规模扩大的企业；③希望借助资本市场力量做大做强，规范经营，为长远发展铺路的企业；④具有创新业务模式，需要借此对外宣传的企业等。股份有限公司申请在新三板挂牌，不受股东所有制性质的限制，不限于高新技术企业，应当符合下列

条件：

（1）依法设立且存续满两年。有限责任公司按原账面净资产值折股整体变更为股份有限公司的，存续时间可以从有限责任公司成立之日起计算。

（2）业务明确，具有持续经营能力。

（3）公司治理机制健全，合法规范经营。

（4）股权明晰，股票发行和转让行为合法合规。

（5）主办券商推荐并持续督导。

（6）全国股份转让系统公司要求的其他条件。

三、新三板挂牌业务流程

1. 改制

（1）确定主办券商及其他中介机构，签订服务协议。

（2）中介机构初步尽职调查，发现、解决问题，确认改制方案。

（3）设立股份公司。

2. 规范及材料制作

（1）全面尽职调查，发现解决问题。

（2）会计师进场审计，出具两年一期审计报告。

（3）律师进行尽职调查，出具法律意见书。

（4）制作公开转让说明书等申报材料。

3. 券商内核

（1）券商内核小组进行审核。

（2）根据内核意见修改、补充文件。

4. 审核挂牌

（1）向全国股份转让公司申报材料。

（2）股份转让公司审查、反馈意见，券商牵头回复，股份转让公司同意挂牌，证监会核准（200人以下豁免）公开转让。

四、全国中小企业股份转让系统挂牌企业股票转让方式

根据全国股份转让系统公司网站2013年2月8日发布、2013年12月30日修改的《全国中小企业股份转让系统业务规则（试行）》，股票转让采用无纸化的公开转让形式，主要包括协议方式、做市方式、竞价方式或其

他中国证监会批准的转让方式。经全国股份转让系统公司同意，挂牌股票可以转换转让方式。

1. 协议方式

买卖双方在场外自由对接达成协议后，再通过报价系统成交。挂牌股票采取协议转让方式的，全国股份转让系统公司同时提供集合竞价转让安排。

2. 做市方式

挂牌股票采取做市转让方式的，须有两家以上从事做市业务的主办券商（以下简称“做市商”）为其提供做市报价服务。做市商应当在全国股份转让系统持续发布买卖双向报价，并在报价价位和数量范围内履行与投资者的成交义务。做市转让方式下，投资者之间不能成交。全国股份转让系统公司另有规定的除外。

3. 竞价方式

这是集中竞价交易时证券交易所内进行证券买卖的一种交易方式。目前，我国上交所、深交所均采用这一交易方式。一般来讲，是指两个以上的买方和两个以上的卖方通过公开竞价形式来确定证券买卖价格的情形。在这种形式下既有买者之间的竞争，也有卖者之间的竞争，买卖各方都有比较多的人员。集中竞价时，当买方人员提出的最高价和卖方人员提出的最低价相一致时，证券的交易价格就已确定，其买卖就可成交。

五、全国中小企业股份转让系统挂牌业务成本

与主板、中小板及创业板相比，企业申请在新三板挂牌转让的费用要低很多，一般在120万元左右（依据项目具体情况和主办券商的不同而上下浮动）。具体成本主要有以下几点：

（1）聘请中介机构的成本。拟登陆新三板的企业需聘请有资质的券商、律师事务所、会计师事务所、资产评估事务所等中介机构，对拟挂牌企业的相关事项进行调查并出具报告（大部分企业的所属园区已制定了改制及挂牌的补贴政策，大体能覆盖中介机构成本）。

（2）规范成本。挂牌后企业成为非上市公众公司，在税务、工商、质检、社会责任等方面的规范成本较以往有所增加。

全国中小企业股份转让系统挂牌业务各项成本费用如表1–1所示。

表 1–1　全国中小企业股份转让系统挂牌业务各项成本费用

收费项目	收费频率	收费标准	收取方
挂牌初费	一次性	3 万元（注：总股本 2000 万元以下）	股转公司
改制费	一次性	20 万 ~ 40 万元	主办券商
推荐费	一次性	50 万 ~ 80 万元	主办券商
挂牌审计费	一次性	15 万 ~ 30 万元	会计师事务所
评估费	一次性	5 万 ~ 10 万元	评估师事务所
律师费	一次性	10 万 ~ 20 万元	律师事务所
挂牌年	持续收费	2 万 / 年（注：总股本 2000 万元以下）	股转公司
持续督导	持续收费	5 万 ~ 10 万元 / 年	主办券商
年度审计费	持续收费	1000 元 / 年	会计师事务所
股份登记费	持续收费	1000 元 / 年	结算公司
分红手续费	持续收费	（红股面值 + 现金股利）× 0.035%	结算公司
名册登记费	持续收费	100 元 / 年	结算公司

六、全国中小企业股份转让系统挂牌业务各中介职责

全国中小企业股份转让系统挂牌业务中需要聘请的中介机构主要有券商、律师事务所、会计师事务所、资产评估事务所等，各自的职责如下。

（1）主办券商。从法律、业务与技术、财务三个方面对公司进行全面的尽职调查，形成尽职调查底稿、尽职调查报告、推荐报告、股份报价转让说明书等推荐挂牌材料，内核小组审核，召开内核会议并表决，出具内核意见；向全国中小企业股份转让系统上报备案材料，针对反馈意见进行补充调查，修改推荐挂牌材料，回复反馈意见。

（2）律师事务所。提交法律意见书；对公司股东名册出具鉴证意见。

（3）会计师事务所。出具挂牌所需最近两年（一期）的审计报告。

（4）资产评估机构。对新三板企业资产价值进行评定和估算；帮助拟挂牌企业进行股份制改造。

除此之外，挂牌公司需召开董事会和股东大会，就股份报价转让事项做出决议；配合推荐主办券商形成并完善推荐挂牌所需材料。

七、全国中小企业股份转让系统挂牌业务潜在的风险

（1）信息披露风险。企业上市后，应按照有关规定进行信息披露，这使企业完全暴露在公众的监督之下，从而增加了公司维护商业秘密的费用。

（2）补缴税款风险。若公司在上市前存在未依法纳税事项，则有可能存在依法补缴税款的风险。

（3）挂牌失败风险。这个风险主要来自于两个方面：一是企业自身，如果企业存在上市工作准备不足、股份运作不规范等问题，很可能造成企业挂牌失败的风险；二是中介机构，如果中介机构选择不当，中介机构的直接负责人和项目承做人员责任心不强，服务跟不上、不专业，有可能使企业痛失最佳挂牌时机。

八、上海股权托管交易市场

2012 年 2 月 15 日正式启动的上海股权托管交易市场是一个面向特定投资者进行股份转让和实施定向增资的非公开市场，定位于对接统一监管的场外交易市场，致力于通过服务上海、长三角及其他地区科技型、中小型非上市股份公司股权的托管交易，为统一监管的场外交易市场及创业板、中小板乃至主板培育输送优质的企业资源。同时，该市场也是上海股权托管交易中心遵循中国证监会对中国多层次资本市场体系建设的统一要求的产物，是上海市国际金融中心建设的重要组成部分，也是中国多层次资本市场体系建设的重要环节。

从交易制度设计来看，上海股权托管交易市场是一个面向特定投资者进行股份转让和实施定向增资的非公开市场。比如：严格要求挂牌的非上市股份有限公司股东不超过 200 人，不进行非上市股份有限公司股份的公开发行；通过协议转让等特定对象之间转让方式进行交易，不采取集中竞价、做市商等集中交易方式；要求投资者买入卖出之间的时间间隔不少于 5 个交易日。从市场风险防范来看，注重通过多方面的合理制度设计和有效市场监管，防范金融风险。比如：在市场准入方面，要求符合一定条件、规范运作、经推荐机构推荐和严格审核的非上市股份有限公司才能进场挂牌交易、融资，建立了投资者适当性制度，只有机构投资者和符合条件的自然人才能入市交易，严格把好市场准入关；在交易制度上，通过信息披露制度、控股股东及实际控制人所持股份分批进场转让制度、涨跌幅制度、暂停交易制度等来防范市场交易中可能出现的欺诈等违法违规行为及其他风险，切实保护投资者合法权益。

九、上海股权托管交易中心的优势

企业选择在股权交易中心挂牌，最主要的目的就是对接资本，解决其融资难、融资贵的问题。上海在这方面是比较有优势的，这体现在以下几方面：

（1）上海股权托管交易中心有金融生态优势，整个上海的国际金融环境比较好，特别是2013年国务院正式批准设立中国（上海）自由贸易试验区，在国务院出台的关于中国（上海）自由贸易试验区总体方案中，明确提出支持股权托管交易机构在实验区内建立综合金融服务平台，这为上海股权托管交易中心的创新发展提供了绝佳的发展机会，也将成为上海股权托管交易中心的一大市场特色。

（2）上海股权托管交易中心在非券商机构中培养了一批民营的专业化投行队伍，不仅有利于促进业务的快速发展，也为国内金融改革奠定了扎实的基础。同时，这里也培育了一批场外市场投资者，为投资市场逐步走向成熟贡献力量。上海股权托管交易中心正引领一大批传统PE投资者改变投资理念，专注于在上海股权托管交易市场投资并获利。

（3）上海股权托管交易中心的市场功能发挥良好，如融资、交易功能经过几年的发展，已经做得比较好，在同类市场中都是领先的，上海股权托管交易市场基本上进入了良性循环，在这里，各方参与者都能够受益，企业再次挂牌能够融到资，投资者拥有一个好的回报。

十、上海股权托管交易中心的主要功能

上海股权托管交易中心的主要功能包括：为非上市股份有限公司的股权托管、登记、转让、融资、结算、过户等提供场所、设施和服务；组织和监督股权托管交易活动；发布市场交易信息；代理股权买卖服务；为非上市股份有限公司进场挂牌提供咨询等综合服务；为多层次资本市场储备上市或挂牌企业资源，协助落实本市扶持企业上市发展的政策措施，并向有关职能部门提供政策参考。总体而言，上海股权托管交易中心为一、二级市场投资者提供多样化的金融产品和综合服务。

十一、上海股权托管交易市场的定位及对挂牌企业的基本要求

目前，上海股权托管交易市场的主要挂牌对象是上海、长三角及其他地区科技型、中小型非上市股份公司，需满足以下条件：

（1）业务基本独立，具备持续经营能力。

（2）不存在显著的同业竞争、显失公允的关联交易、额度较大的股东侵占资产等损害投资者利益的行为。

（3）在经营和管理上具备风险控制能力。

（4）治理结构健全，运作规范。

（5）股份的发行、转让合法合规。

（6）注册资本中存在非货币出资的，应设立满一个会计年度。

（7）上海股权托管交易中心要求的其他条件。

对第6条进行认定时，应遵循如下原则：对于注册资本中存在非货币出资、申请在上海股权托管交易中心挂牌的非上市公司，如为有限责任公司按原账面净资产值折股整体变更为股份有限公司的，公司存续时间从有限责任公司设立时开始计算；有限责任公司未按原账面净资产值折股整体变更为股份有限公司的，应待股份有限公司成立满一个会计年度后方可以申请挂牌；全部为货币出资的有限责任公司按原账面净资产值折股整体变更为股份有限公司的，不视为存在非货币出资。

十二、上海股权托管交易中心挂牌业务流程

（1）非上市公司召开董事会和股东大会就同意在上海股权托管交易中心挂牌并进行股份转让相关事宜做出决议。

（2）非上市公司委托上海股权托管交易中心推荐机构会员，聘请经上海股权托管交易中心认定的会计师事务所、律师事务所、资产评估事务所（必要时）为其挂牌提供专业服务。

（3）推荐机构会员向上海股权托管交易中心报送预审材料。

（4）会计师事务所进行独立审计并出具审计报告、律师事务所进行独立调查并出具法律意见书、推荐机构会员进行尽职调查并形成相关尽职调查文件。

（5）推荐机构会员向上海股权托管交易中心报送申请文件。

（6）上海股权托管交易中心对申请文件进行审核。

（7）上海股权托管交易中心审核同意的，报上海市金融办备案。

（8）获得上海股权托管交易中心出具同意挂牌的通知后，拟挂牌公司向上海股权托管交易中心申请股份简称和代码，与上海股权托管交易中心签订挂牌协议书，办理股份的集中登记。

（9）拟挂牌公司在上海股权托管交易中心办理挂牌手续。

（10）挂牌前3日，拟挂牌公司在上海股权托管交易中心指定网站披露：《股份转让说明书》《公司章程》《审计报告》《法律意见书》；推荐机构会员在上海股权托管交易中心指定网站发布拟挂牌公司挂牌公告。

十三、上海股权托管交易中心挂牌注意事项

（1）挂牌公司披露的信息应在上海股权托管交易中心指定网站（www.china-see.com）发布，在其他媒体披露信息的时间不得早于指定网站的披露时间。

（2）挂牌公司股东、实际控制人、收购人等相关信息披露义务人应按照有关规定规范履行信息披露义务，主动配合挂牌公司做好信息披露工作，严格履行其做出的承诺。

（3）挂牌公司拟披露的信息属于国家机密、商业秘密或者上海股权托管交易中心认可的其他情况，可能导致其违反国家有关保密法律法规或者损害挂牌公司利益的，挂牌公司可以向上海股权托管交易中心申请豁免披露相关信息。

第六节　境外上市概述

一、主要的境外资本市场

1. 香港联合交易所主板和创业板（HKEX/GEM）

香港交易所立足于亚洲主要国际金融中枢——香港，是全球领先的交易所及结算所营运机构，按市值计是全球最大的一家交易所集团。

香港交易所经营证券及衍生产品市场以及相关的结算所，是香港上市公司的前线监管机构，旗下成员包括世界首屈一指的基本金属市场——英

国的 London Metal Exchange（LME，伦敦金属交易所）。

在香港，香港交易所的工作包括监管上市发行人，执行上市、交易及结算规则，以及主要在批发层面向交易所及结算所的参与者和用户提供服务。证券交易所及结算所在批发层面的服务对象包括发行人以及中介机构，如投资银行或保荐人、证券及衍生产品经纪、托管银行及信息供货商等，而中介机构则直接服务投资者。证券交易所提供的服务包括交易、结算及交收、存管及代理人服务以至横跨多种产品及资产类别的信息服务。

香港交易所通过旗下全资拥有的附属公司香港联合交易所及香港期货交易所经营香港唯一认可的证券市场及期货市场。香港交易所同时经营香港仅有的 4 家认可结算所：香港中央结算有限公司（香港结算）、香港期货结算有限公司（期货结算公司）、香港联合交易所期权结算所有限公司（联交所期权结算所）及香港场外结算有限公司（场外结算公司）。香港结算、期货结算公司及联交所期权结算所向参与者提供综合的结算、交收、存管及代理人业务，而场外结算公司则向会员提供场外利率衍生产品及不交收远期外汇合约结算服务。香港交易所通过旗下的数据发布公司（香港交易所信息服务有限公司）提供市场数据。

香港交易所通过 LME 在基本金属期货及期权交易占据全球领先地位。LME 汇集现货实业与金融社群的参与者，是一个全日 24 小时运作且监管稳健的市场。在 LME，任何时候都有买家和卖家，随时都有最新的市场价格，市场用家必然可找到转移或应对风险的机会。LME 与业界紧密联系，金属生产商及消耗者若已无法找到其他渠道，LME 始终可为他们提供一个最后的现货市场，故不论全球金属价格上涨或下跌，他们任何时候也能够对冲风险。

香港交易所又与上海证券交易所和深圳证券交易所联合成立合资公司——中华证券交易服务有限公司（简称“中华交易服务”）。中华交易服务是在香港登记及注册成立的公司，锐意为推进中国资本市场的国际化做出贡献，为全球投资者提供涉足全球第二大经济体的机会。中华交易服务编制以沪、深、港三方市场交易产品为基础的跨境指数，并研究开发上市公司分类标准、信息标准及产品。

自首家中国内地国有企业于 1993 年来港上市后，香港已成为来自不同行业的内地公司的主要集资市场。作为中国的国际金融中心，香港是中国与环球市场的主要联系纽带，并在内地经济发展中扮演关键角色。

香港证券市场就其交易品种来说，包括股票市场、衍生工具市场、基金市场、债券市场，其中股票市场是主要组成部分。港交所提供两个市场供有意上市的公司选择，分别是主板和创业板。

香港证券市场主板一般为规模较大、成立时间较长、具备一定盈利记录的公司提供集资市场。主板市场的上市公司按行业可分为金融、公用事业、地产、综合企业、工业、酒店、其他七大类，其中尤以前4类为主体。香港主板市场是一个运作体系科学、监管体系严密的市场。创业板于1999年第四季度推出，创业板相对主板来说对上市公司没有行业类别及公司规模的限制，且不设盈利要求，也无须像主板市场的上市公司必须具备3年业务记录，只需显示公司有两年的活跃记录，因此不少具有发展潜力但发展历史较短的公司会通过创业板申请上市交易。

2. 伦敦股票交易所（LSE/AIM）

英国证券市场以其强大的实力一直是世界证券市场的核心，是世界上挂牌上市公司最多的证券市场、外国股份交易量最大的市场，也是近几年我国国内企业境外上市的重要目的地。英国证券交易市场分4个独立的市场，分别为伦敦主板、AIM、PLUS、SEAQ系统，特别是AIM市场，因其面向中小企业的宽松定位，已经成为国内企业伦敦上市的首选。

伦敦证券交易所的特点：①上市证券种类最多，其中50%左右是外国证券；②拥有数量庞大的投资与国际证券的基金；③运作着4个独立的交易市场；④伦敦在国际金融市场有着其独特的地位，它是全球贸易中心，实施24小时交易，有547家外资行，多于世界上任何其他金融中心，它同时是国际股票的交易中心，43%的国际股票交易在伦敦进行（美国是31%），伦敦市场的机构投资者占据99%的价值和95%的交易量。另外伦敦金属交易所处理世界95%的非铁金属交易，70%以上的世界采矿企业融资通过伦敦市场进行。

主板上市条件：公司一般须有3年的经营记录，并须呈报最近3年的总审计账目。如果没有3年的经营记录，某些科技产业公司、投资实体、矿产公司以及承担重大基建项目的公司，只要能满足伦敦证券交易所《上市细则》中的有关标准，也可上市。公司的经营管理者应能出具为其公司经营记录所承担的责任证明。公司呈报的财务报告一般须按国际或者英美现行会计及审计标准编制，并按上述标准独立审计。公司在本国交易所的注册资本应超过 70 万英镑，并且至少有 25% 的股份为社会公众持有。实际上，通过伦敦证券交易所进行国际募股，其总成本一般要求不少于 2500 万英镑。公司须按伦敦证券交易所的规范要求（包括欧共体法令和 1986 年版金融服务法）编制上市说明书。

AIM 市场成立于 1995 年 6 月的另类投资市场（Alternative Investment Market），是继美国纳斯达克市场之后在欧洲成立的第一家二板市场。此外，AIM 市场是伦敦证券交易所向新创建的小企业提供融资服务的金融市场。无论是高科技公司还是传统制造业，抑或是第三产业的服务公司，它们均可在该市场挂牌上市。AIM 市场对上市公司的资金实力、企业规模、经营历史、企业业绩以及投资者拥有股份的比例均无任何要求。另外，AIM 的再融资相当便利，对上市后的再融资次数及金额没有限制（只要不涉及被反向收购），增发成本低，交易所不收取任何费用，手续简便无须股东大会投票同意。中国浙江的瑞能集团在英国 AIM 上市后，短短的一年之内，其全资子公司昱辉阳光就完成了第八次增资，新增注册资本 1200 万美元，新增投资额 2990 万美元，使公司总投资达到 2.1765 亿美元，注册资本达到 1.025 亿美元。其在 AIM 上市后一年，在美国、中国香港同时上市。中国企业在 AIM 市场上市数量比其他任何国家都多。

AIM 上市需要提交的文件：①上市申请前声明，向市场介绍公司情况，包括股东背景、股权、财务状况以及商业活动等。②短编报告，由审计会计师制作，相当于“审计报告”。③营运资本报告，该报告由会计师在企业和策划总监的协助下制作，提交给保荐人以及拟上市公司的董事，将作为董事出具声明的依据。④盈利预报告，虽然对于拟上市公司未来的盈利状况做出预测不是必要条件，但是如果能够做出合理、有说服力和吸引力的预测报告将有助于上市成功。⑤长编报告，该报告由会计师在短编报告、律师报告（或者法律意见书）及企业制作的盈利预测报告和营运资本预测报告的基础上制作而成，一般需要追溯公司运作 3 年的状况，目的是为保荐人做出该公司是否符合 AIM 上市条件的判断提供依据，同时也有助于招股说明书的撰写。长编报告的准备和提交过程是上市过程中最耗时、成本最高的关键步骤。⑥招股说明书，由保荐人在长编报告的基础上制作，该报告将对公司的价值判断产生重要影响。⑦公司声明和保荐人声明。

中国企业在 AIM 上市法律上的要求：①上市批准文件，AIM 上市规则规定，所有公司在上市申请书内必须披露其董事的背景、股东身份，公司营业活动及财务情况。公司在 AIM 上市也可以通过一个更快的途径——已在一个被 AIM 认可的证券市场上市超过 18 个月。若满足此条件，公司无须准备一份完整的上市申请书即可在 AIM 申请上市。②公司财务，公司必须披露其在自计划挂牌交易日的 6 个月之前的经审计后的财务资料，该资料主要为中国境内运营主体的财务记录，AIM 没有最低营业时间记录的要求。③公司营业记录，公司必须有同前款规定相同的时期的独立营业的记录及营业额的记录，并且若公司在上市前有过重要的收购项目，须证明这些收购项目也有适当的记录。④公司董事及高管人员，公司必须证明其董事及高层管理人员在有关业务上有足够的经验，并与公司没有利益上的冲突，而且要证明并没有不符合担任董事及高层管理人员资格的人存在。⑤尽职调查及出具意见，中国律师对中国境内运营主体进行全面的尽职调查，出具尽职调查意见，并对中国法律问题向交易所及提名保荐人进行解释和说明。

3. 美国股票市场（NYSE/NASDAQ）

（1）美国资本市场

美国资本市场呈现多层次结构。主板市场（纽约证券交易所、美国股票交易所和费城股票交易所）主要为国内乃至全球具有影响的大牌公司提供服务，而次板市场为中小企业提供很好的融资路径和市场退出机制，并可以此为跳板进军美国主板市场。这使得中国具有增长潜力但被主板市场拒之门外的中小企业上市筹资的梦想变为现实。我国民营企业一般选择先在美国次板市场上市，只要达到相关标准，就可以向上攀升，实现二次融资。

美国实行的是注册制的发行制度，也就是公司只要满足其上市条件，不需要相关部门的批准就可以登陆美国资本市场。

① 一级市场：又称初级市场或发行市场，专供未上市公司通过专业团队（律师、会计师、承销商、辅导券商及财务顾问等）的辅导，取得上市

身份与股票在集中交易市场公开流通及交易之资格。

中国境内有所谓的“一级半”市场，该市场因交易标的的公司未经或尚未在上市团队辅导之中，仅达到一级市场一半之要求，故称“一级之半”市场，简称“一级半”市场。其实，“一级半”市场泛指各地区的产权交易所或是技术产权交易所办理有限责任公司和股份有限公司的国家股或法人股权或自然人的股权转让与变更登记业务而言，在营运性质与功能上，和美国的柜台买卖中心十分相似，美国的全名是“Over The Counter”（简称 OTC），但因中国的国情与证券环境和美国不同，中国的全名则称“产权交易中心”，在专业的金融角度应称作“Equity Trade Center”（简称 ETC），交易的标的比美国的“柜台买卖中心”更广，包括物权、债权、股权、知识产权等财产权利。因此，产权交易中心若能引进美国全国性的电子揭示看板（Bulletin Board）每 90 秒更新披露一次撮合交易标的价、量信息的做法，相信产权交易中心不但能在国内扮演美国“柜台买卖中心”的角色，获取国内企业的信任，更能吸引更多的国际投资人的关注，让中小企业不须舍本逐末、远渡重洋地到境外借壳上市。

② 二级市场：又称次级市场或交易市场，美国共有 7 个证券交易所。

A. 纽约证券交易所（NYSE）；

B. 美国证券交易所（AMEX）；

C. 费城证券交易所（PHLX）；

D. 芝加哥证券交易所（CSE）；

E. 波士顿证券交易所（BSE）；

F. 辛辛那提证券交易所（CSE）；

G. 太平洋证券交易所（PSE）。

公开的交易配合的其他市场包括：

A. 证券商：承销商、自营商、经纪商；

B. 证券金融公司；

C. 证券投资信托公司；

D. 证券投资顾问公司；

E. 证券集中保管公司。

③ 三级市场：俗称店头市场，即纳斯达克。

A. 全国市场（NM）：上市，以美元为交易单位；

B. 小资全市场（SCM）：上市，以美元为交易单位；

C. 柜台买卖中心（OTC）：俗称上柜，以美分为交易单位，交易的股票又称“便士股”；

D. 波特尔市场（PORTAL）：提供发行 1 年以上非公开发行之私募股票交易的市场。

E. 粉纸交易市场（PONKSHEET）：私人公司，为垃圾股票交易的地方。

④ 四级市场：又称电脑撮合市场，仅提供银行、保险公司及基金管理公司在网络上每 30 秒自动撮合交易一次。

（2）美国上市条件

美国最主要的证券交易市场有 3 个，即纳斯达克（NASDAQ）、纽约证券交易所（NYSE）、美国证券交易所（AMEX）（见表 1–2）。公司只有在满足各市场对公司的要求后，其股票或者是证券才能在市场上发行、交易。

表 1–2　美国主要证券市场

	纽约证券交易所	美国证券交易所	纳斯达克	
			全国板股市	小板股市
净资产（万美元）	4000	400	600	500
市值（总股本乘以股票价格）（亿美元）	1	0.3		0.3
最低净收入（万美元）				75
税前收入（万美元）	10000（最低 2 年且每年不少于 2500 万美元）	75	100	
股本（万美元）		400		
最少公众流通股数（万股）	250	100 或 50	110	100
流通股市值（万美元）	10000	300	800	500

续表

	纽约证券交易所	美国证券交易所	纳斯达克	
			全国板股市	小板股市
申请时最低股票价格（美元）	N/A	3	5	4
公众持股人数（≥ 100 股 / 人）	5000	400	400	300
经营年限	连续 3 年盈利	2 年经营历史		1 年或市值 5000 万美元

（3）美国上市方式

通常而言，中国公司进入美国的资本市场可以采取以下 4 种方式。

① 普通股的首次公开发行（Initial Public Offerings，IPOs）

20 世纪 30 年代初期的股市灾难导致外国公司的股票在美国股市一落千丈，美国的投资人瞬间失去了数以亿计的投资，这一历史事件促使 1933 年的美国证券法正式实施。此后，美国证券法对境外公司在美国的普通股首次公开发行的监管与本土公司别无二致。毫无例外，该公司必须进行注册。根据公司的规模以及以前在美国的披露情况，美国证监会还制定了不同的表格，以供外国公司注册使用。

基本上，境外公司与美国公司一样，必须以同样的格式向美国证券委员会（SEC）和投资人披露同等的信息。对于许多境外公司来说，美国证券市场的披露制度是令人深感不适的。美国的财务披露和会计准则比许多国家的更加详细和严格。例如，其要求对公司的市场竞争性地位和管理阶层对前景预测的强制性披露，便是一个令外国公司头疼的例证。但是为了力争在这个广阔的资本市场上拥有一个位置，境外公司也只能入乡随俗了。为了软化此不适，美国证监会许可境外公司将其财务报表调节至符合美国的会计原则，并不一定要实际地按照美国标准来制作。

此外，境外公司的股票一旦公开交易，该公司还必须按照美国证券交易法的规定定期向 SEC 报告。

② 美国存托股证挂牌（American Depositary Receipts，ADRs）

中国人寿保险股份有限公司于 2003 年 12 月 17 日、18 日分别在纽约证券交易所（NYSE）和香港联交所正式挂牌交易。作为第一家两地同步上市的中国国有金融企业，其获得了 25 倍的超额认购倍数，共发行 65 亿股，募集资金 35 亿美元，创该年度全球资本市场 IPO 筹资额最高纪录，取得了海外上市的成功。中国人寿保险就是中国企业通过 ADR 成功上市的例证。

美国证券业创造了这种将外国证券移植到美国的机制，存托股证交易提供了把境外证券转换为易交易、以美元为支付手段的证券。迄今为止，中国联通、中国移动、中石化等公司均通过此方式在美国上市。

典型的 ADR 是如此运作的：

A. 美国银行与一境外公司签订协议，约定由美国银行担任境外公司证券的存托人。

B. 美国的存托人签发存托股证给美国的投资人。每一张存托股证代表一定数目的境外公司的证券，该凭证可自由交易。

C. 美国存托人收购相应数量的境外公司的证券，一般该证券由境外的托管银行保管。

D. 发行存托股证后，美国存托银行作为该股证持有人的付款代理人。该银行收取股利并转化为美元，然后将其分配给股证持有人。

E. 存托银行作为存托股证的转让代理人，对该股证在美国的投资人的交易进行记录。该银行也时刻准备着把该股证转换为相应的境外证券。

美国证监会把 ADR 以及其所代表的境外证券区别对待。同时，ADR 的发行也涉及证券的公开发行。因此，发行 ADR 的美国银行也需要注册，而该境外公司则须履行定期报告的义务。

但是，履行全面的注册和报告义务是特别昂贵和负累的。鉴于此，美国证监会根据境外公司在美国证券市场的状况，制定了不同的 ADR 计划和相应的披露要求。具体的披露要求如下：

A. 一级 ADR

SEC 对一级 ADR 的监管是最轻的。美国银行通过注册 F－6 表格，并附具存托协议和 ADR 凭证，便可建立一级 ADR。

如果境外公司每年向美国证监会提交其在自己的国家所披露和公开的资料清单，其在美国的定期报告义务可免除。一级 ADR 可以在代理商和批发商的粉红单上报价，但是不能在证券交易市场交易或纳斯达克上报价。这一级 ADR 主要是为美国投资人提供投资境外公司已发行股票的渠道，由于不是额外发行新股票，所以企业不会筹集到更多资金。

建立一级 ADR 的成本比较小，平均为 25000 美元，境外公司的获益是很大的，通常股价会上涨 4% ~ 6%。

B. 二级 ADR

二级 ADR 可以在美国证券市场交易。美国银行须利用 F－6 表格注册，境外公司须定期报告。为能在证券交易市场或是纳斯达克交易，境外公司还需要进行 20－F 表格注册。但如一级 ADR 一样，二级 ADR 不能作为筹集资金的手段。

适用二级 ADR 的境外公司无一例外地发现，美国证券交易法所要求的披露要求比自己国家的法律规定更细致、更深入。最重要的是，境外公司的财务必须符合美国的一般会计准则。例如，美国一般会计准则要求分类披露公司的运营情况，还有一些敏感（有时是令人尴尬）的资料，包括主要财产、任何重大的正在进行的诉讼或政府对公司的调查、10%股东的身份、管理层薪酬总和、公司及子公司或执行官之间的交易，等等。公司还必须每年更新 20－F 表格。

建立二级 ADR 的成本是巨大的，平均超过 100 万美元。但是带来的成效也是巨大的，其为境外发行公司所铺设的通向美国投资人的通道以及以美国一般会计准则为标准的披露，通常会促使公司股价上涨 10% ~ 15%。

C. 三级 ADR

境外发行公司将自己的证券向美国投资人做公开发行。这一级 ADR 的注册书必须本质上包括二级 ADR 的 20－F 年度报告所要求的内容。三级 ADR 是唯一的允许境外公司在美国融资的 ADR 形式，建立三级 ADR 必须按照类似于普通股首次公开发行的程序来进行。美国的普通股公开发行成本一般超过 150 万美元。但是，对于许多需要大量资金的境外公司来说，即使成本很高，三级 ADR 也是值得一试的，因为美国的公众资本市场提供了一个无可比拟的融资基地。

D. 全球存托股证（GDRs）

境外发行人也可以通过发行以美元为计价单位、全球发行的存托股证来促进其证券的交易。全球存托股证与美国存托股证的原理是一样的，唯一的区别在于全球存托股证是部分或全部在美国以外的区域运作。不论冠之以全球存托股证或美国存托股证，适用在美国的部分的法律是一样的。

③ 私募资金和美国证券法 144A 条例

私募资金是一种既能避免美国证券法要求的注册，而又能在美国出售证券的做法。

但是，美国证券法规对于出售私募证券有很多限制。美国证监会 1990 年采纳的 144A 条例允许将某些符合条件的证券出售给合格机构投资人，而不需履行证券法的披露义务。但与 144A 条例关联的交易必须符合如下基本条件：

A. 该证券必须只能出售给合格机构投资人；

B. 证券发行时，该证券不能与在美国的任一证交所交易或是与在诸如纳斯达克的券商询价系统报价的证券属同一种类；

C. 卖家和未来的买家必须有权利获得发行公司的一些从公众渠道尚未得知的信息；

D. 卖家必须确认，买家知道卖家可以依据 144A 条例来免除证券法的登记要求。

144A 条例还规定了合格机构投资人的条件。合格机构投资人通常包括美国银行、信用社和注册券商。

④ 反向兼并

近年来，中国民营企业通过反向兼并（Reverse Merger）方式在美国上市方兴未艾。反向兼并，也称“Reverse take over”（RTO），俗称借壳上市，是一种简化快捷的上市方式。简单来说，反向兼并是指一家私人公司通过与一家没有业务、资产和负债的上市公司合并，该私人公司反向并入该上市公司，使该上市公司成为一个全新的实体。

此种情况下，原上市公司也称为壳公司，而私人公司并入上市公司后持有多数股权（通常是 90%）。

与 IPO 相比，反向收购具有上市成本明显降低、所需时间少以及成功率高等优势，即一旦成为上市公司，公司的前景颇为可观；上市公司的市场价值通常远远高于同等行业、同等结构的私人公司；上市公司更易于筹集资金，因为其股票有市场价值而且可以交易；可以利用股票收购，因为公开交易的股票通常视为购并的现金工具。

但是，反向兼并并非一蹴而就的获取资金的捷径，其只是募集资金的间接途径。所以，这一方式仅适宜于那些对资金的需求并不是特别急切且将要经历很长时间才能达到上市公司的规模和水平的公司，有助于其实现融资的长期目标。

（4）美国上市的优点

首先，美国证券市场的多层次多样化可以满足不同企业的融资要求。在美国场外交易市场（OTCBB）柜台挂牌交易（这里说的交易“Trading”与我们说的严格意义上的上市“Listing”是不同的，这里不详述）对企业没有任何要求和限制，只需要 3 个券商愿意为这只股票做市即可，企业可以先在 OTCBB 买壳交易筹集到第一笔资金，等满足了纳斯达克的上市条件，便可申请升级到纳斯达克上市。

其次，美国证券市场的规模是中国香港、新加坡乃至世界任何一个金融市场所不能比拟的，这在上文分析中国香港市场的时候有所提及。在美国上市，企业融集到的资金无疑要比其他市场多得多。

最后，美国股市极高的换手率和市盈率、大量的游资和风险资金、股民崇尚冒险的投资意识等鲜明特点对中国企业来说都具有相当大的吸引力。

（5）美国上市的弊端

第一，中美在地域、文化和法律上的差异。很多中国企业不考虑在美国上市的原因，是因为中美两国在地域、文化、语言以及法律方面存在着巨大的差异，企业在上市过程中会遇到不少这些方面的障碍。因此，华尔街对大多数中国企业来说，似乎显得有点遥远和陌生。

第二，企业在美国获得的认知度有限。除非是大型或者是知名的中国企业，一般的中国企业在美国资本市场可以获得的认知度相比在中国香港或者新加坡来说，应该是比较有限的。因此，中国中小企业在美国可能会面临认知度不高、追捧较少的局面。但是，随着“中国概念”在美国证券市场越来越清晰，这种局面在 2004 年来有所改观。

第三，上市费用相对较高。如果在美国选择 IPO 上市，费用可能会相对较高（一般为 1000 万 ~ 2000 万元人民币，甚至更高，和中国香港相差不大），但如果选择买壳上市，费用则会降低不少。

（6）美国上市与中国本土上市比较

① 国内上市优势

A. 企业在本土上市，应该可以说是有天时、地利、人和的各种优势。因为在本土，企业无须面临各种语言、监管以及法律上的差异。

B. 企业在本土上市，可以获得的认知度相对在海外上市会更高。因为企业在国内上市，更容易被投资者了解和熟悉，并得到他们的认同。

② 国内上市劣势

A. 漫长的审核过程。在中国，现阶段公司上市采取的还是审核制。即由企业向中国证监会提出上市申请，由中国证监会对企业的上市资格进行审核，符合条件的准予上市。由于申请上市的企业众多，而证监会每年审核批准上市的公司数量又局限在一定的数量，因此就造成了企业上市必须经过漫长的等待审核过程。即使是在新开设的主板内的中小企业板，中小企业上市的门槛稍微降低了，但还是需要经过审核等待的过程。根据统计，每年在中国本土上市的企业不到 100 家，而已通过证监会核准并在排队的企业每年近 400 家，更多的企业则还处在向证监会申请的阶段。

B. 上市门槛高。《公司法》规定的企业上市的要求，尤其是对股本方面的要求是很多中小企业无法达到的。而新推出的中小企业板块，虽说是为中小企业服务，但上市的门槛并没有降低太多，甚至没有降低。

C. 上市费用并不低廉。在很多企业的印象中，在中国本土上市所需要的费用应该是最低的。但实际上，在本土上市的费用并不低廉。基于对已经上市的公司的统计，在中国上市的前期平均费用大约为 1500 万元人民币，这几乎与在美国等海外资本市场上市的费用没有太大区别。

③ 适合在中国本土上市的企业

基于前文对在中国本土上市的条件、优缺点的分析不难看出，适合在中国本土上市的企业是大型企业，并且企业不是急需发展资金，能够接受长时间的审核过程。鉴于主板推出了中小企业板块，如果中小企业可以接受排队审核的话，当然在国内上市是最好的选择。

④ 适合在美国上市的企业

无论是大型的国有企业还是中小民营企业，都可在美国上市。因为美国的资本市场具有多层次化的特点，上市方式具有多样性，能够为不同的企业提供不同的服务，进而使各个层次的企业在美国上市都切实可行。

（7）美国上市程序及费用

国内企业赴美上市，尤其是纽交所上市程序相对繁杂，申请上市分两部分：向国内监管机构申请和向境外监管机构申请。在不同上市方案中，境内申请程序不同。在美国申请程序基本上分四步：资格审查（递交 14 份材料）、正式申请（通过资格审查后 4 ~ 5 周内提交相关材料）、注册登记（招股说明书及回答监管部门问题、修改材料直至满意）、注册生效。

（8）美国公司上市费用

① 纽约交易所（NYSE）非美国公司的上市费用

A. 入市费用：基本费用（一次交付）为 36800 美元。

B. 股票或 ADR 的发行数量，每百万股份的费用为：100 万 ~ 200 万股为 14750 美元；300 万 ~ 400 万股为 7400 美元；500 万 ~ 3 亿股为 3500 美元；超过 3 亿股为 1900 美元。最小总费用为 150000 美元，最大总费用为 250000 美元。

C. 年费用：每股或 ADR 的收费率为 930 美元 /100 万股份，最小年费为 35000 美元，最大年费为 500000 美元。

② 美国证券交易所（AMEX）上市费用

美国证券交易所上市费用见表 1–3。

表 1–3　首次上市费用和年上市费用

股份数量（万股）	上市费用（美元）	年费用（美元）
500	35000	15000
500 ~ 1000	45000	17500
1000 ~ 1500	55000	20000
1500 ~ 2500	65000	20000
2500 ~ 5000	65000	22500
5000 以上	65000	30000

③ 纳斯达克（NASDAQ）上市费用

A. 全国市场

入市费用：基本费用（一次交付）为 36800 美元。

股票或 ADR 的发行数量，每百万股份的费用为：100 万 ~ 200 万股为 14750 美元；300 万 ~ 400 万股为 7400 美元；500 万 ~ 3 亿股为 3500 美元；超过 3 亿股为 1900 美元。其中：最小总费用为 150000 美元，最大总费用为 250000 美元（见表 1–4）。

表 1–4　年费用

总流通股数量（万股）	年费用（美元）	ADR 年费用（美元）
100	24500	21225
100 ~ 2500	30500	26500
2500 ~ 5000	34500	29820
5000 ~ 7500	44500	30000
7500 ~ 10000	61750	30000
＞ 10000	75000	30000

B. 小型资本市场

入市费用：500 万股为 25000 美元；500 万 ~ 1000 万股为 35000 美元；1000 万 ~ 1500 万股为 45000 美元；超过 1500 万股为 50000 美元。

年费用：1000 万股以下为 17500 美元，1000 万股以上为 21000 美元。

4. 韩国证券交易所（KRX）

（1）韩国证券市场

韩国证券市场自 1992 年以来逐步扩大规模，到 1998 年实行全面开放。2005 年 1 月韩国证券交易所、韩国期货交易所和韩国创业板市场合并为韩国证券期货交易所，成为世界主要资本市场之一。为吸引中国企业前往韩国上市，以创建“东北亚最佳资本市场”为目标的韩国证券交易所（KRX）甚至会同有关政府部门修改相关法律法规，允许外国企业在韩交所通过 IPO 发行股票并挂牌上市，并规定外国企业赴韩上市，标准与韩国本土企业一致（见表 1–5）。

韩国证券市场综合性强；外国投资者持股比例高，外国投资者持有韩国上市公司股票金额约占其总市值的 40%；运作规范，全面采用电算化系统，网上交易金额占总成交额的 40% ~ 60%。

表 1–5　韩交所上市条件、费用、程序

	主板	创业板
上市条件	1. 持续经营年限不得少于 3 年（承认转成股份公司以前有限公司的经营业绩）。 2. 最近会计年度，净资产为 100 亿韩元（约 5500 万元人民币）以上，净资产不得小于注册资本。 3. 保留率 50% 以上，大型法人的保留率 25% 以上。保留率 =（净资产 – 注册资本）/ 注册资本。 4. 最近会计年度销售收入为 300 亿韩元（约 1.7 亿元人民币）以上，最近 3 年平均销售收入为 200 亿韩元（约 1.2 亿元人民币）以上。 5. 利润和净资产收益率，取各会计年度营业利润、利润总额和本期利润中最小值，不得小于以下要求：①最近会计年度利润不得少于 25 亿韩元（约 1500 万元人民币）。②最近 3 年利润累计金额不得少于 50 亿韩元（约 2800 万元人民币），最近会计年度 ROE5% 以上，最近 3 年 ROE 合计 10% 以上，大型法人的 ROE3% 以上或者利润 50 亿韩元以上，且现金流为正。 6. 股权分散，少数股东 10000 名以上，韩国内招股量 100 万股以上。 7. 审计意见，最近 3 年为无保留意见	1. 持续经营年限同主板。 2. 资本要求，净资产为 30 亿韩元（约 1700 万元人民币）以上，净资产不小于注册资本。 3. 利润和净资产收益率：①最近会计年度利润总额为正。②本期净利润不得少于 20 亿韩元（约 1200 万元人民币）。③最近会计年度 ROE10% 以上。 4. 股权分散，少数股东 500 名以上，韩国内招股量 30 万股以上，IPO 少数股东 30% 以上、公募 10% 以上。 5. 审计意见，最近年度无保留意见
费用	1. 上市初费，6 万股以下为 30 万韩元，每增加 1 万股加 3 万韩元。 2. 上市年费：① 30 万股以下，35 万韩元起，每增加 1 万股增加 5000 韩元。② 100 万 ~ 200 万股 70 万韩元起，每增加 1 万股增加 3000 韩元。③ 200 万股以上，100 万韩元起，每增加 1 万股增加 1000 韩元。 3. 发行费用，没有明确规定承销费用，承销费约为 5%，但是整体费用包括承销费用、审计费、律师费，占融资总额的 8% ~ 10%	同主板

续表

	主板	创业板
程序	上市审查1.5个月，公募1～1.5个月，上市2～3个工作日	1～3周有价证券分析，第四周提出登记预备审查邀请书，第二、第三月审查，第四月第一周通报登记预审审查结果，第四月第二周提出有价证券申请书，第四月第四周有价证券申报书效力生效，第五月第一周实施需求预测与定价，第五月第二周提出修改后申报书，第五月第三周请约，第五月第四周登记申请，第六月第一周缴纳股金，第六月第二周登记及买卖

（2）中国企业在韩国上市的优势

韩国紧邻中国，同属亚洲经济圈，两国贸易投资日趋增加。自1992年中韩建交以来，两国贸易每年平均递增20%～40%，2005年首次突破千亿美元大关。

中韩两国有着比较相似的产业结构，即以制造业为主，韩国制造业比重占53.3%。同时，中韩两国IT产业的发展也惊人的相似。这有利于韩国投资者对中国企业的理解，有利于中国企业在韩国市场的发展。

韩国融资速度快，在韩国实行发行注册制，申请上市不需要排队，一般情况下6～7个月即可完成融资。韩国股市短期流动资金约为400万亿韩元，外国企业能募集到充足资金。

韩国证券市场非常重视境外企业，尤其是中国企业的发展，韩国投资者对中国股票的投资热情极高，中国企业在韩国上市会得到投资者和媒体的充分关注，这将带来极大的宣传效果。

5. 加拿大股票市场（TSX）

目前，加拿大主要有两家交易所，即多伦多证券交易所（位于加拿大多伦多市）和加拿大创业交易所（位于加拿大温哥华市）。两家交易所的分工为：大型企业（高级股票）在多伦多证券交易所交易，中小型企业（初级股票）在加拿大创业交易所交易。

多伦多位于加拿大东部，是安大略省首府，也是加拿大第一大城市、重要港口，全国金融、商业、工业、文化中心。多伦多证券交易所（Toronto Stock Exchange，TSX）于 1878 年成立，至今已有 120 多年的历史。多伦多证券交易所是加拿大最主要的股票交易所（主板），规模位居加拿大第一，是北美地区仅次于纽约证券交易所（NYSE）和纳斯达克（NASDAQ）的第三大证券交易所，也是世界上成交量最大的 10 家证券交易所之一，是主要为成熟大企业提供股票上市交易的场所。

6. 澳大利亚股票交易所（ASX）

（1）基本情况

目前，中国企业赴澳大利亚上市已屡见不鲜。作为南半球较为发达的资本市场，澳大利亚股票交易所是市值最高的世界十大上市交易所之一，MSCI 全球指数排名第八。目前，澳大利亚交易所有 2000 多家上市公司，属于制造、零售、传媒、交通、金融服务、采矿、生物技术、房地产、建筑、旅游、通信、医疗卫生、电子商务、基础设施等行业，分在产业板块和矿业油板块。1990 年前，上市公司仍由矿业等资源性产业、制造业占主导地位，随后 10 年，在矿业资源性产业、制造业继续发展的同时，金融服务业和包括电信等业务在内的其他服务业发展迅速，其上市市值大大超过传统行业，这些变化为投资者提供了更多样化的选择，增加了整个股票市场的稳定性。

相比于美国、加拿大、中国香港及新加坡市场，澳大利亚资本市场的准入机制大大降低，特别合适中小企业的发展和融资需要，其上市标准充分考虑了中小企业和高增长企业的发展需求和融资要求，门槛低，时间快。

澳大利亚有一半以上的成年人购买股票，其公司购买股票的比例居世界第一。澳大利亚股票市场的显著特点是其大而业绩稳定、发展前景优良的股票主导市场，投资者对所买的这些股票一般持久保有。

（2）中国企业在澳大利亚证券交易所上市的优势

①门槛低，再融资机会大。由于澳大利亚是英联邦国家，它的证券上市规则、交易体系和法规监管与伦敦交易所非常相似，但它的门槛比伦敦

的主板甚至创业板（AIM）都要低，一般来说企业在澳大利亚上市后，经过一两年的发展，再到伦敦的创业板甚至主板进行二次上市，就会简单容易得多。由于澳大利亚是国际主流市场的一部分，能在澳大利亚上市的公司也基本上被看作是一个符合国际运行惯例的上市公司。

②上市成本低，等待时间短。澳大利亚证券交易所的上市成本相对香港来说要低，一般占到融资额的5% ~ 10%（取决于融资额的大小），其中包括承销商、律师和会计师费用及交易所收费。如果上市申请材料符合上市条件，从公司递交上市申请到得到ASX有条件的批准只要4 ~ 6周。

（3）上市条件

①主营业务，近3年公司主营业务相同；②盈利要求，近3年总利润达到100万澳币以上，最近一个会计年度总利润达40万澳币；③有形净资产，在扣除融资金额后不得低于200万澳币（投资公司不得低于1500万澳币）；④股份最低市值，上市时不低于1000万澳币；⑤最低公众持股量，至少500人且每人至少持有股份价值2000澳币或者至少400人且每人至少持有股份价值2000澳币，其中关联方持有不低于股份总数25%的股票；⑥董事出具相关声明，公司所有董事向澳大利亚证交所出具证明，确认公司截至申请日尚无出现影响公司持续盈利的状况；⑦公司应按上市规则披露相关信息、借款情况和董事收入。另外，外国公司或者拥有外国分支以及联合企业的澳大利亚注册控股公司也可以在ASX上市，但必须有澳大利亚连接点，其中包括澳大利亚常驻代表来负责企业上市介绍书及持续遵守上市的规定。企业也必须任命个人代表该企业进行ASX文件和报告的递交、申明通知、与股票持有者或公众媒体联系。

（4）ASX上市方式

中国企业在澳大利亚证交所上市的主要方式有：澳大利亚红筹股、澳大利亚X股（类似中国香港H股、美国N股、新加坡S股）。

（5）ASX上市程序

①选定中介，听取中介机构专业建议及决定是否上市；②和澳大利亚交易所商讨有关上市事宜；③由承销商准备招股说明书或信息备忘录；

④提交招股说明书；⑤申请上市，缴纳手续费；⑥审核申请，有条件的核准上市；⑦上市仪式，开始交易；⑧与 ASX 定期会议。

（6）ASX 上市费用

ASX 上市的费用因企业实体而异，受诸如募资的具体情况和规模、参与的顾问数量和交易的程序等因素影响。包括律师费、会计师和其他专家的酬金及广告和营销费用、印刷费用、股份注册费用、ASX 费用。

7. 新加坡交易所主板和自动报价板（SGX/SESDAQ）

新加坡自动报价市场的建立，目的在于使那些具有良好发展前景的新加坡中小型公司能筹集资金支持其业务的扩展。其上市标准较为宽松和灵活，没有具体的公司规模要求，进入成本和年度上市费用也较低。

成立宗旨是要提供具有发展潜力的中小型企业到资本市场募集资金的一个渠道，且上市的条件较为宽松，主要着重于公司的发展前景。自动报价板股市成立之初，只开放给新加坡注册公司申请上市。自 1997 年 3 月起，新交所进一步将其开放给外国公司。所以，现在不论是新加坡本地公司还是外国公司都可以申请在第一股市（主板），或自动报价股市（二板）上市。

在 SESDAQ 系统上市企业，如果上市后业务扩展，各方面达到主板市场要求，可以申请转为主板上市。

二、中国企业境外上市的主要形式

根据发行主体、证券种类、上市方式等，企业境外上市形式可进行各种分类。以是否直接以自己的名义申请为准，基本上可以归纳为直接上市和间接上市两大类。

1. 境外直接上市

境外直接上市是指国内企业直接以自己的名义向境外证券主管机构申请发行股票，并在该国（地区）证券市场挂牌上市，即我们通常说的 H 股、N 股、S 股等。其中：H 股，是指中国企业在香港联合交易所发行股票并上市，取“Hong Kong”第一个字“H”为名；N 股，是指中国企业在纽约证券交易所发行股票并上市，取“New York”第一个字“N”为名；S 股，是指中国企业在新加坡交易所上市。

2. 境外间接上市

境外间接上市是指境内企业在境外设立公司，以境外公司的名义在境外发行股票和上市，香港的红筹股就是这种方式的典型表现。间接上市又可分为买壳上市和造壳上市。

（1）买壳上市，是指境内企业直接收购一家已在海外证券市场挂牌上市的公司的部分或全部股权，取得对该境外上市公司的控制地位，然后对其注入资产，达到境内企业在海外间接上市的目的。

（2）造壳上市，是指国内企业到境外设立公司，由该境外公司以收购、股权置换等方式对境内公司形成控股关系，然后将该境外公司在境外交易所上市。

买壳上市和造壳上市虽然形式不同，但本质都是通过将国内资产注入壳公司的方式，达到国内资产上市的目的。壳公司可以是已上市公司，也可以是拟上市公司。

说明：公司设立地可以是境外证券交易所所在地，也可以是美国特拉华州、百慕大群岛、英属维京群岛、英属开曼群岛及荷属安德烈群岛等地，在这些地方设立公司要求低，非常方便。

三、境外上市形式的特别要求

1. 红筹股

红筹股是指最大控股权（通常在 30% 以上）直接或间接隶属于中国内地有关部门或企业，并在中国香港注册上市的公司所发行的股份。通常在开曼、百慕大群岛或英属维尔京群岛等地，适用当地的法律和会计制度，但公司的主要业务资产在中国内地。

《国务院关于进一步加强在境外发行股票和上市管理的通知》中所列的“凡将境内企业资产通过收购、换股、划转以及其他任何形式转移到境外中资非上市公司或者境外中资控股上市公司在境外上市，以及将境内资产通过先转移到境外中资非上市公司再注入境外中资控股上市公司在境外上市”，都是红筹股之定义。

红筹股上市流程相对简单，但自 2006 年 9 月 8 日，中国政府颁发 10 号文后，却增加了不确定性和成本。10 号文并没有完全排除红筹股模式海外上市的可能性，但规定要得到商务部和证监会的批准，同时设定了

1 年的上市期限。

2. H 股

H 股是指以人民币标明面值，以外币认购和进行交易，或香港联合交易所批准上市的股票。H 股不仅必须遵守中国内地的法律，而且还要符合香港的上市要求。中国证监会规定，H 股上市企业净资产不少于 4 亿元人民币，过去一年税后利润不少于 6000 万元人民币，并有增长潜力，按合理预期市盈率计算，筹资额不少于 5000 万美元（高于香港主板的规定）。这项规定曾经将很多企业拒之门外，然而 2012 年中国证监会取消了该项“456”规则，对 H 股上市进行“松绑”，此后以 H 股方式上市企业逐渐增加。

3. 香港创业板（GEM）

香港创业板市场是独立于主板市场以外的股票市场，在上市条件、交易方式、监管方法和内容上都与主板市场有很大差别。与主板市场相比，创业板市场以高增长公司为目标，不限行业及规模，注重公司增长潜力及业务前景；市场参与者须自律及自发地履行其责任；买者风险自负，适合有风险容量的投资者；奉行以信息披露为本的监管理念；要求保荐人具有高度专业水平及诚信。

四、境外直接上市和间接上市优缺点比较

境外直接上市的优点是：为国外投资者了解国内企业的形象提供了平台，可以有力地提高公司在世界范围内的知名度，有利于公司发展。境外直接上市的主要困难是：国内法律与境外法律不同，对公司的管理、股票发行和交易的要求也不同。进行境外直接上市，公司需通过与中介机构密切配合，探讨出能符合境内外法规及交易所要求的上市方案。

与境外直接上市相比，境外间接上市的好处是既可以避开国内有关法律的限制和复杂的审批程序，又可以避开上市所在地法律对外来公司严格的条件限制，因而上市成本较低，花费时间较短。此外，在境外注册的公司适用外国的会计和审计标准，容易获得境外证券市场的认可。因此，境外间接上市已成为中国企业充分利用海外壳资源达到境外上市融资的一种有效途径和方式。

五、境外上市工作流程

境外上市是一个重大的系统工程，企业要有充分的准备并且依照法律法规，做好如下事项。

1. 确立境外上市意向

企业对自身条件、产业趋势、项目可行性、市场潜力和扩张能力等因素进行充分分析，制定长期战略发展规划，并以此确定企业融资计划和并购扩张等资本经营的安排。并在此基础上充分考虑境外上市的必要性和可行性，最后做出是否选择境外上市的决定。

2. 以境内设立股份有限公司方式在境外上市，需准备向中国证监会提交到境外上市的申请文件和材料

3. 企业改制

聘请相关中介机构陆续进场工作，企业应选择既了解国内市场又熟悉海外资本市场、经验丰富并有良好业绩的中介机构，共同协商企业改制以及有关重组、发行、上市、上市后相关责任等多方面的事宜。企业境外上市的一般程序如下：

（1）拟订股份制改组总体方案；

（2）聘请中介机构进行尽职调查；

（3）资产评估立项和财产清查；

（4）在境内设立股份公司或以红筹方式设立海外特殊目的公司；

（5）准备发行申请文件；

（6）向监管机构提出正式申请文件。

六、境外主要资本市场比较

表 1–6 至表 1–8 比较了境外主要资本市场的相关情况。

表 1–6 主要境外资本市场上市条件比较

国别 / 地区	主要交易市场	主要上市条件
美国	纽约证券交易所（NYSE）	过去 3 年税前盈利达 1 亿美元且最近 2 年每年税前盈利不少于 2500 万美元
	纳斯达克（NASDAQ）	股东权益从数百万美元至数千万美元，具体交易市场标准不同
中国香港	主板	连续营运 3 年：前 2 年 3000 万港元，最近 1 年 2000 万港元
	创业板	连续运营 24 个月
新加坡	主板	过去 3 年税前盈利总计 750 万新元
	SESDAQ	无特别盈利要求
英国	伦敦证券交易所	市值不少于 700 万英镑
	AIM	无特别盈利要求
德国	初级市场	公司最少成立 1 年
	一般市场及高级市场	连续运营 3 年，发行时欧元市值至少 125 万欧元

表 1–7 主要资本市场 IPO 筹资成本比较

费用类别	香港主板（万元港币）	香港创业板（万元港币）	纽交所（万元人民币）	纳斯达克（万元人民币）	英国 AIM 市场（万元人民币）
上市初费	15 ~ 65	10 ~ 20	400	10 ~ 40	20
承销费占筹资额比例	2.5% ~ 4%	4% ~ 5%	8%	6% ~ 8%	3% ~ 5%
保荐人费	200 ~ 400	100 ~ 200	1500	1000	500
法律顾问费	100 ~ 250	100	300	300	300
会计师费	150 ~ 250	70 ~ 150	400	400	350 ~ 400
总成本占筹资额比例	15% ~ 20%	10% ~ 20%	15% ~ 25%	15% ~ 25%	15% ~ 20%

注：1. 筹资成本与中介费用、发行定价方式有直接关系；2. 海外中介机构收费较高，企业还须聘请业内知名机构，由此导致了费用的提高。

表 1-8　主要资本市场上市维持费用比较

可预测费用	香港主板	香港创业板	纽交所	纳斯达克	英国 AIM
上市年费	14 万 ~ 119 万港元 / 年	10 万 ~ 20 万港元 / 年	400 万元人民币 / 年	28 万 ~ 400 万元人民币 / 年	5 万 ~ 7 万元人民币 / 年
保荐人顾问费用	20 万港元	30 万港元	800 万元人民币	800 万元人民币	100 万 ~ 150 万元人民币
法律顾问费用	60 万 ~ 100 万港元	40 万 ~ 100 万港元	200 万元人民币	200 万元人民币	100 万 ~ 150 万元人民币
会计师费用	100 万港元	60 万 ~ 100 万港元	150 万元人民币	150 万元人民币	150 万元人民币
信息披露费用（含印刷、上网）	30 万 ~ 50 万港元	30 万 ~ 50 万港元	50 万 ~ 100 万元人民币	50 万 ~ 100 万元人民币	50 万 ~ 100 万元人民币
总计	224 万 ~ 389 万港元	130 万 ~ 300 万港元	约 1600 万元人民币	123 万 ~ 1600 万元人民币	400 万 ~ 600 万元人民币

注：除上述可估算成本外，境外资本市场上市还有很多较难量化的成本，如与境外投资者、监管机构交流的成本，宣传错位的成本等。

七、境内企业境外上市的注意事项

企业或企业家如选择在境外开拓市场和在境外上市，必须坚持以下三点：

（1）要有一个好的公司治理结构；

（2）要有持续发展的规划和安排；

（3）要有一支与企业长久经营相匹配的员工队伍。

第二章

改制上市（挂牌）概要

第一节　改制上市（挂牌）决策

一、企业改制的概念

企业改制是企业体制性改革的简称，其本质是公司制度改革。通过制度改革对企业股权结构、组织形式、权力制约方式、财务制度等进行整体性革新，使企业适应生产力发展的要求、适应市场变化。

狭义上的改制是指国有企业改制成符合《中华人民共和国公司法》（以下简称《公司法》）要求的公司法人。从广义上讲，也包括以上市为目的，将有限责任公司改制成为股份有限公司。本书中的“改制”特指多种类型企业，即以在境内外资本市场上市、挂牌为目的，按有关法律法规的要求，改制为股份有限公司，并完善法人治理结构。

二、公开发行并上市的含义

根据《中华人民共和国证券法》（以下简称《证券法》）的规定，公开发行是指下列情形：

（1）向不特定对象发行证券；

（2）向累计超过 200 人的特定对象发行证券；

（3）法律、行政法规规定的其他发行行为。

公开发行可分为非上市公司首次公开发行（即 Initial Public Offering，IPO）和上市公司公开发行（包括公开增发和配股）。公开发行证券必须符合法律、行政法规规定的条件，并依法报经国务院监督管理机构或者国务院授权的部门（中国证券监督管理委员会，以下简称“中国证监会”）核准，任何单位和个人不得公开发行证券。

上市是指已经发行的证券经证券交易所批准后在交易所公开发牌交易的法律行为。

公开发行股票是股票上市的必要条件，但不是充分条件。我国证券市场中已有多起已公开发行但未能上市的事例，如案例中的立立电子，虽已公开发行，但因种种原因未能上市，导致功亏一篑。

案例 2-1　立立电子公开发行后未上市

宁波立立电子股份有限公司（以下简称“立立电子”）成立于 2000 年

6月，主要业务为硅单晶锭、硅抛光片、硅外延片及功率肖特基二极管芯片的制造和销售，是中国最大的硅抛光片和硅外延片生产企业之一。

2008年2月29日，立立电子在中国证监会网站预披露了招股说明书申报稿。3月5日IPO申请获中国证监会审核通过，7月1日公司宣布网上申购的中签号码，预计7月8日挂牌上市。但7月7日，一家媒体发表了立立电子涉嫌“资产腾挪、二次上市”的报道，质疑其掏空浙江海纳资产，立立电子的上市之路由此戛然而止。

2009年4月3日，中国证监会发审委否定了立立电子的IPO申请，撤销立立电子公开发行股票核准决定，这是中国证监会首次做出发行撤销决定，立立电子也成为中国证券史上首家“募集资金到位但IPO最终被否”的公司。

三、改制与上市（挂牌）的关系

任何一个资本市场，对上市主体的法律形式、公司治理、业务架构、财务等都有一系列具体要求，只有满足这些条件，才有可能上市。因此，企业在上市前必须进行相应的改组改造。

一是公司形式上。根据《公司法》《证券法》，企业上市之前必须改制为股份有限公司。企业到境外上市，也要对组织结构进行改制重组，在法律主体形式方面符合境外资本市场的要求。

二是规范运作上。全球各资本市场对上市公司的规范运作都有明确要求。通过改制建立现代公司制度，清晰产权结构，完善公司治理水平，建立科学决策和管理机制，是企业上市前的“必修课”。

改制是上市的准备阶段，改制工作的质量，是决定上市成功的基础。任何准备上市的企业，都应该高度重视企业改制，按照上市有关法律法规的要求，做好改制工作。

四、公开上市（挂牌）的意义

1. 筹集资金壮大实力

资本市场融资效应显著。溢价发行股票使中小企业能在出让较少股份的情况下，筹集充足的资金，用于长期发展所需，企业规模和实力在短期内都得到大幅提高。公司上市之后还可以通过多种手段实现再融资，从而大大提升公司竞争力。

2. 明确发展战略

中小企业改制上市的过程，也是中小企业明确发展方向和发展战略的过程。企业要不断分析内外部环境，评价优势劣势，制定发展规划，并通过实施募集资金投资项目，实现发展目标。

3. 提升管理水平

改制上市有利于促进企业完善治理机制、建立现代企业制度，夯实基础管理，提高管理水平，从而促使企业持续健康发展。

4. 股东财富增值

目前股票发行上市的全流通机制已经建立，股票直接以市场价格定价，提升公司与控股股东持股的价值，股东能获得更大增值。

5. 提升企业形象

上市公司是行业佼佼者。上市有利于企业树立品牌，提高企业形象，更有效地开拓市场，降低融资与交易成本。同时，随着网络媒体日益完善发达，上市公司信息可实时更新，公司上市后，可以借助媒体使更多人了解公司及产品，用低成本实现品牌效应，大大提高公司在国内的知名度，并且得到同行专家的认可。

6. 集聚优秀人才

股份制是实行股权激励计划的基础。在改制过程中或发行上市后，实行管理层持股、员工持股和股票激励计划，能增加管理层和员工财富，增强公司对人才的吸引力。

此外，如在海外上市，还有利于企业在技术、市场、管理、人才国际化等方面获得更多合作机会，为企业走向国际市场创造条件。

五、公开发行上市对中小企业的约束

企业改制为股份公司，从接受辅导机构辅导并到监管部门备案开始，就正式踏上了上市之路。在公司治理、规范运作、信息披露等方面，都要向上市公司看齐。而上市公司作为社会公众公司，为保护社会公众股东的权益，要接受更为严格的监管，社会责任和压力也更大。

（1）监管和监督部门增加。企业从辅导备案开始，要接受中国证监会和上海证监局的监管，接受来自保荐机构等中介机构的持续督导。公开发行股票并上市后，还要接受证券交易所的监管。

（2）公司透明度提高。公司向中国证监会上报IPO申请材料，必须按照《证券法》、中国证监会颁布的有关规定，真实、准确、完整、及时、公平地披露公司信息，公司及其董事、监事、高级管理人员应当保证信息披露内容的真实、准确、完整、及时、公平，没有虚假记载、误导性陈述或重大遗漏。公司上发审会前，《招股说明书》（申报稿）须在中国证监会网站上进行预披露。中国证监会发行监管部、创业板发行监管部于2013年12月13日联合发布《中国证券监督管理委员会发行监管部、创业板发行监管部关于首次公开发行股票预先披露等问题的通知》，要求保荐机构在向中国证监会提交首发申请文件的同时，一并提交预先披露材料，并根据反馈等更新预先披露材料。此时，公司各项信息就基本透明。公司上市后，还必须按照证券交易所颁布的《股票上市规则》等规定，进行信息披露。

（3）经营压力增加。在成熟资本市场，权益资本成本要高于债务资本成本，投资者购买公司的股票要求获得合理的投资回报。如果公司经营不善，业绩不佳，将会遭到投资者抛弃，对公司形象也是一种损失。

（4）大股东受到的约束力增加。大股东参与公司管理，必须严格遵守公司治理准则，不能侵占公司资产、损害公司权益。在中小企业板上市的企业，其控股股东和实际控制人必须遵守《中小企业板上市公司规范运作指引》的要求；在创业板上市的企业，其控股股东和实际控制人必须遵守《创业板上市公司规范运作指引》，上市前还应当签署《控股股东、实际控制人声明及承诺书》，承诺不得滥用控制权损害上市公司及其他股东的利益。

第二节　上市地选择

一、企业如何选择上市地点

选择合适的上市地，对拟上市企业来说是一个非常关键的问题，需要董事会审慎抉择。选择上市地的核心不是选择交易所，而是选择企业自己的股东和市场，这样才能使企业的发展与资本市场的发展相得益彰。企业选择上市地，一般应结合下列因素综合考虑：

（1）一级市场的筹资能力（市盈率水平）、二级市场的流通性（市场活跃状况）、后续融资能力；

（2）拟上市地是否与企业的定位和行业地位相适应；

（3）拟上市地是否为企业主要业务和核心客户所在地；

（4）拟上市地投资者对企业的认同度；

（5）上市成本（包括初始上市成本以及后续维护成本）、上市所需时间；

（6）拟上市地的地理位置、文化背景、上市标准等。

二、企业境内上市的主要优势

企业选择在境内或境外上市，应视各自具体情况而定，关键是找准定位。一般来说，企业在境内上市有如下优势：

（1）对境内相关的法律法规比较熟悉；

（2）上市初始成本和后续维护成本低；

（3）IPO 市盈率一般较高，融资量相对较大；

（4）主要产品和市场在境内的企业，容易得到投资者认同，广告效应明显。

而对境内大多数企业来说，到境外上市可能存在一定困难，例如：

（1）对于境外的法律制度认识有限，由于文化背景、语言等存在差异导致交流困难，沟通效率低；

（2）上市成本高，上市初始成本和后续维护成本均为境内的数倍；

（3）IPO 市盈率普遍较低，融资量受限；

（4）聘用境外上市所需的专业人员比较困难，对特定人员依赖度高；

（5）面临的政策性批准程序较多，存在政策风险。

不过，到境外上市也有某些方面的优势，如审核周期相对较短、上市条件相对宽松等。

总之，绝大多数企业更适合在境内上市。当然，如果企业的主要产品和市场在境外，或者国际化程度高，能得到境外投资者高度认同，或者企业规模大，需要多地上市解决融资问题，可选择合适的境外市场上市。

三、企业境外上市的主要优势

与境内上市相比，境外上市 IPO 及再融资时间周期较短；上市条例清晰，获得审批较容易；募集及再融资资金均为外汇；在上市过程中引进海外及国际性投资者，有利于吸收海外企业对管理、营运及市场开拓的经验，提升企业在国际市场的形象。但境外上市发行市盈率较低，发行及维持上市费用高，市场交易受国际资本市场的活动程度影响相对较大。

四、上市地对发行市盈率的影响

发行市盈率是指股票发行价格与每股盈利的比率。影响发行市盈率高低的因素包括：

（1）盈利预期：盈利预期是影响市盈率最重要的因素，盈利增长前景越佳，投资者也就愿意支付越高的价格，对应的市盈率也就越高；

（2）盈利的稳定性：一般而言，周期性行业和钢铁、航运行业的盈利波动性较大，市盈率也就相对较低，而盈利受经济周期影响较小、波动性较低的行业如消费、医药行业等市盈率就相对较高；

（3）公司治理水平、管理层能力、股利分红政策以及宏观经济、行业景气度等因素也会影响投资者对盈利增长前景和稳定性的看法，从而影响股票发行市盈率水平。

就境内市场而言，发行市盈率和上市地并无相关性。如果将公司按市值进行划分，可以发现，同行业规模相当的公司，无论在主板上市还是在中小板上市，市盈率并无明显差异。这是因为股票首次公开发行的审核标准、询价制度基本相同，且定价是由询价对象给出，这些询价对象本身是跨两个市场的，所以并不会因为公司在不同的市场上市就给出不同的价格。因此一家公司的定价多少，主要由公司所处行业、盈利能力、发展潜力等自身素质决定，而与上市地无关。

五、发行人股本规模与投资价值的误区

发行人股本规模与其投资价值并无直接联系。部分投资者在判断公司投资价值时，过分关注“股本扩张”因素，认为公司股本越小，投资价值越高，其实这是一个认识误区。当前在一级市场，不少投资者甚至机构投资者虽然倡导价值投资理念，但在对拟上市公司估值时，往往抓住“小股本”题材，偏执地认为其未来成长空间大、发展能力强而高估其价值，从而对其过分炒作、虚张声势。与此同时，很多发行人为迎合这些投资者的

投资偏好，刻意缩小发行股本，进而通过在上市后进行大比例送股转增股本，人为地制造利好信息与炒作热点。实际上，这种“小股本”“高转送”炒作的现象实际上带给投资者的只是虚假的繁荣景象。

对于一个公司来说，决定其价值的根本因素是盈利能力及成长性，而不是其股本大小。换句话说，股本大小不决定投资价值，也不影响给投资者带来多少现金回报。例如，二级市场的股本扩张——“高送转”实质是股东权益的内部结构调整，对公司净资产收益率、盈利能力、资产规模、杠杆水平以及行业发展趋势都没有任何实质性影响，公司的基本面并没有变化。“股神”巴菲特直言“股票分割”没有任何实际意义，此举只会增加交易成本（包括盈余公积及未分配利润转增股本须缴纳的个人所得税等），引起投资者对伯克希尔公司进行更多的投机交易。这就好比吃不了整块比萨而将它切成五块，实际饼的大小并没有什么变化。而在判断投资价值的时候，还是应该关注公司每股净资产、每股收益、股利政策、资产重组等公司内部因素，以及当前宏观经济情况、公司未来发展趋势和证券市场状况等外部因素，以此来综合判断公司的投资价值。

表 2–1 列出了企业挂牌新三板、主板、中小板及创业板的不同条件。

表 2–1　企业挂牌新三板的条件和主板、中小板以及创业板的比较

<table>
<tr><th>指标</th><th>新三板</th><th>主板、中小板</th><th>创业板</th></tr>
<tr><td>净利润</td><td>无硬性财务指标要求</td><td>净利润最近 3 年为正，且累计超过 3000 万元；最近一期不存在未弥补亏损</td><td rowspan="2">最近两年连续盈利，最近两年净利润累计不少于 1000 万元；或者最近一年盈利，最近一年营业收入不少于 5000 万元</td></tr>
<tr><td>营业收入或现金流</td><td>无硬性财务指标要求，主营业务突出</td><td>最近 3 年营业收入累计超过 3 亿元，或最近 3 年经营现金流量净额累计超过 5000 万元</td></tr>
<tr><td>股本要求</td><td>挂牌前总股本不低于 500 万元</td><td>发行前股本总额不少于人民币 3000 万元</td><td>发行后股本总额不少于 3000 万元</td></tr>
</table>

续表

指标	新三板	主板、中小板	创业板
资产要求	无硬性财务指标要求，具有两年持续经营记录	最近一期末无形资产（扣除土地使用权、水面养殖权和采矿权等后）占净资产比例不高于 20%	最近一期末净资产不少于 2000 万元，且不存在未弥补亏损

六、国内创业板区别于海外创业板的特点

国内创业板借鉴了海外创业板成功经验，同时充分考虑我国具体国情，发行标准既具有海外创业板市场的普遍特点又具有中国特色，表现在以下几点：

（1）发行上市的量化标准严格：①我国创业板强调“净利润”要求，指标上也严于海外创业板市场；②我国创业板对企业规模有较高要求；③我国创业板对企业的成长性有定量要求；④我国创业板要求企业上市前不得存在“未弥补亏损”，而海外创业板市场则鲜有类似规定。

（2）对企业的定性规范要求更为明确细致。我国创业板发行上市条件的设计在突出保荐人等市场自律组织作用的同时，在“持续盈利能力”“公司治理”“规范运作”“募集资金使用”等方面都设置了更为细致和明确的定性规范要求，以保证企业的质量和保护投资者的合法权益。

第三节　改制上市基本知识

一、改制上市的基本程序

根据《公司法》、《证券法》、中国证监会和证券交易所颁布的规章规则等有关规定，企业公开发行股票并上市应遵循以下程序：

1. 改制设立

拟订改制重组方案，聘请保荐机构（证券公司）和会计师事务所、资产评估机构、律师事务所等中介机构对改制重组方案进行可行性论证，对拟改制的资产进行审计、评估、签署发起人协议和起草公司章程等文件，

设置公司内部组织机构，设立股份有限公司。除法律、行政法规另有规定外，设立股份有限公司取消了省级人民政府审批这一环节。

2. 尽职调查与辅导

保荐机构和其他中介机构对公司进行尽职调查、问题诊断、专业培训和业务指导，指导拟上市公司学习上市公司必备知识，完善组织结构和内部管理，规范企业行为，明确业务发展目标和募集资金投向，对照发行上市条件对存在的问题进行整改，准备首次公开发行申请文件。目前已取消了为期1年的发行上市辅导的硬性规定，但保荐机构仍需对公司进行辅导。

3. 申请文件申报

企业和所聘请的中介机构，按照中国证监会的要求制作申请文件，保荐机构进行内核并负责向中国证监会尽职推荐，符合申报条件的，中国证监会在5个工作日内受理申请文件。

4. 申请文件审核

中国证监会正式受理申请文件后，对申请文件进行初审，同时征求企业所在省级人民政府和国家发改委意见，并向保荐机构反馈审核意见，保荐机构组织企业和中介机构对反馈的审核意见进行回复或整改，初审结束后发行审核委员会审核前，进行申请文件预披露，最后提交股票发行审核委员会审核。

根据近期中国证监会公告的《中国证监会发行监管部首次公开发行股票审核工作流程》与《中国证监会创业板发行监管部首次公开发行股票审核工作流程》，中国证监会对于中小企业板和创业板企业的审核工作流程略微不同：中小企业板的审核流程分为受理、预披露、反馈会、见面会、初审会、发审会、封卷、核准发行等主要环节；创业板的审核流程分为受理、反馈会、见面会、问核、预先披露、初审会、发审会、封卷、会后事项审核、核准发行等主要环节。二者主要区别在于创业板仍设有问核流程，且预披露时间较靠后。较之以往，创业板审核环节并无太大改变，而中小企业板审核环节中有三处重大改变：一是鉴于已要求保荐机构建立公司内部问核机制，在首发企业审核过程中，不再设问核环节；二是将首发见面会安排在反馈会后召开，增强交流针对性，提高见面会效率；三是进一步提前了预披露时间。2013年12月13日，中国证监会发行监管部和创业板发行监管部联合发布了《中国证券监督管理委员会发行监管部、创业板发行监管部关于首次公开发行股票预先披露等问题的通知》（发行监管函〔2013〕328号），规定保荐机构应在向中国证监会提交首发申请文件的同时，一并提交预先披露材料，意味着企业申请首次公开发行的招股说明书预披露时间提前至反馈会之前（按照原有规定，企业招股说明书预披露时间是在发审会召开前30天），这样对中介机构的要求更高，督促保荐机构进一步提高工作质量。

5. 中国证监会核准

发行申请经发行审核委员会审核通过后，中国证监会做出核准或不予核准的决定。

6. 路演、询价与定位

经中国证监会核准发行的企业，在指定报刊刊登招股说明书摘要及发行公告等信息，证券公司与企业进行路演，向投资者推介和询价，并根据询价结果协商确定发行价格。

7. 发行与上市

根据中国证监会规定的发行方式公开发行股票，向证券交易所提交上市申请，办理股份的托管与登记，挂牌上市，上市后由保荐机构按规定负责持续督导。

图2-1显示了股份公司设立及股票发行审核上市的流程。

二、企业发行上市在产业政策方面的要求

企业申请公开发行股票并上市，必须符合国家产业政策。国家鼓励和重点支持的产业、高科技产业、朝阳产业、增长型产业将得到优先支持。以下产业（或业务）将受到限制：

（1）国家限制发展和要求淘汰的产业（详见国家发改委颁布的《产业结构调整指导目录》）；

（2）受到宏观政策调控限制的产业；

（3）政策特别限制的业务，如国家风景名胜的门票经营权、报纸杂志采编业务等；

（4）不能履行信息披露义务最低标准的有保密要求的业务（公司）。

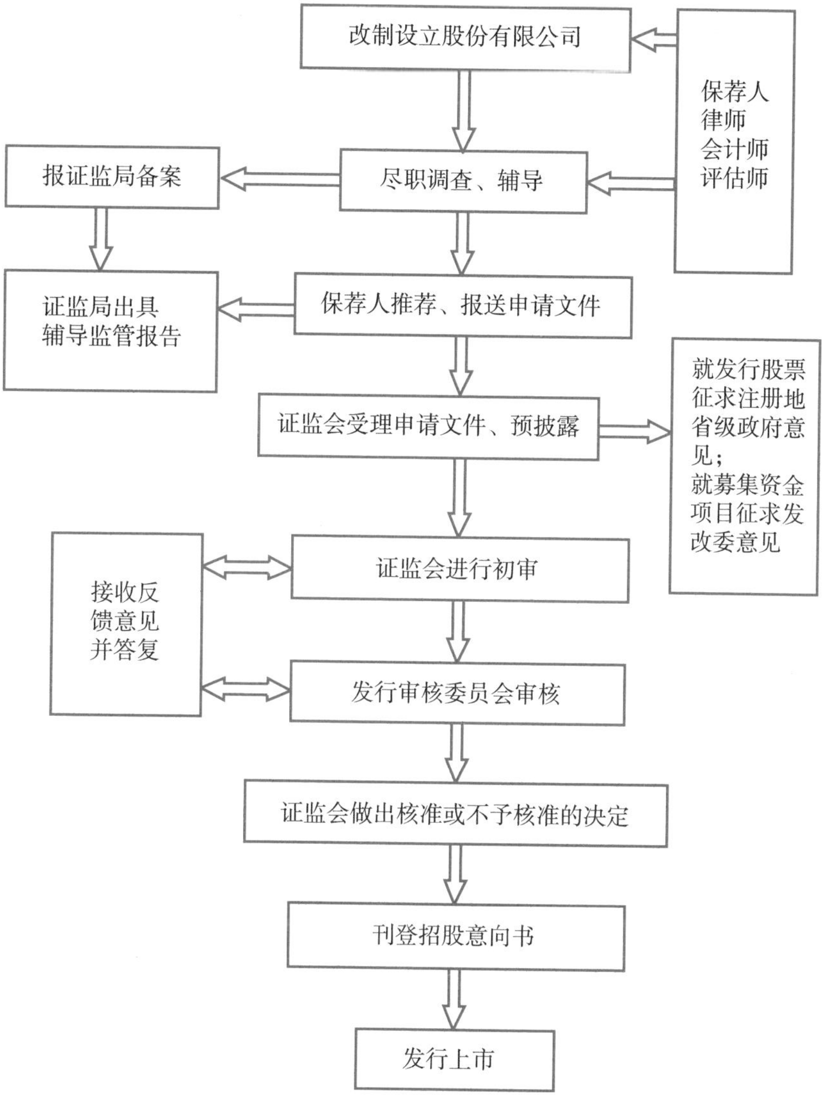

图 2-1　股份公司设立及股票发行审核上市流程

三、股票发行上市过程中企业需要聘请的中介机构

股票发行上市一般需要聘请以下中介机构：

（1）保荐机构（股票承销机构）；

（2）会计师事务所；

（3）律师事务所；

（4）资产评估机构（如需要评估）。

四、企业发行上市过程中保荐机构的职责

保荐机构在企业发行上市过程中主要负责以下工作：

（1）协助企业拟订改制重组方案和设立股份公司。

（2）根据《证券发行上市保荐业务管理办法》《保荐人尽职调查工作准则》以及《关于进一步加强保荐机构内部控制有关问题的通知》的要求对公司进行尽职调查，履行内部问核程序，由两名保荐代表人签署《关于保荐项目重要事项尽职调查情况问核表》，作为保荐工作报告的附件一并提交。《关于进一步加强保荐机构内部控制有关问题的通知》要求保荐机构在保荐项目中对37项重点事项进行尽职调查，包括但不限于：公司行业排名和行业数据；公司主要供应商、经销商情况；公司环保情况；公司拥有或使用专利情况；公司拥有或使用商标情况；公司拥有或使用计算机软件著作权情况；公司拥有或使用集成电路布图设计专有权情况；公司拥有采矿权和探矿权情况；公司拥有特许经营权情况；公司拥有与生产经营相关资质情况（如生产许可证、安全生产许可证、卫生许可证等）；公司违法违规事项；公司关联方披露情况；公司与本次发行有关的中介机构及其负责人、高管、经办人员存在股权或权益关系情况；公司控股股东、实际控制人直接或间接持有公司股权质押或争议情况；公司重要合同情况；公司对外担保情况；公司曾发行内部职工股情况；公司曾存在工会、信托、委托持股情况；公司涉及诉讼、仲裁情况；公司实际控制人、董事、监事、高管、核心技术人员涉及诉讼、仲裁情况；公司董事、监事、高管遭受行政处罚、交易所公开谴责、被立案侦查或调查情况；公司律师、会计师出具的专业意见；公司会计政策和会计估计；公司销售收入情况；公司销售成本情况；公司期间费用情况；公司货币资金情况；公司应收账款情况；公司存货情况；公司固定资产情况；公司银行借款情况；公司应付票据情况；公司税收缴纳情况；关联交易定价公允性情况；公司从事境外经营或拥有境外资产情况；公司控股股东、实际控制人是否为境外企业或居民；公司是否存在关联交易非关联化的情况。

（3）对公司主要股东、董事、监事和高级管理人员等进行辅导和专业

培训，帮助其了解与股票发行上市有关法律法规，知悉上市公司及其董事、监事和高级管理人员的法定义务和责任。

（4）帮助企业完善组织结构和内部管理，规范企业行为，明确业务发展目标和募集资金投向等。

（5）组织企业和中介机构制作发行申请文件，并依法对公开发行募集文件进行全面核查，向中国证监会尽职推荐并出具发行保荐报告。

（6）组织企业和中介机构对中国证监会的审核反馈意见进行回复或整改。

（7）负责证券发行的主承销工作，组织承销团承销。

（8）与企业共同组织路演、询价和定价工作。

（9）在企业证券上市后，持续督导企业履行规范运作、信守承诺、信息披露等持续督导义务。

五、企业发行上市过程中会计师事务所和注册会计师的职责

股票发行上市必须聘请具有证券从业资格的会计师事务所承担有关审计和验资等工作。主要工作如下：

（1）负责企业财务报表审计，并出具 3 年或 3 年及 1 期的审计报告；

（2）负责企业资本验证，并出具有关验资报告；

（3）负责企业盈利预测报告审核，并出具盈利预测审核报告；

（4）负责企业内部控制鉴证，并出具内部控制鉴证报告；

（5）负责核验企业的非经常性损益明细项目和金额；

（6）对企业主要税种纳税情况出具专项意见；

（7）对企业原始财务报表与申报财务报表的差异情况出具专项意见；

（8）提供与发行上市有关的财务会计咨询服务。

六、企业发行上市过程中律师事务所和律师的职责

企业股票公开发行上市必须依法聘请境内律师事务所担任法律顾问，其主要工作如下：

（1）对改制重组方案的合法性进行论证；

（2）指导股份公司设立或变更；

（3）协助和指导企业制定法人治理规范运作的相关制度并遵照执行；

（4）对企业发行上市涉及的法律事项进行审查并协助企业规范、调整

和完善；

（5）对发行主体的历史沿革、股权结构、资产、组织机构运作、独立性、税务等公司全面的法律事项等合法性进行判断；

（6）对股票发行上市各种法律文件的合法性进行判断；

（7）协助和指导企业起草公司章程等公司法律文件；

（8）出具法律意见书；

（9）出具律师工作报告；

（10）对有关申请文件提供鉴证意见；

（11）针对创业板企业需对公司董事、监事、高级管理人员及公司股东和实际控制人在相关文件上签名盖章的真实性提供鉴证意见。

七、企业发行上市过程中资产评估机构和评估师的职责

企业以实物、知识产权、土地使用权等非货币资产出资设立公司的，应当评估作价，核实资产。国有及国有控股企业以非货币资产出资或者接受其他企业的非货币资产出资，应当遵守国家有关资产评估的规定，委托有资格的资产评估机构和执业人员进行；其他的非货币资产出资的评估行为，可以参照执行。

自 2002 年 1 月 1 日起，各级财政（或国有资产管理，下同）部门对国有资产评估项目不再进行立项批复和对评估报告的确认批复（合规性审核），实行核准制和备案制。有关经济行为的资产评估活动由国有资产占有单位按照现行法律、法规的规定，聘请具有相应资质的中介机构独立进行，评估报告的法律责任由签字的注册资产评估师及其所在评估机构共同承担。

经各级政府批准的涉及国有资产产权变动、对外投资等经济行为的重大经济项目，其国有资产评估实行核准制。凡由国务院批准实施的重大经济项目，其评估报告由财政部进行核准；凡由省级人民政府批准实施的重大经济项目，其评估报告由省级财政部门进行核准。对其他国有资产评估项目实行备案制。除核准项目以外，中央管理的国有资产，其资产评估项目报财政部或中央管理的企业集团公司、国务院有关部门备案。地方管理的国有资产评估项目的备案工作，比照上述原则执行。

企业申请公开发行股票涉及资产评估的，应聘请具有证券从业资格的资产评估机构承担，资产评估工作一般包括资产清查、评定估算、出具评估报告。

八、企业境内发行上市需要承担的费用

中小企业在境内发行股票并上市，涉及的成本费用主要包括中介机构费用、交易所费用和推广辅助费用三部分（见表 2-2）。其中，中介机构费用包括改制设立财务顾问费用、保荐与证券承销费用、会计师费用、律师费用、资产评估费用等；交易所费用主要包括交易所上市初费和年费等；推广辅助费用主要包括印刷费、媒体及路演的宣传推介费等。上述三项费用中，中介机构的费用是发行上市成本高低的主要决定因素，其金额变化直接决定上市成本的高低，其余两项费用在整个上市成本中所占的比例不大。以上费用项目中，占费用主体部分的证券承销费用在股票发行溢价中扣除，并不影响企业成本费用和利润。

从目前实际发生的发行上市费用情况看，我国境内发行上市的总成本一般为融资金额的 6% ~ 12%，境外为 8% ~ 15%。

表 2-2　境内上市具体收费标准（仅供参考）

项目	费用名称	收费标准
改制设立	财务顾问 / 辅导费用	参照行业标准由双方协商确定，一般在 50 万 ~ 100 万元
发行	保荐费用	参照行业标准由双方协商确定，一般在 200 万 ~ 400 万元
	承销费用	参照行业标准由双方协商确定，一般占承销额的 5% ~ 10%，中位数为 2500 万元
	会计师费用	参照行业标准由双方协商确定，一般在 200 万 ~ 500 万元
	律师费用	参照行业标准由双方协商确定，一般在 100 万 ~ 350 万元
	评估费用	参照行业标准由双方协商确定，一般在 10 万 ~ 40 万元
	路演、信息披露费用	参照相关标准确定，按实际发生列支

续表

<table>
<tr><th>项目</th><th>费用名称</th><th colspan="2">收费标准</th></tr>
<tr><td rowspan="3">上市</td><td>股票登记费</td><td colspan="2">按所登记的股份面值收取，5 亿股（含）以下为 1‰，超过 5 亿股的部分，费率为 0.11‰，金额超过 300 万元以上部分免收</td></tr>
<tr><td rowspan="2">上市初费 / 年费</td><td>上交所</td><td>对 2015 年 8 月 1 日至 2018 年 7 月 31 日上市，总股本 4 亿股（含）以下的上市公司，暂免其在此期间的上市初费；从 2016 年 1 月 1 日至 2018 年 12 月 31 日，暂免总股本 4 亿股（含）以下的上市公司上市年费</td></tr>
<tr><td>深交所</td><td>根据股本规模，中小板上市初费为 15 万 ~ 35 万元，上市年费为 5 万 ~ 15 万元；创业板相应减半征收</td></tr>
</table>

九、企业发行上市所需时间

《首次公开发行股票并上市管理办法》取消了辅导一年方可申请发行上市的要求，而且资本市场已进入重要转折时期，发行制度市场化的趋势越来越明显，今后发行上市速度必将加快。

一般来说，如果二级市场情况较好，政策面稳定，发行上市速度会较快；企业各方面基础较好，需要整改的工作较少，发行上市的时间可相应缩短。

正常情况下，各阶段的大致时间为：从筹划改制到设立股份公司需 6 个月左右，规范的有限责任公司整体变更为股份有限公司时间可以缩短；保荐机构和其他中介机构尽职调查和制作申请文件需 3 ~ 4 个月；如果企业资质比较好，发行审核比较顺利，从申报材料到上市可能需要 6 个月左右。总体时间为 15 个月左右。

十、IPO 募集资金金额如何确定

IPO 募集资金应当有明确的使用方向，原则上应当用于主营业务。除金融类企业外，募集资金使用项目不得用于持有交易性金融资产和可供出售的金融资产、借予他人、委托理财等财务性投资，不得直接或者间接投资于以买卖有价证券为主要业务的公司。IPO 募集资金金额主要根据募集资金投资项目确定，应不超过募集资金投资项目金额。募集资金数额和投资项目应当与企业现有生产经营规模、财务状况、技术水平和管理能力等相适应。如果企业净资产为 1 亿元，募集资金 3 亿元，同时加上银行配套贷款，同时开工若干个项目，要考虑其管理能力能否跟上，以及投产后是否有足够的市场容量。

由于《证券法》取消了两次融资相隔一年的限制，公司在上市后可以根据资金需求情况，随时在资本市场融资，因此，首发募集资金不宜过多。

十一、IPO 发行股票数量如何确定

公司股票发行数量一般根据计划的募集资金金额和预计股票发行价进行测算，并应符合以下要求：公司股本总额不超过人民币 4 亿元的，公开发行的股份应达到发行后公司股份总数的 25% 以上；公司股本总额超过人民币 4 亿元的，公开发行股份应达到发行后公司股份总数的 10% 以上。

如在中小企业板上市的金风科技，发行前股本是 4.5 亿股，首发 5000 万股，公开发行股份占发行后总股本的比例刚好达到 10%。

十二、股票发行价格如何确定

发行价格 = 每股收益 × 发行市盈率

每股收益按发行前一年经会计师事务所审计的、扣除非经常性损益前后孰低的净利润除以发行后总股本计算。

发行市盈率主要参考发行时的一级市场市盈率和同行业上市公司市盈率。统计显示，截至 2014 年 12 月 31 日，在中小企业板发行上市的企业平均发行市盈率为 41.06 倍；在创业板发行上市的企业平均发行市盈率为 64.51 倍。2014 年 3 月以来，证监会对《证券发行与承销管理办法》等规则进行了调整，6 月 10 日起按新规发行的 10 家公司发行定价平均市盈率为 17.76 倍，较年初 48 家公司平均定价市盈率（29 倍）低 38.8%，有 9 家公司发行市盈率未能超过同行业市盈率，平均低 29%。

十三、企业申请在全国中小企业股份转让系统公开转让、定向发行股票的审查工作流程

根据《非上市公众公司监督管理办法》《全国中小企业股份转让系统有限责任公司管理暂行办法》等规章，股份公司申请到全国中小企业股份转让系统（以下简称“全国股份转让系统”）挂牌须经全国中小企业股份转让系统有限责任公司（以下简称“全国股份转让系统公司”）审查，并经证监会核准纳入非上市公众公司监管。按照标准公开、程序透明、行为规范、高效便民的原则，股份公司申请股票在全国股份转让系统公开转让、定向发行（包括股份公司申请挂牌同时定向发行、挂牌公司申请定向发行，豁免向中国证监会申请核准的除外）的审查工作流程如下：

（一）全国股份转让系统公司接收材料

全国股份转让系统公司设接收申请材料的服务窗口。申请挂牌公开转让、定向发行的股份公司（以下简称“申请人”）通过窗口向全国股份转让系统公司提交挂牌（或定向发行）申请材料。申请材料应符合《全国中小企业股份转让系统业务规则（试行）》《全国中小企业股份转让系统挂牌申请文件内容与格式指引（试行）》等有关规定的要求。

全国股份转让系统公司对申请材料的齐备性、完整性进行检查：需要申请人补正申请材料的，按规定提出补正要求；申请材料形式要件齐备，符合条件的，全国股份转让系统公司出具接收确认单。

（二）全国股份转让系统公司审查并出具审查意见

1. 反馈

对于审查中需要申请人补充披露、解释说明或中介机构进一步核查落实的主要问题，审查人员撰写书面反馈意见，由窗口告知、送达申请人及主办券商。

2. 落实反馈意见

申请人应当在30个工作日内向窗口提交反馈回复意见。

3. 出具审查意见

申请材料和回复意见审查完毕后，全国股份转让系统公司出具同意或不同意挂牌或定向发行（包括股份公司申请挂牌同时定向发行、挂牌公司申请定向发行）的审查意见，窗口将审查意见送达申请人及相关单位。

（三）中国证监会接收和受理材料并出具核准文件

1. 接收和受理

中国证监会在全国股份转让系统公司办公地点（北京市西城区金融大街丁 26 号金阳大厦）设行政许可受理窗口。申请人通过受理窗口向中国证监会提交申请核准材料。申请核准材料应符合《非上市公众公司监督管理办法》《非上市公众公司监管指引第 2 号——申请文件》等有关规定的要求。中国证监会依法接收申请人的申请核准材料，并出具行政许可接收凭证和受理通知书。

2. 做出核准决定

中国证监会依法在受理申请之日起 20 个工作日内做出准予或不予行政许可的决定。窗口将中国证监会核准文件送达申请人及相关单位。申请人领取批文后办理后续登记、挂牌等事宜。

第三章

改制操作实务

第一节　前期准备

一、组建企业内部改制上市工作小组

由于上市工作复杂，为实现如期上市的目标，企业在做出上市决策后，应在最短时间内组建内部改制上市工作小组。该小组应由企业决策者挂帅，组成人员应包括但不限于熟悉企业历史发展及资产且善于沟通的内部人员、财务专员、法律专员以及外部聘请的职业经理人等。一般而言，企业改制上市工作中，董事长、总经理、董事会秘书和财务总监4个角色最为重要。

二、聘请中介机构

如果企业改制过程中不需要进行复杂的重组，仅是将有限责任公司变更为股份有限公司，且股份公司成立后较长时间内不准备上报IPO材料，这种情况的“改制”，企业只需聘请律师事务所、会计师事务所（需要具备证券从业资格）和资产评估机构（需要具备证券从业资格）即可。如果企业准备在改制后尽快上报IPO材料，建议在改制阶段就确定保荐机构和保荐代表人，此时他们可以担任财务顾问的角色。

三、选择中介机构主要考虑因素

企业和中介机构之间是一种双向选择关系，企业在选择中介机构时应注意以下几个方面：

1. 中介机构是否具有从事证券业务的资格

在我国，证券公司、会计师事务所和资产评估事务所从事股票发行上市业务必须具有证券从业资格，证券公司须具有保荐承销业务资格。上述信息均可在中国证监会网站上查询。

2. 中介机构的执业能力、执业经验和执业质量

企业应对中介机构的执业能力、执业经验和执业质量进行充分了解，选择具有较强执业能力、熟悉企业所从事行业的中介机构，以保证中介机构的执业质量。此外，中介机构的声誉是其整体实力的综合反映，良好的声誉也是中介机构内在质量的可靠保证。

3. 中介机构（特别是保荐机构）对企业发行上市的重视程度

这主要体现在中介机构（特别是保荐机构）所派遣项目团队及其成员

的专业水平、项目经验、敬业精神和职业道德等方面。

4. 中介机构之间的协作情况

股票发行上市是企业及各中介机构“合力”的结果，中介机构应该进行良好的合作，尤其是在保荐机构与律师和会计师之间。

5. 费用

中介机构费用是企业控制发行上市成本需要考虑的重要问题，具体收费或收费标准一般由双方协商确定。

企业应尽量选择实力雄厚、经验丰富的中介机构，避免因中介机构的失误造成改制上市的失败。

中介机构相关信息，一方面可以通过互联网查询，目前保荐代表人姓名、所属机构及其保荐项目，具有证券资格的会计师事务所和资产评估事务所名单等信息，都可以在中国证监会网站查询，一方面可以咨询监管部门、政府或已上市公司，了解政府部门和其他企业的评价。企业聘请中介机构团队前，务必做好基础信息的搜集整理工作。

由于保荐机构和保荐代表人是中介机构团队的核心，中小企业对中介机构的考察，重点应集中在对保荐代表人执业水平、职业道德、项目重视程度等方面。必要时可要求保荐机构和保荐代表人就人员调配及提供服务等做出相关承诺。

四、中介机构协调会

中介机构协调会是各中介机构总结前期工作、交流存在问题、探讨确定解决方案、对后续工作进行安排的重要形式，一般由保荐机构主持，开会时间和内容由保荐机构和企业根据工作进度和面临问题协商确定。

企业内部组建上市工作小组，外部确定中介机构团队后，即可以召开第一次中介机构协调会。第一次中介机构协调会主要确定改制上市工作计划、工作内容和工作分工，提出初步的改制上市工作方案。首次中介机构协调会的召开，也标志着中介机构正式进场，改制工作拉开序幕。

五、中介机构尽职调查内容

尽职调查是中介机构进场后的首要工作内容。尽职调查的目的是尽快了解企业基本情况，找出企业存在问题，为下一步提出改制方案奠定基础。同时尽职调查有助于中介机构评估项目风险，提高自身的业务风险防范和风险管理水平。尽职调查要求企业“坦诚相见”，真实、准确、完整提供中介机构需要的材料，以便共同找出解决问题的方法。

尽职调查范围包括母公司、控股子公司、对企业生产经营业绩具有重大影响的非控股子公司。

尽职调查内容主要包括有限公司成立以来的合法性、企业业务状况和发展前景，具体包括以下几个方面：

（1）核查企业自设立至今历次变更过程的所有文件，包括两部分：一是对企业最初设立登记是否合法合规进行核查；二是对企业持续经营过程中的历次增资扩股、股权转让、经营范围变更、营业期限变更、公司类型变更、名称变更、住所变更及董事、监事及高级管理人员变更等是否合法合规进行核查。该项尽职调查主要由律师完成，并提出企业历史沿革中存在的问题及整改方案。

（2）核查企业资产，包括核查企业持续经营过程中资产形成的合法性，主要的经营性资产的形成过程及现有资产的真实性，包括但不限于核查企业及分、子公司主要资产，尤其是土地、房产、机动车、商标、专利、软件著作权等明细清单、权属过户证明和产权证等文件。该项尽职调查主要由律师完成，并提出企业资产中存在的问题及整改方案。

（3）核查企业财务状况，包括但不限于核查企业经营业绩的真实性、关联交易情况、财务制度状况、财务数据的真实性。该项调查主要由注册会计师完成，指出问题并提出解决方案。

（4）核查企业经营现状与可持续发展，包括核查企业目前的业务模式及状况，业务发展前景以及经营特定行业的合法性。此项工作主要由保荐机构负责，律师配合。

（5）其他方面的尽职调查，包括但不限于核查公司研究开发能力和核心技术情况，对公司重要合同、知识产权、诉讼等方面的调查以及对公司纳税、社保、公积金、环保、安全等方面的调查等。

以上中介机构尽职调查需要企业配合，中介机构一般会出具尽职调查文件清单，并进行现场办公，企业需要保证提供给中介机构的资料真实、准确、完整。

值得一提的是，在企业改制之时，企业内部根据各中介机构的要求提供的文件需安排专人进行保管，最好制作为扫描文件存档，此时如果已经聘请律师，可以请律师帮忙进行归档工作，此举可以提高日后申报过程中提供文件的效率。最近一个香港 IPO 案例的公司就采用此种模式，最先聘请律师，按照律师的要求提供文件，律师协助公司搜集整理材料并及时归档，为日后各中介机构的尽职调查提供了很大便利，从而自其他中介机构进场开始到最终向香港联交所申报仅用了两个多月的时间。

六、企业启动募集资金投资项目论证工作

募集资金投资项目是企业上市的最终目的，确定良好的募集资金项目可以大幅提升企业经营能力，完善产品结构，提高盈利能力，进一步提升企业竞争力。由于募集资金投资项目需要进行项目备案审批，需要一定时间，因此，企业应与保荐机构及其他中介机构一起，讨论募集资金投资项目，尽早确定方案。

企业可聘请咨询公司，提供行业数据，进行行业描述，撰写行业研究报告，以备后期项目备案审批及撰写招股说明书进行行业分析时使用。

七、选择募集资金投资项目的要点

募集资金应当有明确的用途，证监会目前对募集资金投资项目的关注集中在项目的必要性、可行性、经济效益测算及项目的匹配能力分析等方面。2012 年度因募集资金投资项目被否的企业多是无法解释项目规划产能的未来消化能力，有的企业所计划的募投扩产规模是现有规模的 2 ~ 3 倍，不仅市场接受有问题，其自身管理能力也被质疑（见案例 3–1）。因此，企业在选择项目投资时，应注意以下几个方面：

（1）募集资金投向应符合国家的产业政策。企业应了解当前国家重点鼓励发展的产业、产品和技术，所在行业的发展导向，以及国家明确限制或禁止的领域、产品和技术工艺等。

（2）募集资金投向应与企业的主营业务和长期发展目标一致。

（3）募集资金投向是否存在技术、市场、资源约束、环保、效益方面的重大风险。污染比较重的企业，应就募集资金项目是否符合环境保护要求取得省级（或以上）环保部门的意见。

（4）募集资金投资项目的实施是否会产生同业竞争。

（5）募集资金投向与关联方合资的项目或募集资金投入使用后与关联方发生的交易，是否存在损害企业和中小股东利益的情况。

（6）募集资金投资的项目的规划产能是否与其销售能力及管理能力相匹配，是否会造成产能过剩或影响企业管理。

案例 3–1　湖南金大地产能扩张被否

湖南金大地材料股份有限公司的主营业务是将当地的石煤和石煤提钒后的选钒废渣等，作为生产水泥的硅质材和混合材。其招股书显示，募集资金投向主要是其他水泥副产品（五氧化二钒和白炭黑）。募集资金投资项目投产后，其经营产品将由原来单一的水泥，变为以水泥为主，辅以五氧化二钒、白炭黑和商品混凝土等多个产品。其中五氧化二钒、白炭黑和商品混凝土均为新增产品，新增产能分别为 1500 吨、6 万吨和 60 万立方米，其是否能开拓相关市场有待观望。同时，钒是一个比较小的行业，目前全球一年钒产量为 7 万多吨，其中中国占 3 万吨，而行业中攀钢钒钛和承德钒钛又处于垄断地位。该公司募集资金投资项目产能扩张较大（5 倍以上），消化产能的能力令人质疑。2012 年，湖南金大地材料股份有限公司上会被否。

八、召开同意改制的董事会及股东会

1. 召开董事会

公司需要召开董事会通过公司由有限公司改制为股份公司的决议，由律师配合公司进行相关会议文件的起草，包括但不限于会议程序文件及议案。

该次董事会需要通过的议案包括但不限于：同意公司变更为股份有限公司的议案；进行审计、评估并以审计结果作为变更股份公司依据的议案；关于聘请财务顾问、审计、评估、律师等中介机构的议案；关于制定股份公司章程的议案；关于股份公司名称、住所、经营范围是否变更的议案及召开临时股东会的议案等。

2. 召开临时股东会（不设股东会的不需要）

前述董事会召开达成决议后，即召开临时股东会通过公司由有限公司改制为股份公司的相关决议，由律师配合公司进行相关会议文件的起草，包括但不限于会议程序文件及议案。

该临时股东会需要通过的议案包括但不限于：同意公司变更为股份有限公司的议案；进行审计、评估并以审计结果作为变更股份公司依据的议案；关于聘请财务顾问、审计、评估、律师等中介机构的议案；关于制定股份公司章程的议案；关于股份公司名称、住所、经营范围是否变更的议案等。

第二节　确定改制方式

中介机构团队确定后，一般由保荐机构主持和统一协调，与企业及其他中介机构共同探讨论证改制方案，包括发起人及其出资方式的确定、股本结构设置、财务审计、资产评估、财务制度建立、资产处置（包括非经营性资产的剥离、土地使用权的处置、商标使用权的处置等）、人事劳资制度的建立等。

一、改制过程中业务和资产重组的原则

企业以上市（挂牌）为目的进行业务和资产重组，应遵循以下原则：

（1）形成清晰的业务发展战略目标，合理配置存量资源。

（2）突出主营业务，形成核心竞争力和持续发展的能力。

（3）避免同业竞争。改制后的股份公司与控投股东（发起人）或实际控制人及其全资、控股子公司应避免在公司主营业务方面存在同业竞争。重组中难免碰到利益权衡，要把握大的原则，为了上市需要牺牲一定利益。

（4）减少和规范关联交易。

（5）产权关系清晰，不存在法律障碍。

（6）具有完整的生产经营体系和独自面向市场的经营能力。

案例 3–2　A 公司突出主营业务，剥离非主营业务

A 公司主营业务是生产销售模具，其下属一家控股子公司主要从事手机零部件业务，与母公司主营业务不一致，且规模较小。在改制过程中，为突出主营业务，A 公司果断地将该子公司股权全部转让给无关联关系的

第三方（也可将该子公司注销）。尽管放弃了一家微利公司的控制权，但有利于公司整合资源，将更多精力投入主营业务，提高资产运营效率和盈利能力。但转让过程需公允，并且被转让的企业应取得相关政府部门出具的合法经营证明（至少包括工商、税务及环保），以打消中国证监会在审核过程中认为公司转让该企业是因为其非法经营或被相关部门处罚的疑虑。

二、同业竞争的解决措施

同业竞争是指上市公司所从事的业务与其控股股东、实际控制人及其所控制的企业所从事的业务相同或近似，双方构成或可能构成直接或间接的竞争关系。有同业竞争的公司不能申请上市，应对存在的同业竞争进行解决后再申报资料。

对是否存在同业竞争，主要从业务性质、业务的客户对象、产品或劳务的可替代性、市场差别等方面判断，并充分考虑对公司及其发起人股东的客观影响。如在发行上市前存在同业竞争问题，有以下解决措施：

（1）企业收购竞争方拥有的竞争性业务；

（2）竞争方将竞争性业务作为出资投入企业，获得企业的股份；

（3）企业对竞争方进行吸收合并；

（4）企业将竞争性的业务转让给竞争方；

（5）竞争方将竞争性的业务转让给无关联的第三方；

（6）企业放弃与竞争方存在同业竞争的业务；

（7）控股股东及实际控制人今后不再进行同业竞争的有法律约束力的书面承诺。

案例 3–3　B 公司避免同业竞争

B 公司经营范围为锻件、非标设备及金属结构件的生产和加工，其实际控制人控制的另外一家公司的经营范围中有一项与之相类似，存在潜在的同业竞争风险。为了避免同业竞争，B 公司对该企业进行收购，使之成为公司全资子公司，从而规避了同业竞争风险。同时，B 公司实际控制人做出了避免同业竞争的承诺。

案例 3–4　某台资背景企业存在同业竞争嫌疑，上会被否

证监会认为，台塑股份和南亚塑胶是与该企业实际控制人王文洋关系密切的王永庆家族成员能够施加重大影响的企业，两个企业也是世界上主要的双酚 A 及环氧氯丙烷供应商之一，这意味着企业存在向台塑股份、南亚塑胶采购原材料的情况；而且南亚塑胶是世界上第三大环氧树脂生产企业，它是企业国内的主要竞争对手之一。尚无法判断企业与台塑股份、南亚塑胶之间是否存在同业竞争。

三、规范和减少关联交易

关联交易是证监会审核关注的重点。如果企业改制不合理，导致上下游配套业务未整合进入发行人合并体系，将为日后 IPO 申报埋下隐患。

1. 关联交易

关联交易是指公司或其控股子公司（即公司为第一大股东，或者按照股权比例、公司章程或经营协议，公司能够控制其董事会组成的公司）与关联人之间发生的转移资源或义务的事项。包括但不限于：购买或者出售资产；对外投资（含委托理财、委托贷款等）；提供财务资助；提供担保（反担保除外）；租入或者租出资产；签订管理方面的合同（含委托经营、受托经营等）；赠与或者受赠资产；债权或债务重组；签订许可使用协议；转让或者受让研究与开发项目；购买原材料、燃料、动力；销售产品、商品；提供或者接受劳务；委托或者受托销售；与关联人共同投资；其他通过约定可能引致资源或者义务转移的事项。

2. 关联人

（1）关联法人：公司关联法人包括但不限于直接或间接控制公司的法人；由上述法人直接或者间接控制的除公司及公司控股子公司以外的法人；由关联自然人直接或间接控制的，或者由关联自然人担任董事、高级管理人员的除公司及公司控股子公司以外的法人；持有公司 5% 以上股份的法人；法律、法规规定的其他与公司具有关联关系的法人。

（2）关联自然人：公司的关联自然人包括但不限于直接或间接持有公司 5% 以上股份的自然人；公司的董事、监事及高级管理人员；关联法人的董事、监事和高级管理人员；与上述人士关系密切的家庭成员，包括配

偶、年满 18 周岁的子女及其配偶、父母及配偶的父母、兄弟姐妹及其配偶、配偶的兄弟姐妹、子女配偶的父母。

（3）具有以下情形之一的法人或者自然人，视同为公司的关联人：根据与公司关联人签署的协议或者做出的安排，在协议或者安排生效后，或在未来 12 个月内，将具有上述情形之一的；过去 12 个月内，曾经具有上述情形之一。

3. 关联交易重点考察事项

改制后股份公司（发行人）应减少和规范与关联方进行关联交易。关联交易主要考察如下项目：

（1）发起人或股东是否通过保留采购、销售机构、垄断业务渠道等方式干预发行人的业务经营。

（2）从事生产经营的，发行人是否拥有独立的产供销系统，主要原材料和产品销售是否依赖股东单位及其下属企业。

（3）专为或主要为发行人服务的实体或辅助设施，是否纳入发行人或转由市场第三方进行经营。

（4）既为发行人服务也为股东等关联方服务的实体或设施，如供水、供电、供气、供暖等设施，是否确保发行人与其交易和定价的公平。

（5）是否在公司章程中对关联交易决策权力与程序做出规定。公司章程是否规定关联股东或利益冲突的董事在关联交易表决中的回避制度或做必要的公允声明。

（6）无法避免的关联交易是否遵循市场公正、公平、公开的原则，关联交易的价格或收费原则上是否不偏离市场独立第三方的标准。对于难以比较市场价格或定价受到限制的关联交易，是否通过合同明确有关成本和利润的标准。

4. 关联交易的规范

关联交易的处理主要通过调整关联企业和签署关联事务协议两种方式进行。

关联企业的调整常见的手段有：对关联企业的股权结构进行调整，以降低其关联性，以及对关联企业予以收购等。进行调整的目的是简化企业的投资关系，减少关联企业的数量，从而达到减少关联交易的最终目的。

关联事务协议应具体明确，按照市场原则来确定关联交易的价格，履行表决回避制度。例如，发行人欲购买控股股东的资产或相关技术和产品，价格必须公允，如果关联交易数量达到了一定数目，需要经过董事会和股东大会批准，在表决时关联董事、关联股东需要回避。

5. 关联方及关联交易的披露

在日后申报的文件中应当如实披露关联方及报告期内发生的关联交易，证监会着重关注关联交易是否公允，是否存在利益输送之嫌。

案例 3–5　C 公司收购关联企业

C 公司报告期内多次向持有其 10% 股权的股东 D 的实际控制企业采购材料，自 C 公司成功改制为股份有限公司后，其产业平台进一步扩大。为增强本公司的整体实力，充分发挥管理协同效益同时解决关联交易，C 公司向股东 D 收购了标的公司。该次收购也是一次关联交易，为使此次关联交易定价公允，C 公司特聘请有证券从业资格的审计师对标的企业进行审计，并按照 C 公司新建立的关联交易管理制度和公司章程通过了相关程序，且独立董事也对该关联交易发表意见。

案例 3–6　某上会企业因存在关联交易有失公允性重大嫌疑被否

发审委在审核中关注到该企业存在重大关联交易，即“企业主要关联交易方无锡尚德及其关联方因和客户签订保密协议原因，无法披露其向第三方采购的价格。因此，企业和无锡尚德关联交易价格的公允性，以及是否存在通过关联交易操纵利润的情形难以判断”。

案例 3–7　披露虚假信息，上海冠华二次被否

上海冠华不锈钢制品股份有限公司（以下简称“上海冠华”）2012 年二次登堂上会受审，遭发审委再度否决，原因是其新版招股书暴露出旧版招股书存在重大虚假记载。2007 年 10 月上海冠华增资入股的股东中，有凌蕙投资等 4 家股东当时的实际控制人及股东，与公司董事、高级管理人员存在亲属关系。此外，2007 年供应商宏颂不锈钢、宽裕不锈钢和柳飞五金增资入股上海冠华持股比例分别为 1.88%、1.40% 和 0.57%，其中宏颂不锈钢、柳飞五金实际控制人与公司高管有亲属关系。且上海冠华与上述3家供应商的交易在报告期内持续存在。发审委在二次审核中关注到，上海冠华前次申报材料未按照有关规定披露上述事宜，也未在前次发审会现场如实做出说明。发审委认为，上述情形与《首次公开发行股票并上市管理办法》第二十五条的规定不符，故不予通过。并且，证监会还向负责该项目的保荐机构爱建证券及其保荐代表人、国浩律师（上海）事务所及签字律师出具警示函。

四、资产重组的注意事项

1. 同一公司控制权人下的资产重组

根据中国证监会于2008年5月19日发布的《〈首次公开发行股票并上市管理办法〉第十二条发行人最近3年内主营业务没有发生重大变化的适用意见——证券期货法律适用意见3号》，对不同规模的同一公司控制权人下资产重组的处理方法要点如下：

（1）被重组方重组前一个会计年度末的资产总额或前一个会计年度的营业收入或利润总额达到或超过重组前拟上市相应项目20%的，申报财务报表至少须包含重组完成后的最近一期资产负债表；

（2）达到或超过50%，但不超过100%的，券商和律师应按照发行主体的要求进行尽职调查、发表意见，并申报财务资料等相关文件；

（3）达到或超过100%的，为便于投资者了解重组后的整体运营情况，拟上市公司重组后须运行一个会计年度后方可申请发行。

2. 非同一公司控制权人下的资产重组

企业如果单一并购项目或者在连续12个月内累计并购规模过大，会影响尽职调查和审计的范围以及上市进程。非同一控制下重组主要参考重组前一年末的资产总额、重组前一年的收入总额、重组前一年的利润总额这3个指标。具体分为如下两类：

（1）企业收购非同一控制下相同、相似产品或者同一产业链的上下游的企业或资产：任何一个指标超过100%，需要运营36个月；3个指标在50%～100%，运营24个月；3个指标在20%～50%，运营1个会计年度；3个指标均小于20%，不受影响。

（2）企业收购非同一控制下非相关行业企业或资产：任何一个指标超过50%，运营36个月；3个指标在20% ~ 50%，运营24个月；3个指标小于20%，不受影响。

需注意的是，企业改制时，具有证券从业资格的会计师事务所应对改制基准日的企业净资产等财务指标进行审计，企业改制通常采用由经审计的净资产折股的方式。因此，原则上，前述的重组事项应在改制基准日前完成，由此可更准确地反映企业的净资产，从而对企业以净资产折股的设计奠定扎实的基础。

案例3-8　资产重组解决销售独立性

某拟上市企业A主要从事电动玩具产品的生产，产品绝大部分出口，其出口产品几乎全部由A公司实际控制人在海外成立的销售公司B负责报关、结算和收款。发行人A只负责和海外客户的谈判和签订销售合同。A公司将产品销售给B公司时，按照与最终海外客户约定的销售价格执行，B公司不赚取产品差价。A公司不存在将利润转移给B公司的情况。为解决销售独立性问题，于申报材料前的最近一期，发行人A公司成立全资子公司C，取代B公司负责出口产品的销售业务。

本案例中，成立C公司前，发行人A公司和实际控制人下属B公司间关联交易过大，且A公司出口产品的销售执行、款项的支付和收取、销售渠道的维护和建设完全由B公司负责，实际控制人转移、占用发行人资金的环境过于便利，可能对A公司产生了损害，独立性存在较大问题。C公司成立后，虽然解决了该问题，但考虑到C公司成立时间较短，且之前B公司对出口产品的销售影响极大，发行人A公司的独立性以及C公司成立后运作的有效性尚待时间观察。因此，A公司较为合理的办法是至少运行一个完整会计年度后，再提出发行申请。

五、“独立性”的含义

IPO审核的重点是企业是否具有独立经营能力和独立盈利能力，因此“独立性”十分重要。中国证监会法规明确要求，股份公司与控股股东之间应在业务、资产、人员、机构和财务五个方面做到独立运作。2012年审核未通过的37家企业中有3家企业因独立性不足未获通过，主要体现在企业业务体系不完整、缺乏直接面向市场独立经营的能力或者存在影响独立性或显失公允的关联交易等方面。

（1）业务独立改制后设立的股份公司的业务独立完整，其业务应当独立于控股股东、实际控制人及其控制的其他企业，与控股股东、实际控制人及其控制的其他企业间不得有同业竞争或者显失公平的关联交易。

（2）资产独立改制后设立的股份公司的资产应独立完整，生产型企业应当具备与生产经营有关的生产系统、辅助生产系统和配套设施，合法拥有与生产经营有关的土地、厂房、机器设备以及商标、专利、非专利技术的所有权或者使用权，具有独立的原料采购和产品销售系统。非生产型企业应当具备与经营有关的业务体系及相关资产。

（3）人员独立改制后设立的股份公司人员应独立，其总经理、副总经理、财务负责人和董事会秘书等高级管理人员不得在控股股东、实际控制人及其控制的其他企业中担任除董事、监事以外的其他职务，不得在控股股东、实际控制人及其控制的其他企业领薪；其财务人员不得在控股股东、实际控制人及其控制的其他企业中兼职。

（4）机构独立改制后设立的股份公司机构应独立。股份公司应当建立健全内部经营管理机构，独立行使经营管理职权，与控股股东、实际控制人及其控制的其他企业间不得有机构混同的情形。

（5）财务独立改制后设立的股份公司财务应独立。股份公司应当建立独立的财务核算体系，能够独立做出财务决策，具有规范的财务会计制度和对分公司、子公司的财务管理制度；企业不得与控股股东、实际控制人及其控制的其他企业共用银行账户。

案例 3–9 佳利电子独立性严重缺失被否

2012 年被否企业嘉兴佳利电子股份有限公司（以下简称“佳利电子”）主营业务包括微波介质陶瓷元器件和卫星导航组件。报告期内其与控股股东持续存在机器设备、存货转让等关联交易，存在大额资金拆借、相互代付电费、共用商标等行为。佳利电子的控股股东为浙江正原电气股份有限公司（以下简称“正原电气”），主要产品为微波介质陶瓷元器件和卫星导航组件，两大产品为上下游关系，且微波介质陶瓷元器件业务正是原母公司、现大股东正原电气，该股东是在上市前注入公司的，与该业务同时注入的还有相关资产、技术、研发、营销网络、土地、商标及人员，由此形成佳利电子对大股东正原电气的全方位依赖。因此，创业板发审委认为，上述情形与《首次公开发行股票并在创业板上市管理暂行办法》（证监会令第 61 号）第十八条的规定不符，予以否定。

第三节　重点法律问题

一、改制后股本中无形资产出资的比例限制

中小企业板要求拟上市公司最近一期末无形资产（扣除土地使用权、水面养殖权和采矿权等后）占净资产的比例不高于 20%，创业板对企业无形资产比例没有限制。可以说，创业板的推出给无形资产超过净资产 20% 的企业带来了福音。因此，很多有规模、有前景、无形资产比例高的企业纷纷选择创业板上市。

案例 3–10　A 公司无形资产出资比例超标

2002 年 A 公司注册登记成立，注册资本为人民币 268 万元，法人股东 B 以现金人民币 100 万元出资，自然人股东 C 以其持有的太阳能多功能充电器、太阳能转移电话充电器等专有技术作价 168 万元出资入股。用于出资的专有技术均系个人所有的外观设计专利，不存在权属纠纷，且经科技局认定该技术成果为高新技术，并经资产评估公司评估价值为 168 万元。全体股东同意 C 以技术成果作价出资，其出资比例占注册资本的 62.69%。鉴于 A 公司所在地工商局出台的关于高新技术企业发展规定，不再限制高新技术成果作价出资比例，A 公司的无形资产出资超标问题不会实质性损害公司利益相关方的权益，亦不会实质性地损害发行人利益相关方的权益，未构成发行上市的实质性障碍。

根据本案例，无形资产出资超标问题首先要明确会不会导致出资不实或者虚假出资，这是界定该问题的一个前提。实践中，有些公司尽管无形资产出资比例超过当时有效的《公司法》规定，但是如果当地有明确的特殊规定，那么也是被允许的。

如历史上确实存在出资问题，如出资不实、虚假出资、资产高估、抽逃出资等，应有相应的补救措施，补救后不会对现在造成不利影响，补救完后应运行一段时间。证监会一般会关注无形资产的形成过程、权属情况，以及是否符合当时出资比例的要求；特别关注无形资产的形成，看是否是职务成果，权属上有无纠纷，无形资产对发行人目前和当时的业务与技术上有无实质作用。

二、注重保护无形资产

中小企业中有很多轻资产企业，而轻资产企业的竞争力往往体现在无形资产，包括专利、商标、著作权及人才。对专利、商标、著作权需特别注意日常管理，且全部核查是否按时缴纳年费、是否到期、是否续期等，避免出现重蹈“苏州恒久”（因其一项核心专利未缴纳年费而与上市失之交臂）覆辙。人才的稳定是企业的长久发展基石，必要时可考虑在改制时实施管理层及核心技术人员持股计划。

三、企业集体资产产权的确认

公司或者其控股子公司历史沿革中，涉及了集体资产的产权变动，根据中国证券监督管理委员会的有关要求，公司变更集体所有制性质，改制为有限责任公司这一过程涉及的产权界定，需要省级人民政府予以证明并确认。其中，上海市由市金融服务办具体负责。

公司应先向街道上报确认，再报至区相关部门，最后上报至市金融服务办公室。由于整个流程需要耗费一定时间，因此，如果律师前期进行调查过程中发现公司涉及集体资产，则应尽早完成产权确认工作，由律师会负责起草产权确认的相关文件。

四、预防与杜绝股份代持

中小企业创业初期难免有股份代持的现象，或者自我约定股权比例。在公司改制过程中要一并解决代持问题，一般由律师调查公司提供的全部资料，制定解除代持股的实施方案，并与其他中介机构讨论后进行解除代持活动。建议由中介机构向之前的代持人与被代持人进行访谈，制作访谈笔录，核心内容就是对公司以前的股本及现在的股本进行确认，防止股权纠纷的发生。

以陕西一家果汁类拟上市企业为例，该企业预披露招股书显示，2007年7月原1714名实际出资人与100名自然人达成权益转让协议，约定权益资产转让价格为每股1.3元，受让方于5年之后将该权益资产转让款一次性支付给转让方，受让方每年按10%的利率向转让方支付利息。据投行人士介绍，该企业由于转让价款支付时间过长，且资产转让存在不确定性，被认为代持股份转让不彻底而上会被否。监管部门一般要求代持股份转让过程中价款的支付必须及时且具备实质性。

五、出资比例与股东权利比例相一致

部分中小企业就股东出资额与享有的股东分红权、股权转让优先购买权、增资扩股优先认购权、表决权等股东权利做出了特别约定。出现出资比例与股东权利比例不一致的现象，尽管根据《公司法》，此约定是合法有效的，但企业一旦改制为股份有限公司，就需同股同权，需将前述不一致的情况进行统一。

第四节　资产评估

一、应当进行资产评估的行为

（1）整体或者部分改建为有限责任公司或者股份有限公司。

（2）以非货币资产对外投资：《公司法》规定“股东可以用货币出资，也可以用实物、知识产权、土地使用权等可以用货币估价并可以依法转让的非货币性财产作价出资”，“作为出资的非货币性资产应当评估作价，核实财产，不得高估或者低估”。因此，公司设立时用于出资的非货币性资产（包括实物资产、无形资产、债权和股权等）应当聘请有资质的资产评估机构进行评估。

（3）合并、分立、破产、解散。

（4）非上市公司国有股东股权比例变动。

（5）产权转让。

（6）资产转让、置换。

（7）整体资产或者部分资产租赁给非国有单位。

（8）以非货币资产偿还债务。

（9）资产涉讼。

（10）收购非国有单位的资产。

（11）接受非国有单位以非货币资产出资。

（12）接受非国有单位以非货币资产抵债。

（13）法律、行政法规规定的其他需要进行资产评估的事项。

二、可以不进行资产评估的行为

下列两种情况，可以不进行资产评估：

（1）经各级人民政府或其国有资产监督管理机构批准，对企业整体或者部分资产实施无偿划转；

（2）国有独资企业与其下属独资企业（事业单位）之间或其下属独资企业（事业单位）之间的合并、资产（产权）置换和无偿划转。

三、资产评估注意事项

（1）资产评估的合规性。企业及资产评估机构应当按照国家资产评估管理部门和资产评估行业协会关于资产评估的规程进行资产评估，并按规定的资产评估报告格式制备资产评估资料。

（2）资产评估报告的有效期。资产评估报告一般自评估基准日起 1 年内有效，超过 1 年有效期的，原资产评估报告无效，须重新进行评估。

（3）资产评估机构的资质。企业在聘请资产评估机构时，应当注意其是否具有相关业务资质。

（4）资产评估机构不能与公司聘请的审计机构为同一家中介机构。

案例 3–11　股份公司 A 国有资产出资瑕疵问题

股份公司 A 成立时与资产管理单位 B 签订了《资产转让协议》，约定将 B 拥有的一项国有资产作价 2000 万元出资。当地政府出具《情况说明》，该项国有资产在 B 买入时已进行了评估，且出资时处于评估报告有效期内，出资价格依据评估结果及当地基准市价，因此同意不再进行评估并同意本次国有资产出资。审核期间，证监会反馈意见指出，本次转让涉及的国有资产未经评估，需发行方予以答复。

根据《国有资产评估管理办法实施细则》的规定，当发生应当进行资产评估的情形时，除经国有资产行政管理部门批准可以不予评估外，都必须进行资产评估。综合案例中A公司的情况，当地政府有权批准本次出资不评估，且出具了情况说明，确认本次出资的价格和效力，并出文承诺承担由此可能产生的损失，A公司本次出资符合有关规定。上述出资相关的过户手续已经办理完毕，相关资产权属清晰，不会对发行人的正常生产及持续经营产生重大影响。

四、无形资产评估

无形资产评估前的清查工作，主要通过核查有关权证资料或者财务资料的真实性、可靠性和权威性，确定无形资产是否存在、存在的权益范围及尚存的收益年限等因素。企业拥有无形资产的多寡以及研制开发无形资产的能力，是决定企业市场竞争能力及盈利能力的决定性因素。在评估过程中，要弄清每一项无形资产的权属、盈利能力、潜力，以便合理评定无形资产的价值。

五、公司设立时的商标权的处理

商标权作为能为公司带来超额利润的一种无形资产，对公司经营业绩具有重大影响。根据《首次公开发行股票并上市管理办法》的规定，发行人必须合法拥有与生产经营相关的商标权，其在用的商标等重要资产或技术的取得或者使用不得存在着重大不利变化的风险。因此，处理公司的商标权一般遵循以下处理原则：

（1）公司改制设立其主要产品或经营业务进入股份公司时，其主要产品或经营业务所使用的商标权必须随同进入股份公司，公司要做好相关商标注册人的名称变更工作。

（2）拟上市公司应当在获准发行前将商标处置相关的手续办理完毕，并在招股说明书中充分披露商标权的处置情况。

六、企业上市中的资产评估注意事项

（1）资产评估应列入IPO方案，评估范围与IPO方案必须一致。以发起方式设立的股份公司IPO，评估范围必须是审计后进入股份公司的资产及负债。将有限责任公司变更为股份有限公司IPO的，控股长期投资是否进入评估范围，要根据工商部门规定及长期投资的复杂程度情况而定。

（2）评估基准日与 IPO 方案中的改制审计基准日必须一致。

七、有限责任公司变更为股份有限公司资产评估的注意事项

（1）变更设立时的资产评估，应聘请有证券从业资格许可证的资产评估机构承担评估业务。

（2）变更前后为一个持续经营的会计主体，不改变历史成本计价原则，资产评估结果不进行账务调整。否则，将视为新设立股份公司，不能连续计算业绩，须在股份有限公司开业 3 年以上方可申请发行上市。

（3）净资产折股。根据《公司法》的规定，有限责任公司变更为股份有限公司时，折合的股份总额应当等于公司净资产额。因此，应以变更基准日经审计的净资产额为依据折合为股份有限公司的股份。实践中，为保证折合后的股份为整数，通常净资产额与最后折合的股份数不完全相等，差额应计入“资本公积——股份溢价”收入。

（4）变更的工商登记程序。有限公司变更为股份公司，虽然公司性质不同，但在法律主体上是同一法人主体法人资格的自然延续，不是主体变更，因此表现在资产权属上，不是以资产出资，不用过户转移登记，在债权债务方面属于法定承继，不需要适用公告取得债权人同意，而在工商登记方面也只是公司类型的变更登记，而非设立登记，表现在工商登记执照上注册号不变、成立日期相同。

八、企业 IPO 评估中易出现的问题及解决方案

（1）评估收益法中的预测数据与审计盈利预测数据存在差异。这时需要评估师、审计师、券商、发行人共同分析差异产生原因，然后确定解决方案。

（2）资产评估重复计算的，须把重复计算部分查清扣除。例如码头用地评估中，土地平整费用与工程回填费用重复计算，需要扣除。

（3）房产权属与土地权属不一致。房产权属与土地权属必须一致，IPO 对房地合一要求严格，房产、土地单独抵押的特殊情况及租赁土地对房产价值影响将引起充分关注。

（4）IPO 资产范围内营运资金不满足 IPO 资产的实际经营时，发行人应修改 IPO 方案，增加营运资金。

（5）未确权土地产生的原因及处理。

①土地性质为集体用地的，《中华人民共和国土地管理法》第四十三条规定：“任何单位和个人进行建设，需要使用土地的，必须依法申请使用国有土地，前款所称依法申请使用的国有土地包括国家所有的土地和国家征用的原属于农民集体所有的土地。”根据该条的规定，发行人可以先办理征地手续，将土地性质由集体用地变为国有用地后，再按确权土地的处理方式进行处置。

②已构成企业事实的自有物业，但短期内由于手续不全等各种原因无法办理确权手续的土地，与国土资源部沟通，采取公告方式，在公告期满后，如无相关权利人提出异议、异议提出后经双方协商解决或异议提出后经确认不存在，可确认为企业土地，为其办理权属文件。

第五节　外商投资企业改制及上市

一、外商投资企业改制为股份有限公司的法律法规

外商投资企业改制为股份有限公司，依据的法律法规主要有：

（1）《关于设立外商投资股份有限公司若干问题的暂行规定》（外经贸部令1995年第1号）；

（2）《关于上市公司涉及外商投资有关问题的若干意见》（外经贸资发〔2001〕538号）；

（3）《关于加强外商投资企业审批、登记、外汇及税收管理有关问题的通知》（外经贸法发〔2002〕575号）；

（4）《外商投资公司审批登记管理法律适用若干问题的执行意见》（工商外企字〔2006〕81号）；

（5）《商务部关于下放外商投资股份有限公司、企业变更、审批事项的通知》（商资函〔2008〕50号）。

二、设立外商投资股份有限公司需满足的要求

（1）以发起方式设立外商投资股份有限公司，注册资本最低限额为人民币3000万元。在股份有限公司设立批准证书签发之日起90日内，发起人应一次缴足其认购的股份。

（2）已设立的中外合资经营企业、中外合作经营企业、外资企业等外商投资企业，如果有最近连续 3 年的盈利记录，可申请变更为外商投资股份有限公司。

（3）已设立的国有企业、集体所有制企业，如果营业时间超过 5 年、有最近连续 3 年的盈利记录，也可申请转变为外商投资股份有限公司。

（4）已设立的股份有限公司，可通过增资扩股、转股、发行境内上市外资股或境外上市外资股等方式，变更为外商投资股份有限公司。

（5）原境内公司中国自然人在原公司作为股东 1 年以上的，经批准，可继续作为变更后所设立外商投资企业的中方投资者。暂不允许境内中国自然人以新设和收购方式与外商成立外商投资企业。

（6）报商务部门审批。限额〔《外商投资产业指导目录（2015 年修订）》规定鼓励类、允许类 1 亿美元，限制类 5000 万美元〕以下外商投资股份有限公司的设立及其变更，由省级商务主管部门负责审批，限额以上以及对外商投资有专项规定的行业、特定产业政策、宏观调控行业仍由国家商务部审批。

（7）应符合国家有关外商投资企业产业政策的规定。

（8）境外投资者的出资比例低于 25% 的，除法律、行政法规另有规定外，均应按照同样的审批登记程序进行审批和登记。通过审批的，颁发加注“外资比例低于 25%”字样的外商投资企业批准证书；取得登记的，颁发在“企业类型”后加注“外资比例低于 25%”字样的外商投资企业营业执照。除法律、行政法规另有规定外，其投资总额项下进口自用设备、物品不享受税收减免待遇，其他税收不享受外商投资企业待遇。

三、外商投资项目核准和备案管理办法

《外商投资产业指导目录》中有中方控股（含相对控股）要求的总投资（含增资）3 亿美元及以上鼓励类项目，总投资（含增资）5000 万美元及以上限制类（不含房地产）项目，由国家发改委核准。《外商投资产业指导目录》中有总投资（含增资）5000 万美元以下的其他限制类项目，由省级政府核准。《外商投资产业指导目录》中有中方控股（含相对控股）要求的总投资（含增资）3 亿美元以下鼓励类项目，由地方政府核准。外商投资企业增资项目总投资以新增投资额计算，并购项目总投资以交易额

计算。外商投资涉及国家安全的，应当按照国家有关规定进行全审查。

《外商投资项目核准和备案管理办法》规定，由地方政府核准的项目，省级政府可以根据本地实际情况具体划分地方各级政府的核准权限。由省级政府核准的项目，核准权限不得下放。除上述范围以外的外商投资项目，由地方政府投资主管部门备案。

四、外商投资股份有限公司公开发行上市的条件

外商投资股份有限公司公开发行上市，除需符合中国《公司法》《证券法》的要求外，还需满足如下要求：

（1）应符合外商投资产业政策，公司经营范围符合《指导外商投资方向规定》《外商投资产业指导目录（2017 年修订）》和《中西部地区外商投资优势产业目录（2017 年修订）》等的要求。

（2）申请上市前 3 年均已通过外商投资企业联合年检。

（3）上市发行股票后，外资股占总股本的比例不低于 10%。

（4）按规定需由中方控股（包括相对控股）或对中方持股比例有特殊规定的外商投资股份有限公司，上市后应按有关规定的要求继续保持中方控股地位或持股比例。

（5）符合股票发行上市有关法规要求的其他条件。

五、外商投资股份有限公司招股说明书

外商投资股份有限公司为公开发行股票而编制招股说明书时，除应遵循中国证监会有关招股说明书内容与格式准则的一般规定外，还应遵循公开发行证券的公司信息披露编报规则第 17 号《外商投资股份有限公司招股说明书内容与格式特别规定》的要求。

六、外商投资股份有限公司 IPO 提交材料

外商投资股份有限公司首次公开发行股票并上市，除向中国证监会提交规定的材料外，还应提供通过联合年检的外商投资股份有限公司的批准证书和营业执照；发行完成后，应到省级商务部门（限额以下）或国家商务部（限额以上）办理法律文件变更手续。

七、外商投资股份有限公司的设立审批部门

外商投资企业改制为外商投资股份有限公司，无论外资比例多少，其

改制均需取得商务部门的批准。根据2008年8月《商务部关于下放外商投资股份有限公司、企业变更、审批事项的通知》(商资函〔2008〕50号),审批权限如下:

1. 省级商务管理部门

注册资本(公司转制按照评估后的净资产计算)折合1亿美元以下鼓励类、允许类及折合5000万美元以下限制类的企业设立(含增资)、变更由省级商务部门审核。

2. 商务部

注册资本(公司转制按照评估后的净资产计算)折合1亿美元以上鼓励类、允许类及折合5000万美元以上限制类的企业设立(含增资)、变更由省级商务部门上报商务部审核。

八、外商投资股份有限公司外管登记

外商投资企业改制为外商投资股份有限公司经过商务部门审批后还需前往外管部门进行变更登记,需要提醒的是,外商投资企业的历次股权变更、实际控制人变更均需前往外管部门进行登记,其中股权变更需要实际支付股权转让款,外管登记系统才会将股东变更,进行下一次变更登记。

九、外管局37号文件

国家外汇管理局于2014年7月4日出台一份最新文件《国家外汇管理局关于境内居民通过特殊目的公司境外投融资及返程投资外汇管理有关问题的通知》(下称“37号文”),之前的《关于境内居民通过境外特殊目的公司融资及返程投资外汇管理有关问题的通知》(下称“75号文”)就此废止。37号文对“特殊目的公司”“返程投资”“境内机构”等字眼重新进行了定义。“特殊目的公司”是指境内居民(含境内机构和境内居民个人)以投融资为目的,以其合法持有的境内企业资产或权益,或者以其合法持有的境外资产或权益,在境外直接设立或间接控制的境外企业。在75号文中,“特殊目的公司”仅限于境内居民的境内企业资产或权益,此番扩大至境外资产或权益。比较75号文与37号文,此次还明确境内居民控制的境内企业在真实、合理需求的基础上,可以向境外特殊目的公司放款,境内居民亦可购汇用于出资、股份回购、退市等。37号文主要包括如下7

条内容：

一是优化管理流程。根据外汇管理的职责和目标，合理界定返程投资外汇管理范围。按照“跨境流出按对外直接投资（ODI）管理，跨境流入按境内直接投资（FDI）管理”的思路，改革返程投资外汇管理方式，优化相关管理流程。

二是精简管理环节。调整境外特殊目的公司登记范围，只对境内居民直接设立或控制的（第一层）境外特殊目的公司进行登记，取消原有境外特殊目的公司设立登记、融资登记和融资变更登记等手续，同时简化变更登记内容。

三是简化业务材料。对境内居民个人办理境外投资外汇登记，仅要求提供标准化、格式化的申请表、资金合法性承诺、身份证明及相关真实性证明材料。

四是拓宽资金流出渠道。允许境内居民购付汇用于境外特殊目的公司设立及境外营运资金等，同时取消境内企业对特殊目的公司境外放款的限制。

五是放宽境外融资资金使用限制。取消“境内居民从特殊目的公司获得的利润、红利及资本变动外汇收入应于获得之日起180日内调回境内”的强制性调回资金规定，允许境外融资及其他相关资金留存境外使用。

六是明确将非上市特殊目的公司员工权益激励计划纳入登记范围，更好地满足境内居民个人合理需求。

七是强化风险防控的理念。在简政放权、促进跨境投融资便利化的同时，通过加强统计监测，强调事中、事后监管，强化违规责任的追究。

十、外商投资企业能否在国内创业板上市

按照《公司法》《证券法》等有关法律的规定，外商投资企业可以依法改制为外商投资股份有限公司在国内公开发行股票并上市。中小企业板设立后，台商控股的成霖股份（002047）首先登陆中小企业板，伟星股份（002003）、永新股份（002014）、中捷股份（002021）等中小企业板上市公司也都含有外资股份。2006年5月IPO重启之后，汉得信息（300170）、台资控股的海鸥卫浴（002084）、信隆实业（002105）等也相继成功上市。

根据2014年5月14日起实施的《首次公开发行股票并在创业板上市

管理办法》第二章第十一条的规定，外商投资企业只要符合相关规定，也可以在国内创业板上市。

十一、红筹模式的外商投资企业境内上市途径

以红筹模式准备境内上市所进行的重组大致分为3类，一种是股权并购，一种为资产并购，还有一种为协议控制模式。因现行的《关于外国投资者并购境内企业的规定（2009年修订）》《国家外汇管理局关于境内居民通过特殊目的公司境外投融资及返程投资外汇管理有关问题的通知》对返程投资提出较为严格的审批要求和审批时间的不确定性，使新设立红筹模式已基本不可行，由此有不少准备以红筹模式境外上市的企业选择寻找其他上市途径。根据上述重组模式的不同，拟转为境内上市的红筹模式的外商投资企业大致分为下列3种情况。

1. 股权并购

即外商投资企业的实际控制人在海外设立BVI公司，通过BVI公司收购实际控制人持有的境内公司的股权，将境内公司变更为外商投资企业。在这种情况下，要想在A股市场上市，必须把企业的控股权转回到境内，此处需要注意的是原享有的税收优惠均需返还，要补缴一定数额的税金，支付成本。此外，将控制权转回境内还需证明最近3年实际控制人没有发生变更，主营业务和董事、高级管理人员没有发生重大变化，且实际控制人在海外设立离岸公司以及海外公司返程投资并购境内公司的行为均合法有效，股权或资金的转入转出程序合法、合规。该外商投资企业可以作为拟上市主体申报发行上市。

但对于股东中存在BVI公司的企业，监管部门还是比较关注的，因为在监管部门看来，BVI公司的资金流动过程复杂，股权安排方面往往存在特殊承诺，如对赌条款等，合规性难以查证；公司架构难以查证，缺乏透明度；而且，内资企业外资化现象已引起有关部门重视，采用这种架构上市与公众公司的监管理念存在差异。因此，企业若存在BVI公司为股东的情形又想在境内上市，一般建议将股权转出后注销相关BVI企业。

2. 资产并购

即境内公司（内资公司）的实际控制人在海外设立BVI公司，通过BVI公司直接收购实际控制人持有的境内公司的资产，并以该资产投资设

立外商投资企业运营该资产，或海外公司在境内设立外商投资企业，并以该企业协议收购实际控制人持有的境内公司的资产。在此类重组模式下，因境内公司已丧失核心资产，故难以满足上市条件，外商投资企业为新设公司，亦不具备上市条件，而以境外企业为主体在境内上市目前尚无先例，且业绩能否连续计算有待于进一步探讨。

3. 协议控制

境内公司（内资公司，直接从事经营活动）的股东在境外设立上市主体，并由境外上市主体或其在境内新设立的外商投资企业（境内子公司），与境内公司签署一系列旨在达到完全控制境内公司经营活动等的协议，审计机构因该等实际控制关系而将上市主体、境内子公司及被控制的境内公司合并报表以达到上市的条件。

境内公司虽然作为经营的实体，但因为协议控制的模式需要将其利润以服务费用等方式转移至上市主体或境内子公司，境内公司一般没有利润或利润很少，故原境内公司的利润情况难以满足境内上市条件；另外，通过协议控制获得利润的境内子公司，因为其利润均通过关联交易取得，且不直接拥有经营所需各要素，缺乏独立性和完整性，故该境内子公司也难以满足境内的上市条件。

因此，协议控制的红筹模式企业，一般来说，需要将利润完全留存在进行实体运作的境内公司，以境内公司作为上市主体，并经过 2 ~ 3 年的运行，才能满足境内上市的条件。

第四章

财务与税收

第一节　财务规范

一、改制上市对财务规范管理的基本要求

中小企业改制之前，不规范的财务问题比较多，例如，遗留账务未处理、会计核算不合规、资产负债不完整、内部控制不完善、少数企业税务问题还比较突出等。因此，在改制期间，中小企业应积极面对自身存在的问题，聘请经验丰富的注册会计师指导企业财务和税务的规范化运作。这既有利于企业夯实管理基石，控制成本，提高效益，也有利于包括上市在内的各种融资。

中小企业改制上市财务规范管理的基本要求是：

1. 依法纳税，享受的各项税收优惠及政府补贴合法合规；

2. 会计基础工作规范，财务报表符合会计准则的规定；

3. 由注册会计师出具无保留意见的审计报告；

4. 内控制度健全有效，并由会计师出具无保留结论的内部控制鉴证报告；

5. 严格的资金管理制度，不存在大股东占用资金的情形。

二、财务管理不规范的主要体现

1. 会计事项交接不清

有的中小企业不重视财务工作，或者任人唯亲，安排不懂财务的亲属到财务岗位任职，导致财务人员变动频繁、岗位职责不清。会计人员前后会计事项交接不清，甚至出现原始凭证保存不完整，重要会计资料丢失、毁损的状况。

2. 资产负债不完整

由于财务主管未参与公司管理，财务人员得到的业务信息和交易事项的资料受限，或者业务水平有限，导致企业财务报表不能真实反映企业财务状况，会计核算不清、资产负债不完整以及长期遗留账务未处理等。

3. 存货、成本核算和管理不到位

有的生产性企业没有费用的归集和分摊，没有成本核算过程；有的企业投入上百万元的 ERP 系统运行效果欠佳，存货进销存核算差异很大。

4. 故意遗漏或虚构交易或事项

出于少交税的目的，故意遗漏或虚构交易或事项。如存在账外账、小金库、两套或多套账等问题，有的甚至几套账混在一起，每套账都有专门用途。

5. 会计核算基础差

由于会计核算基础差导致的问题包括往来账与对方长期不对账，导致时间久、差异大无法对清死账；存在大量大额银行存款未达账；更改原始或记账凭证无依据，说明随意、更改频繁；原始凭证保持不完整或者丢失；会计人员变动、流失频繁，对前会计记录及事项不清；费用及款项长期挂帐；长期投资多且混乱：投资挂帐（其他应收、在建工程等）；核算方法不正确（权益法、成本法），或不反映收益 / 损失；股权投资差额及商誉处理不恰当；投资关系不清晰、无合同、无被投资单位出资证明。

案例 4–1　会计基础工作薄弱

西藏国策环保科技股份有限公司 IPO 发审会询问问题：①发行人的部分会计凭证的制单、审核以及过账均为财务总监赵某一人操作；②发行人昌都分公司财务人员唐某于 2015 年 2 月 17 日从昌都市财政局领取现金支票后，除支付 188250 元给环卫工人外，其余款项 633856 元均私自挪用，而发行人直到 2015 年 8 月才发现唐某挪用公款行为；③建筑施工项目未建立项目预算制度和体系，对于建筑施工项目财务核算不规范；④昂仁县县城垃圾填埋场工程跨期确认收入；⑤未计提安全生产费；⑥公司的部分固定资产权属不清楚，存在部分政府拥有实际产权的车辆登记在发行人名下的情况。请发行人代表说明上述行为是否符合《首次公开发行股票并在创业板上市管理办法》第 17 条、第 18 条的规定。请保荐代表人说明核查意见。

6. 相关业务内控差

业务记录与会计记录无勾稽关系、无相互核对、互相监督；业务记录不完整、不系统、混乱、无记录；业务交易无执行、授权、记录的分离。

7. 资产权属确认问题

产权不清晰、无产权证；土地征地手续不合法或不完善、土地以租代征；有房无地、房屋无报建或验收手续等；其他原因未申领产权证；产权证未过户；重组、股东投资、资产交换、以物抵债等进入公司的资产。

8. 关联交易问题

目的及动机不当，不是正常交易行为、调节利润；交易依据不充分，缺相关合同及确认；定价不公允；关联方界定不完整；会计处理不当；交易程序不规范；实质关联方非关联化。

9. 收入确认问题

收入确认按收付实现制；收入确认以开票为时点确认；以发货为时点确认收入；收入多确认、少确认，提前或滞后确认等情形；收入确认凭证不完整，代理或买方提供结算数据不及时或不准确；退货处理不规范，大额退回应调整收入确认当期。

10. 税收缴纳问题

向关联方转移利润；账外账；转移利润形成小金库；成本不配比结转；虚假购物（有增值税发票）；业主费用列入公司费用；应资本化的支出费用化，导致损益不真实；所得税扣除与税法不尽一致，但往往得到税务局默认；个人所得税未代扣代缴；税收优惠不合法，比如无文件或审批级别不够。

案例 4-2　向关联方支付补贴未调增应纳税所得额

洋河酒业：公司对向集团支付 3800 万元补贴费的会计处理严重违反了税法的有关规定。公司 2006 年 3 月向控股股东一次性支付 3800 万元补贴费，计入营业外支出，按照规定应该调整应纳税所得额。但公司支出的上述补贴费未按税法规定进行所得税纳税调整，致使公司少交税金 1200 余万元，不符合有关税法和《首发管理办法》第三十四条的规定。

11. 会计政策及估计问题

会计政策与会计估计是非常严肃的，应由董事会批准，一经选定，不得随意变更，除非法律或会计准则等行政法规规章有要求，以及这种改变将提供更可信、更相关的会计信息。常见问题包括会计政策不够稳健、随意性或目的性强。

会计政策及估计问题在固定资产、在建工程、无形资产中较常见，包括折旧及摊销方法、年限、残值率不当或经常变更；利息资本化不符合准则要求；停工损失资本化；试运行期间会计核算不正确；在建工程转固时点不当，折旧起始时点不合准则要求；固定资产后续支出资本化依据不充分；开发支出资本化依据或条件不充分；非专利技术是否能确定受益年限；摊销 / 减值测试；资本性支出与收益性支出划分不清等。

案例 4–3　对会计政策和会计估计的不恰当或违规运用导致经营业绩大幅变动

晋城蓝焰煤业：对公司安全费用的处理不当。按照国家相关规定，安全费用提取标准一经确定，煤炭生产企业不得随意变更，但是申请人在 2005 年和 2008 年两次改动安全费用计提标准，同时现场陈述时并未对上述改动是否符合有关规定做出明确说明。此项会计估计变更使申请人 2005—2007 年度净利润分别减少 25889 万元、32883 万元和 31587 万元。

会计师事务所和注册会计师在审计时都会重点关注，即使企业蒙混过关，地方证监局和发审委发现申报材料存在重大疑问，将会重点查核。这类企业应该将遗漏的交易纳入账内核算，进行账务规范并补缴补交税金。但是，如果补缴金额过大，建议延期申报。若不纳入账内核算，财务指标与同行业相比较明显不合理，在申报材料时无法对审核人员提供合理的解释。

案例 4–4　深圳某创业板上会被否企业存在核算不规范和内部控制缺陷

该企业在报告期内，发生重大会计差错更正，调减 2007 年度并计入 2008 年度主营业务收入 1182.6 万元，占当期主营业务收入的比例分别为 21.8%、13.12%；调减 2007 年度并计入 2008 年度净利润 517.7 万元，占当期净利润的比例分别为 42.49%、40.06%，且该调整事项发生在企业变更为股份公司之后，说明企业会计核算基础工作不规范，内部控制制度存在缺陷。

三、执行企业会计准则的注意事项

我国新会计准则在债务重组、货币性资产交换、借款费用、无形资产、所得税、企业合并和每股收益等方面变动比较大，新增了公允价值计量、投资性房地产、股份支付、金融工具等内容。改制企业一般涉及新增和变动的会计业务比较少，问题突出反映在收入确认和会计政策估计两方面。

1. 收入确认

企业会计准则针对各种行业的特点，对收入确认作出了比较详细的规定。改制企业收入确认要避免出现下列问题：收入确认按照收付实现制、收入确认以开票点确认、以发货时点确认收入、收入确认凭证不完整、收入提前或滞后、与客户和代理商结算不及时、退货处理不及时等。

案例 4–5　某创业板上会企业因收入确认存在疑点被否

该公司与中国邮政集团和中国邮政储蓄银行 2009 年 7 月签订了服务期达五年的总价格为 2950 万元的业务合同，合同履行期限为 2009 年 1 月 1 日至 2013 年 12 月 31 日，根据合同所附的价格清单，主要服务内容按每年报价为 253 万元，现场服务按每人每天 0.8 万元计算，企业在 2009 年度即确认了 1260 万元营业收入，依据申报材料无法判断上述营业收入确认是否符合企业会计准则的规定，企业在现场的陈述也没有消除对该营业收入确认的疑点。

案例 4–6　2010 年某过会企业在上市前夜因涉嫌虚列收入被叫停

该企业通过发审委审核，并成功发行 1700 万股，募集资金 5.8 亿元。因涉嫌虚列收入，粉饰业绩，在上市前夜被中国证监会叫停。

2. 会计政策估计

注册会计师审计及中国证监会审核都特别关注会计政策估计事项，切记不能滥用会计政策。企业会计估计应当充分考虑其合规性及合理性，对公司报告期及发行上市后财务状况和经营业绩的影响。比如，房屋及建筑物采用 10 年折旧年限，会计政策就过于谨慎。

案例 4–7　关于销售返利的会计处理不当选择

拟上市某公司为鼓励经销商提高经营业绩，在销售合同中规定年度内销售额达到一定金额时，按销售额一定比例给予经销商销售佣金，公司称为“销售返利”。公司的销售返利存在跨期支付的情况，首次申报材料对于该经济事项的会计处理为当年支付的部分，冲减主营业务收入，跨年度支付的部分，采取预提方式记入当期营业费用。该企业对同类业务的销售返利会计处理明显不一致。

四、关联方交易

关联方交易是指关联方之间转移资源、劳务或义务的行为，而不论是否收取价款。根据《企业会计准则—关联方披露》的规定，关联方交易包括购买或销售商品；购买或销售商品以外的其他资产；提供或接受劳务；担保；提供资金（贷款或股权投资）；租赁；代理；研究与开发项目的转移；许可协议；代表企业或由企业代表另一方进行债务结算；关键管理人员薪酬。

关联方交易的规范要求有以下几点：

1. 业务应当独立于控股股东、实际控制人及其控制的其他企业，与控股股东、实际控制人及其控制的其他企业不得有显失公平的关联交易。

2. 公司章程中已明确对外担保的审批权限和审议程序，不存在为控股股东、实际控制人及其控制的其他企业进行违规担保的情形。

3. 有严格的资金管理制度，不得有资金被控股股东、实际控制人及其控制的其他企业以借款、代偿债务、代垫款项或其他方式占用的情形。

4. 关联交易公允，不存在通过关联交易操纵利润的问题。

5. 最近一个会计年度的营业收入或净利润对关联方或存在重大不确定性的客户不存在重大依赖。

6. 公司章程对关联交易决策权力与程序，包括关联股东或利益冲突的董事在关联交易表决中的回避制度作出规定。

7. 独立董事对关联交易履行的审议程序是否合法及交易价格是否公允发表意见。

从理论上讲，关联方交易的会计核算与非关联方交易相同，只需要在财务报表附注中披露相关信息。但根据财政部财会函（2008）60号《关于做好执行会计准则企业2008年年报工作的通知》的规定，如果接受控股股东或控股股东的子公司直接或间接的捐赠，从经济实质上判断属于控股股东对企业的资本性投入，应作为权益性交易，相关利得计入所有者权益（资本公积）。

案例 4–8　涉嫌关联交易价格不公允和通过关联交易操纵利润

株洲飞鹿高新材料技术股份有限公司IPO发审会询问问题：发行人报告期2012—2014年度，涂料涂装一体化业务与南车长江公司株洲分公司发生的交易额分别为5273.34万元、3632.68万元、3061.80万元，发行人2014年度营业利润为3172.15万元。①请发行人代表说明涂料涂装一体化是不是涂料销售和涂装施工两项业务的综合，其毛利率高于涂料销售和涂装施工的原因及合理性。②请发行人代表说明向关联方提供涂料涂装一体化的毛利率高于非关联方的合理性与公允性。③发行人向南车长江公司提供的涂料涂装一体化业务价格如何确定。④未将涂料涂装一体化业务中无偿使用关联方固定资产作为关联交易披露的原因。⑤根据申请文件，2011年南车长江公司株洲分公司派遣27名涂装人员到发行人处工作，株洲分公司仍保留与上述人员所签订的劳动合同，自2013年起，发行人与上述员工签订劳动合同，其社会保险与住房公积金等仍由株洲分公司统一办理，社保公积金的单位缴纳部分由株洲分公司承担，签订劳动合同前后，上述人员身份均为国有企业职工身份，退休事宜均由株洲分公司负责办理。请发行人代表说明关联方在具备相应资产和人员的前提下，将相关业务交由发行人承接的原因。

五、规范资金管理

企业改制后，在资金管理方面应规避下列情况：

1. 实际控制股东和其他关联方资金占用

改制上市企业不得有资金被控股股东、实际控制人及其控制的企业以借款、代偿债务、代垫款项或者其他方式占用的情形。改制企业的关联方非经营性资金占用比较普遍，必须在申报期纠正。在审计中，会计师重点关注是否存在下列关联方资金占用情况：

（1）年度中间占用，年末归还；

（2）通过虚构交易事项、交易价格非公允、货款长期拖延结算；

（3）通过中间环节，以委托贷款的形式间接向大股东提供资金，是近年来出现的一种新的资金占用方法；

（4）委托实施项目；

（5）资金体外运营，利用开具无真实交易背景的银行承兑汇票并且贴现等方式取得资金，体外运营，为大股东及其关联方长期占用资金提供便利条件。

2. 违规资金担保

不合规的对外担保在申报前必须解决。改制企业未经股东大会审议通过的违规担保主要情形有公司及其控股子公司的对外担保总额，超过最近一期经审计净资产的 50%；达到或超过最近一期经审计总资产的 30% 以后提供的任何担保；为资产负债率超过 70% 的担保对象提供的担保；单笔担保额超过最近一期经审计净资产的 10% 的担保；对股东、实际控制人及其关联方提供的担保。

3. 向职工或社会单位进行集资，并支付相应的集资利息。企业视重要程度可考虑将该集资借款归还或者协商入股。

如存在前述违规行为应当立即整改，并运行至少一个完整会计年度再进行申报。

案例 4-9　关联方占用资金未支付资金占用费

广东通宇通讯股份有限公司实际控制人报告期内存在通过 11 家单位占用公司资金的行为，且实际控制人未向公司支付资金占用费；公司于 2010 年 5 月分别补缴 2007 年度企业所得税 20732407.42 元、2008 年度企业所得税 5028086.99 元，并缴纳滞纳金共 8364314.30 元。公司未在申报材料和现场聆讯中对内部控制制度是否健全且被有效执行作出充分合理的说明。

发审委认为，上述情形与《首次公开发行股票并上市管理办法》（证监会令第 32 号）第二十四条的规定不符。

案例 4-10　通过第三方或现金收取销售款

如意情生物科技股份有限公司 IPO 发审会询问问题：①发行人通过第三方回款的金额为 22723.80 万元、28137.52 万元、20687.17 万元。未签订合同直接销售的金额分别为 1184.54 万元、815.38 万元、443.14 万元，报告期还存在部分现金回款的情形。②针对经销商通过第三方支付的情形，说明是否制定了相应的内部控制流程，如有，请说明关键控制点的设计及执行情况，并说明这些关键控制点防范了哪些风险。③针对未签订合同直接销售的情形，说明相应会计处理的主要凭证。

六、重点关注财务报表和重要指标的合理性

企业改制上市过程中，应对财务问题进行全面筹划，特别是关注申报期内财务报表的合理性。企业应听取来自保荐人、会计师和其他中介机构的意见。

考虑财务报表和重要指标的合理性时，要特别关注以下四个方面：

1. 财务报表中反映的无形资产、长期投资等资产的合理性。如是否拥有与生产加工服务相关设施的产权，是否拥有与主营业务相关的商标、专利、非专利技术所有权，公司重要资产是否存在质押、法律诉讼等重大争议、潜在纠纷等不确定因素等。

2. 取得重要资产过程的合法性、合规性。土地、房产、知识产权应取得相应的权属证书，租赁资产的租赁合同的合法性、有效性。

3. 纵向三年一期资产负债率、销售增长率、现金流量情况等指标变动的合理性。

4. 与同行业（上市）公司横向比较分析，特别是指标在不同期间的异常波动。如果财务指标明显低于同行业上市公司，应考虑调整战略发展思路，优化盈利模式，甚至实施并购或者剥离。如果财务指标明显高于同行业上市公司，应有充分、合理的解释。

案例 4-11　某创业板上会被否企业的销售收入客户过于集中

近 3 年，该公司来自前五大客户的收入占比超过 98%，客户集中风险凸显。2007—2009 年度，公司来自前五大客户的收入占总收入的比例分别高达 98.42%、99.34%、98.09%。

案例 4-12　某上会被否企业净利润指标偏低

该公司 3 年一期的净利润分别同比增长 194.22%、88.50%、145.09%，但公司实现盈利的绝对值仍然偏低，公司扣除非经常性损益后归属于母公司所有者的净利润分别仅为 326.92 万元、717.83 万元、1310.76 万元、811.68 万元。

案例 4-13　业绩持续下降且对税收优惠有重大依赖

1. 广西丰林木业集团股份有限公司 2007—2009 年营业利润分别为 10155 万元、6223 万元和 4770 万元，营业利润处于持续下降趋势。

2.2007—2009 年增值税即征即退金额分别为 4551.34 万元、2574.34 万元和 2911.97 万元，增值税即征即退金额占公司净利润比重较高。2010 年，增值税即征即退比率由 100% 降为 80%，增值税即征即退比率下降将对公司未来业绩造成一定的影响。

公司持续盈利能力存在不确定性，且公司经营成果对税收优惠存在严重依赖。发审委认为，上述情形与《首次公开发行股票并上市管理办法》（证监会令第 32 号）第三十四条、第三十七条的规定不符。

案例 4-14　存在非正常履行合同、业务增长与行业整体态势存在差异

沈阳远大压缩机股份有限公司 IPO 发审会询问问题：一是请发行人代表补充说明成都蜀菱等客户订购产品处于“项目暂停”的主要原因，与“合同未正常执行”存在何种差异。请保荐代表人：①就相关合同产品存货减值计提及信息披露是否充分发表核查意见；②进一步说明部分合同暂停的原因，相关合同履行是否存在重大不确定性；③结合对暂停合同情况的核查手段、过程和结论，进一步说明暂停合同情况前后披露出现较大差异的原因。二是请保荐代表人说明在下游部分行业投资增速放缓、同行业订单大幅缩减等情况下，发行人 2014 年往复式压缩机订单大幅增长的原因，报告期内往复式压缩机产品毛利率始终高于同行业可比公司的原因。

七、建立完善的内部控制制度

中小企业在改制上市过程中建立一套有效的内部控制体系，不仅是企业自身风险管理和效益管理的要求，而且是资本市场的要求。随着我国资本市场监管体系的进一步完善，我国已经形成了适应企业实际、融合国际先进经验的内部控制规范体系，包括《企业内部控制基本规范》《企业内部控制应用指引》《企业内部控制评价指引》等。内部控制的审核已经纳入注册会计师IPO审计范围，并要求会计师出具内部控制鉴证意见。建立完善内部控制制度，应避免出现下列问题：

1. 缺乏系统规范的管理制度。中小企业普遍缺乏系统规范的业务管理制度和流程。有的企业在改制时，在一些关键控制环节建立了内控制度和业务流程，但运作过程中，还应加强管理制度的系统规范性，并注重完善和提高执行能力。

2. 缺乏监督、检查、分析评价机制。如实行预算管理制度的企业，在年度经营过程中未定期进行预算执行分析，致使在预算执行过程中偏差较大，责任划分和量化不明确，控制功能未能有效发挥。企业还应重视事前控制和事中控制。

3. 缺乏人力资源管理机制和完善的绩效考核制度。

4. 无视与员工的关系。如签定不规范的劳动合同，员工养老统筹费用欠缴，出现员工劳动补偿纠纷等。一旦出现上述情况，将对企业上市有负面影响。

案例 4–15　某被否企业报告期内出现多起工伤事故

某中小企业板拟上市企业主要从事离心方桩的生产与销售。近一年内该公司下属子公司和分公司接连发生4起工伤事故，各1人死亡，分别受到地方安全生产监督管理局的行政处罚。其管理和风险等问题在发审会上成为重点考察对象，最终被否。

案例 4–16　内部控制制度不完善

报告期内，海诺尔环保产业股份有限公司多次因违反环保法律法规被环保部门处罚；蒲江项目和新津项目超过试生产的最长期限仍在运营且至今未取得环保验收许可文件，2010 年和 2011 年 1—9 月，前述项目垃圾直接处置收入占比较大；《环境污染治理设施运营资质证书（生活垃圾甲级）》已过期。公司的内部控制制度不能合理保证其生产经营的合法性。

发审委认为，上述情形与《首次公开发行股票并在创业板上市管理暂行办法》（证监会令第 61 号）第二十一条的规定不符

八、内部控制制度自我评估

良好的企业内控制度一定是目标明确、措施有效、执行顺畅、监督到位、效果明显、效益显著的。对自身内控制度建立和执行情况，企业可以从以下两个维度展开自查：

1. 检查现有的内控制度框架、内容、流程设计是否符合企业的实际和经营特点，是否关注到本企业的重点业务单位、重要业务事项、重大风险领域和关键的岗位及环节，是否存在照抄照搬其他公司而与实际经营活动脱节的现象。

2. 企业现有内部制度是否已下发执行，员工对制度了解、掌握的程度，制度的执行是否列入绩效考核，企业及其所属各单位、部门及职工对制度的执行是否到位，是否存在重制度、轻执行，重程序、轻效率的现象。

案例 4–17　某中小企业板上会企业因申报材料存在虚假记载被否

该企业申报材料中提交的企业母公司 2004 年度企业所得税纳税申报表是以股份公司名义向税务局申报的，而股份公司在 2004 年尚未设立；该企业最近 3 个年度企业母公司的所得税纳税申报表上无申报日期、受理日期、税务机关受理章等必备要素，且纳税申报表的日期范围存在手写涂改情形。

案例 4–18　某上会被否企业存在内部控制缺陷

该企业在被发审委审核被否原因中仅仅提及了内控一项问题，发审委认为企业报告期内存在开具没有真实交易背景的银行承兑汇票和向股东、

管理层及部分员工借款且金额较大等情形，因此“难以判断你公司是否能够规范运行”。

案例 4–19　两家企业相互举报导致双方融资均受阻

山东某企业暂缓表决来自于竞争对手的实名举报，后者指出企业在招股书申报稿中的财务造假行为，而此后企业对后者的举报也使得该企业发行可转债的申请被证监会发审委暂缓表决，互掐的行为使得双方融资举措均受阻。

第二节　涉税处理

一、会计政策、会计估计变更及账务调整影响利润的涉税处理

因合理规划拟上市企业会计政策、会计估计而影响申报期间损益，应按申报报表各期利润总额以适用税率计算所得税。

二、高新技术企业税收优惠

我国在税制改革中支持高新技术企业，高新技术企业的产品（服务）属于《国家重点支持的高新技术领域》，这与创业板市场优先考虑新能源、新材料、生物医药、电子信息、环保节能、现代服务等九大领域的政策导向相吻合。如果企业符合国家高新技术产业导向并有相应技术的，应争取认定为高新技术企业，这样不但可降低 10% 的企业所得税税负，而且有利于满足创业板创新性要求和融资途径的选择。

三、未分配利润、盈余公积、资本公积转增资本个人股东需要缴纳个人所得税

国家税务总局关于印发《征收个人所得税若干问题的规定》的通知（国税发〔1994〕89 号），关于派发红股的征税问题：股份制企业在分配股息、红利时，以股票形式向股东个人支付应得的股息、红利（即派发红股），应以派发红股的股票票面金额为收入额，按利息、股息、红利项目计征个人所得税。

《国家税务总局关于股份制企业转增股本和派发红股征免个人所得税的通知》（国税发〔1997〕198号）规定：“（一）股份制企业用资本公积金转增股本不属于股息、红利性质的分配，对个人取得的转增股本数额，不作为个人所得，不征收个人所得税。（二）股份制企业用盈余公积金派发红股属于股息、红利性质的分配，对个人取得的红股数额，应作为个人所得征税。各地要严格按照《国家税务总局关于印发 < 征收个人所得税若干问题的规定 > 的通知》（国税发〔1994〕89号）的有关规定执行，没有执行的要尽快纠正。派发红股的股份制企业作为支付所得的单位应按照税法规定履行扣缴义务。”国税函发〔1998〕289号规定：“《国家税务总局关于股份制企业转增股本和派发红股征免个人所得税的通知》（国税发［1997］198号）中所表述的‘资本公积金’是指股份制企业股票溢价发行收入所形成的资本公积金。将此转增股本由个人取得的数额，不作为应税所得征收个人所得税。而与此不相符合的其他资本公积金分配个人所得部分，应当依法征收个人所得税。”

《国家税务总局关于盈余公积金转增注册资本征收个人所得税问题的批复》（国税函发〔1998〕333号）规定：“对属于个人股东分得再投入公司（转增注册资本）的部分应按照利息、股息、红利所得项目征收个人所得税，税款由股份有限公司在有关部门批准增资、公司股东会决议通过后代扣代缴。”

《关于将国家自主创新示范区有关税收试点政策推广到全国范围实施的通知》（财税〔2015〕116号）规定：“非上市及未挂牌的中小高新技术企业以未分配利润、盈余公积、资本公积向个人股东转增股本时，可在不超过5个公历年度内（含）分期缴纳。”

四、有限责任公司整体变更设立股份有限公司的增值税、土地增值税

有限公司整体变更为股份公司时，非货币性资产出资行为会涉及增值税、土地增值税。企业主要资产形态可以分为有形动产、无形资产和不动产。

1. 增值税

当企业整体变更为股份有限公司时，属于转让企业全部产权，即整体

转让企业资产、债权、债务及劳动力的行为。根据《国家税务总局公告2011年第13号——关于纳税人资产重组有关增值税问题的公告》规定："纳税人在资产重组过程中，通过合并、分立、出售、置换等方式，将全部或者部分实物资产以及与其相关联的债权、负债和劳动力一并转让给其他单位和个人，不属于增值税的征税范围，其中涉及的货物转让，不征收增值税。"

2. 土地增值税

《财政部国家税务总局关于继续实施企业改制重组有关土地增值税政策的通知》（财税〔2018〕57号）规定："非公司制企业整体改制为有限责任公司或者股份有限公司，有限责任公司（股份有限公司）整体改制为股份有限公司（有限责任公司），对改制前的企业将国有土地使用权、地上的建筑物及其附着物（以下称房地产）转移、变更到改制后的企业，暂不征土地增值税。本通知所称整体改制是指不改变原企业的投资主体，并承继原企业权利、义务的行为。"

五、个人非货币性资产出资税收优惠政策

1. 个人所得税

财税〔2015〕41号《关于个人非货币性资产投资有关个人所得税政策的通知》规定："个人以非货币性资产投资，属于个人转让非货币性资产和投资同时发生。对个人转让非货币性资产的所得，应按照"财产转让所得"项目，依法计算缴纳个人所得税；纳税人一次性缴税有困难的，可合理确定分期缴纳计划并报主管税务机关备案后，自发生上述应税行为之日起不超过5个公历年度内（含）分期缴纳个人所得税。本通知所称非货币性资产，是指现金、银行存款等货币性资产以外的资产，包括股权、不动产、技术发明成果以及其他形式的非货币性资产。"

2. 土地增值税

《财政部国家税务总局关于继续实施企业改制重组有关土地增值税政策的通知》（财税〔2018〕57号）规定："单位、个人在改制重组时以房地产作价入股进行投资，对其将房地产转移、变更到被投资的企业，暂不征土地增值税。"

六、企业合并相关税收优惠政策

部分公司在上市改制前需实施股权架构的调整，会涉及企业合并问题，相关的税收成本系重点考虑事项。国家在企业合并方面有一系列税收优惠政策：

1. 增值税

《国家税务总局关于纳税人资产重组有关增值税问题的公告》（国家税务总局公告2011年第13号）规定："纳税人在资产重组过程中，通过合并、分立、出售、置换等方式，将全部或者部分实物资产以及与其相关联的债权、负债和劳动力一并转让给其他单位和个人，不属于增值税的征税范围，其中涉及的货物转让，不征收增值税。本公告自2011年3月1日起执行。"

2. 城建税及教育费附加

不征或免征增值税的同时，不征或免征城建税及教育费附加。

3. 契税

《财政部国家税务总局关于进一步支持企业事业单位改制重组有关契税政策的通知》（财税〔2015〕37号）规定："同一投资主体内部所属企业之间土地、房屋权属的划转，包括母公司与其全资子公司之间、同一公司所属全资子公司之间、同一自然人与其设立的个人独资企业、一人有限公司之间土地、房屋权属的划转，免征契税。"

4. 印花税

《财政部国家税务总局关于企业改制过程中有关印花税政策的通知》（财税〔2003〕183号）规定："以合并或分立方式成立的新企业，其新启用的资金帐簿记载的资金，凡原已贴花的部分可不再贴花，未贴花的部分和以后新增加的资金按规定贴花。"

对合并过程中涉及《印花税暂行条例》及相关规定中限定的产权转移的，应按"产权转移书据"贴花。

5. 土地增值税

《财政部国家税务总局关于继续实施企业改制重组有关土地增值税政策的通知》（财税〔2018〕57号）规定："二、按照法律规定或者合同约定，两个或两个以上企业合并为一个企业，且原企业投资主体存续的，对原企业将房地产转移、变更到合并后的企业，暂不征土地增值税。三、按照法律规定或者合同约定，企业分设为两个或两个以上与原企业投资主体相同的企业，对原企业将房地产转移、变更到分立后的企业，暂不征土地增值税。”

6. 企业所得税

《财政部 国家税务总局关于企业重组业务企业所得税处理若干问题的通知》(财税〔2009〕59号)规定：“五、企业重组同时符合下列条件的，适用特殊性税务处理规定：(一)具有合理的商业目的，且不以减少、免除或者推迟缴纳税款为主要目的。(二)被收购、合并或分立部分的资产或股权比例符合本通知规定的比例。(三)企业重组后的连续12个月内不改变重组资产原来的实质性经营活动。(四)重组交易对价中涉及股权支付金额符合本通知规定比例。(五)企业重组中取得股权支付的原主要股东，在重组后连续12个月内，不得转让所取得的股权。”

“六、企业重组符合本通知第五条规定条件的，交易各方对其交易中的股权支付部分，可以按以下规定进行特殊性税务处理：(二)股权收购，收购企业购买的股权不低于被收购企业全部股权的75%，且收购企业在该股权收购发生时的股权支付金额不低于其交易支付总额的85%，可以选择按以下规定处理：1. 被收购企业的股东取得收购企业股权的计税基础，以被收购股权的原有计税基础确定。2. 收购企业取得被收购企业股权的计税基础，以被收购股权的原有计税基础确定。3. 收购企业、被收购企业的原有各项资产和负债的计税基础和其他相关所得税事项保持不变。(三)资产收购，受让企业收购的资产不低于转让企业全部资产的75%，且受让企业在该资产收购发生时的股权支付金额不低于其交易支付总额的85%，可以选择按以下规定处理：1. 转让企业取得受让企业股权的计税基础，以被转让资产的原有计税基础确定。2. 受让企业取得转让企业资产的计税基础，以被转让资产的原有计税基础确定。(四)企业合并，企业股东在该企业合并发生时取得的股权支付金额不低于其交易支付总额的85%，以及同一控制下且不需要支付对价的企业合并，可以选择按以下规定处理：1. 合并企业接受被合并企业资产和负债的计税基础，以被合并企业的原有计税基础确定。2. 被合并企业合并前的相关所得税事项由合并企业承继。3. 可由合并企业弥补的被合并企业亏损的限额 = 被合并企业净资产公允价值 × 截至合并业务发生当年年末国家发行的最长期限的国债利率。4. 被合并企业股东取得合并企业股权的计税基础，以其原持有的被合并企业股权的计税基础确定。”

“十一、企业发生符合本通知规定的特殊性重组条件并选择特殊性税务处理的，当事各方应在该重组业务完成当年企业所得税年度申报时，向主管税务机关提交书面备案资料，证明其符合各类特殊性重组规定的条件。企业未按规定书面备案的，一律不得按特殊重组业务进行税务处理。”

《财政部 国家税务总局关于促进企业重组有关企业所得税处理问题的通知》（财税〔2014〕109 号）对财税〔2009〕59 号进行了调整：“第六条第（二）项中有关‘股权收购，收购企业购买的股权不低于被收购企业全部股权的 75%’规定调整为‘股权收购，收购企业购买的股权不低于被收购企业全部股权的 50%’。”“第六条第（三）项中有关‘资产收购，受让企业收购的资产不低于转让企业全部资产的 75%’规定调整为‘资产收购，受让企业收购的资产不低于转让企业全部资产的 50%’。”

7. 个人所得税

国家税务总局《合并过程中被合并企业存在未分配利润，是否要缴纳个人所得税》（发布日期 2011 年 03 月 09 日）：“按照《财政部、国家税务总局关于企业重组业务企业所得税处理若干问题的通知》（财税〔2009〕59 号）规定，符合特殊重组业务的企业合并，根据《国家税务总局关于发布 < 企业重组业务企业所得税管理办法 > 的公告》（国家税务总局公告 2010 年第 4 号）规定，被合并方不需要进行清算。在会计账务处理中，被合并方资产、负债、所有者权益中有关数据，基本上按原账面数额移植到合并方企业，在此过程中‘未分配利润’没有发生分配行为，不需征收个人所得税；如果在免税重组过程中，合并方账务处理时对‘未分配利润’做了转增股本处理，需要征收个人所得税。”

七、非上市公司股权激励优惠政策

《关于完善股权激励和技术入股有关所得税政策的通知》（财税〔2016〕101 号）：“非上市公司授予本公司员工的股票期权、股权期权、限制性股票和股权奖励，符合规定条件的，经向主管税务机关备案，可实行递延纳税政策，即员工在取得股权激励时可暂不纳税，递延至转让该股权时纳税；股权转让时，按照股权转让收入减除股权取得成本以及合理税费后的差额，适用‘财产转让所得’项目，按照20%的税率计算缴纳个人所得税。”

新三板挂牌公司适用上述规定。

八、技术成果投资入股优惠政策

《关于完善股权激励和技术入股有关所得税政策的通知》（财税〔2016〕101号）：“选择技术成果投资入股递延纳税政策的，经向主管税务机关备案，投资入股当期可暂不纳税，允许递延至转让股权时，按股权转让收入减去技术成果原值和合理税费后的差额计算缴纳所得税。”

九、证监会14号公告对IPO的特殊要求

2012年6月7日，中国证监会发布了《关于进一步提高首次公开发行股票公司财务信息披露质量有关问题的意见》（证监会〔2012〕14号公告）（以下简称《意见》），提出以充分、准确、完整的信息披露为中心，改进发行审核工作。突出了发行人作为信息披露第一责任人，明确了中介机构的独立责任，进一步强化了各参与主体“归位尽责”意识，对包装、粉饰业绩，加大处罚力度。具体包括九个方面：（一）内部控制；（二）财务信息真实、准确、完整性；（三）盈利真实性；（四）关联方及其交易；（五）收入确认的真实性、合规性和毛利率分析的合理性；（六）主要客户和供应商的核查；（七）存货盘点、真实性、跌价准备；（八）现金收付交易；（九）财务异常信息的敏感度。

第三节　2018年IPO审核财务与会计知识问答

（本部分问题都用专色黑体，答案的字体同正文，题干和答案都前空两格，本书中其他知识问答环节格式统一）

1. 基于企业发展考虑，部分首发企业上市前通过增资或转让股份等形式实现高管或核心技术人员、员工、主要业务伙伴持股。与上市公司实

施股权激励相比，首发企业股份支付成因复杂，激励条件不明确，公允价值难以计量。对于前述问题，首发企业及中介机构需重点关注哪些方面内容?

答：发行人在首发申报期内，为获取职工和其他方提供服务而授予权益工具或承担以权益工具为基础确定的负债的交易，在编制申报会计报表时，应按照《企业会计准则第11号——股份支付》相关规定进行处理。对于报告期内发行人向职工（含持股平台）、客户、供应商等新增股份，以及主要股东及其关联方向职工（含持股平台）、客户、供应商等转让股份，均应考虑是否适用《企业会计准则第11号——股份支付》。对于报告期前的股份支付事项，如对期初未分配利润造成重大影响，并导致违反发行条件《首发管理办法》第二十六条（五）的，也应考虑适用《企业会计准则第11号——股份支付》。

通常情况下，解决股份代持等规范措施导致股份变动，家族内部财产分割、继承、赠与等非交易行为导致股权变动，资产重组、业务并购、持股方式转换、向原股东同比例配售新股等导致股权变动等，在有充分证据支持相关股份获取与发行人获得其服务无关情况下，一般无需作为股份支付处理。

存在股份支付事项的，发行人及申报会计师应按照企业会计准则确定的原则确定权益工具的公允价值。在确定公允价值时，可合理考虑入股时间阶段、业绩基础与变动预期、市场环境变化、行业特点及市盈率与市净率等因素的影响；可优先参考熟悉情况并按公平原则自愿交易的各方最近达成的入股价格，或相似股权价格确定公允价值，如近期合理的PE入股价；也可采用恰当的估值技术确定公允价值，但要避免采取有争议的、结果显失公平的估值技术或公允价值确定方法，如明显增长预期下按照成本法评估的每股净资产价值或账面净资产。

确认股份支付费用时，对增资或受让的股份立即授予或转让完成且没有明确约定服务期等限制条件的，原则上应当一次性计入发生当期，并作为偶发事项计入非经常性损益。对设定服务期等限制条件的股份支付，股份支付费用可采用恰当的方法在服务期内进行分摊，并计入经常性损益。

发行人应在招股说明书及报表附注中披露股份支付的形成原因、权益工具的公允价值及确认方法。保荐机构及申报会计师应对首发报告期内发生的股份变动是否适用《企业会计准则第 11 号——股份支付》进行核查，并对以下问题发表意见：股份支付相关权益工具公允价值的计量方法及结果是否合理，与同期可比公司估值是否存在重大差异及原因；对于存在与股权所有权或收益权等相关的限制性条件的，相关条件是否真实、可行，服务期的判断是否准确，服务期各年 / 期确认的员工服务成本或费用是否准确；发行人报告期内股份支付相关会计处理是否符合《企业会计准则》相关规定。

2. 部分园林、绿化、市政等建筑施工类企业，存在大量已竣工并实际交付的工程项目的工程施工余额未及时结转，导致存货账面余额较大，针对上述事项，发行人及中介机构应关注哪些方面？答：首发企业作为建造承包商，存在工程施工业务的，应按照《企业会计准则第 15 号——建造合同》的相关规定，采用完工百分比法进行会计核算。部分工程施工企业，特别是园林、绿化、市政等建筑施工企业各报告期末存货主要为已完工未结算的工程施工，其中，部分项目已竣工并实际交付，仅以未办理决算或审计等原因而长期挂账。

针对上述事项，保荐机构及申报会计师应进一步核实合同规定的结算条件与结算时点，施工记录与竣工交付资料，按工程进度确认的收入、成本与毛利情况，存货风险与收款信用风险的区别与转移情况，收款权利与计量依据等事项。如发现存货中存在以未决算或未审计等名义长期挂账的已竣工并实际交付的工程项目施工余额，因该部分存货已不在发行人控制范围，发行人已按工程完工进度确认收入，发行人与业主之间存在实质的收款权利或信用关系，应考虑是否将其转入应收款项并计提坏账准备，保荐机构和申报会计师应对相关减值准备计提是否充分进行核查并发表核查意见。发行人应在招股说明书中的“管理层讨论与分析”中披露上述已竣工并实际交付的工程项目施工余额未办理决算或审计等原因，是否与业主方存在纠纷，并在招股说明书的适当章节充分揭示相关风险。

3. 部分首发企业以应收账款为关联方、优质客户、政府工程客户等信

用风险较低为理由不计提坏账准备，部分首发企业对于应收票据不计提减值准备，部分首发企业报告期存在应收账款保理业务，部分首发企业应收账款坏账计提比例明显低于同行业上市公司水平，发行人及相关中介机构对上述涉及应收款项相关事项应关注哪些方面？

答：应收账款坏账准备的计提应符合《企业会计准则第22号——金融工具确认和计量》的相关规定，考虑预期信用风险。对于应收款项，应当先将单项金额重大的应收款项区分开来，单独进行减值测试。单独测试未发生减值的应收款项（包括单项金额重大和不重大的应收款项），应当包括在具有类似信用风险特征的应收账款组合中再进行减值测试。

坏账准备计提不应区分关联方与非关联方，如存在关联方应收账款，发行人应在招股说明书的“同业竞争与关联交易”中披露其内容及形成原因等情况。

如果发行人对某些单项或某些组合应收款项不计提坏账准备，需充分说明未计提的依据和原因，详细论证是否存在确凿证据，是否存在信用风险，保荐机构和申报会计师应结合业务合作、回款进度、经营环境等因素谨慎评估是否存在坏账风险。

应收票据应当按照《企业会计准则第22号——金融工具确认和计量》关于应收项目的减值计提要求，根据其信用风险特征考虑减值问题。对于在收入确认时对应收账款进行初始确认，后又将该应收账款转为商业承兑汇票结算的，发行人应按照账龄连续计算的原则对应收票据计提坏账准备。

对于应收账款保理业务，如为有追索权债权转让，发行人应仍根据原有账龄计提坏账准备。

发行人应参考同行业上市公司确定合理的应收账款坏账准备计提政策，对于计提比例明显低于同行业上市公司水平的，应在招股说明书的“管理层讨论与分析”中披露具体原因。

保荐机构及会计师应对上述事项进行核查并发表核查意见。

4. 部分首发企业存在固定资产等非流动资产可变现净值低于账面价值等情况，对资产减值准备计提应当如何考虑？

答：发行人应根据《企业会计准则第 8 号——资产减值》从外部信息来源和内部信息来源两方面判断资产负债表日资产是否存在可能发生减值的迹象。

资产存在减值迹象的，应当估计其可收回金额。根据《企业会计准则第 8 号——资产减值》，可收回金额应当根据资产的公允价值减去处置费用后的净额与资产预计未来现金流量的现值两者之间较高者确定。资产的公允价值减去处置费用后的净额与资产预计未来现金流量的现值，只要有一项超过了资产的账面价值，就表明资产没有发生减值，不需再估计另一项金额。

由于行业前景、监管政策等发生重大变化，导致生产线停产或资产闲置，且无预期恢复时间，相关中介机构应结合该资产未来处置方案或处理计划，合理估计其可收回金额，核查发行人资产减值相关会计处理是否恰当。

因企业合并所形成的商誉和使用寿命不确定的无形资产，无论是否存在减值迹象，每年都应当进行减值测试。

发行人应在招股说明书中披露重要资产减值测试情况、可收回金额的确定方法。相关中介机构应结合资产持有目的、用途、使用状况等，核查发行人可收回金额确定方法是否恰当、资产减值相关会计处理是否谨慎。

5. 对首发企业部分涉税事项，如取得的税收优惠是否属于经常性损益、税收优惠续期申请期间是否可以按照优惠税率预提预缴、外资企业转内资企业补缴所得税费用如何确认归属期间等，发行人和相关中介机构通常应如何把握？

答：发行人依法取得的税收优惠，如高新技术企业、软件企业、文化企业及西部大开发等特定性质或区域性的税收优惠，根据《公开发行证券的公司信息披露解释性公告第 1 号——非经常性损益》的规定，可以计入经常性损益。

发行人取得的税收优惠到期后，发行人、保荐机构、律师和会计师应对照税收优惠的相关条件和履行程序的相关规定，对拟上市企业税收优惠政策到期后是否能够继续享受优惠进行专业判断并发表明确意见：①如果很可能获得相关税收优惠批复，按优惠税率预提预缴经税务部门同意，可暂按优惠税率预提并做风险提示，并说明如果未来被追缴税款，是否有大股东承诺补偿；同时，发行人应在招股说明书中披露税收优惠不确定性风险。②如果获得相关税收优惠批复的可能性较小，需按照谨慎性原则按正常税率预提，未来根据实际的税收优惠批复情况进行相应调整。

外商投资企业经营期限未满 10 年转为内资企业的，按税法规定，需在转为内资企业当期，补缴之前已享受的外商投资企业所得税优惠。补缴所得税费用系因企业由外资企业转为内资企业的行为造成，属于该行为的成本费用，应全额计入补缴当期，不应追溯调整至实际享受优惠期间。

此外，因税务违法违规，税务部门要求发行人补缴税款、缴纳罚款、滞纳金等，原则上应计入缴纳当期。

6. 部分首发企业在合并中识别并确认无形资产，以及对外购买客户资源或客户关系等事项，实务中应注意哪些方面？

答：对于无形资产的确认，应符合《企业会计准则第 6 号——无形资产》的相关规定。根据《企业会计准则第 6 号——无形资产》，符合无形资产的可辨认性应源自合同性权利或其他法定权利，并且只有在与该无形资产有关的经济利益很可能流入企业，该无形资产的成本能够可靠地计量时，才能确认无形资产；企业在判断无形资产产生的经济利益是否很可能流入时，应当对无形资产在预计使用寿命内可能存在的各种经济因素作出合理估计，并且应当有明确证据支持。

对于非同一控制下企业合并中无形资产的识别与确认，根据证监会发布的《2013 年上市公司年报会计监管报告》的有关要求，购买方在初始确认企业合并中购入的被购买方资产时，应充分识别被购买方拥有的、但在其财务报表中未确认的无形资产，对于满足会计准则规定确认条件的，应当确认为无形资产。

在上述企业合并确认无形资产的过程中，发行人应保持专业谨慎，充分论证是否存在确凿的证据、合理的理由以及可计量、可确认的条件，评估师应能够按照公认可靠的估值方法评估确认其公允价值，不存在其他相反的证据。保荐机构和申报会计师应保持应有的职业谨慎，详细核查发行人确认的无形资产是否符合准则规定的确认条件和计量要求，是否存在虚构无形资产情形，是否存在估值风险和减值风险。

对于客户资源或客户关系，只有在合同或其他法定权利支持，确保企业在较长时期内获得稳定收益且能够核算价值的情况下，才能确认为无形资产。如果企业无法控制客户关系、人力资源等带来的未来经济利益，则不符合无形资产的定义，不应将其确认为无形资产。发行人在开拓市场过程中支付的正常营销费用，或仅从出售方购买了相关客户资料，而客户并未与上述出售方签订独家或长期买卖合同，即在没有明确合同或其他法定权利支持的情况下，“客户资源”或“客户关系”通常被理解为发行人为获取客户渠道发生的费用。若发行人确认为无形资产，应详细说明确认的依据，是否符合无形资产的确认条件，针对上述事项保荐机构及会计师应谨慎发表意见。

7. 部分首发企业由客户提供或指定原材料供应，生产加工后向客户销售；部分首发企业向加工商提供原材料，加工后再予以购回。在实务中，前述业务是按照受托加工或委托加工业务，还是按照独立购销业务处理，如何区分？

答：通常来讲，委托加工是指由委托方提供原材料和主要材料，受托方按照委托方的要求制造货物并收取加工费和代垫部分辅助材料加工的业务。从形式上看，双方一般签订委托加工合同，合同价款表现为加工费，且加工费与受托方持有的主要材料价格变动无关。

实务中，发行人由客户提供或指定原材料供应，或向加工商提供原材料，加工后予以购回，应根据其交易业务实质区别于受托 / 委托加工业务进行会计处理。两者区别主要体现在以下方面：

（1）双方签订合同的属性类别，合同中的主要条款，如价款确定基础和定价方式、物料转移风险归属的具体规定；

（2）生产加工方是否完全或主要承担了原材料生产加工中的保管和灭失、价格波动等风险；

（3）生产加工方是否具备对最终产品的完整销售定价权；

（4）生产加工方是否承担了最终产品销售对应账款的信用风险；

（5）生产加工方对原材料加工的复杂程度，加工物料在形态、功能等方面变化程度等。

对于由发行人将原材料提供给加工商之后，加工商仅进行简单的加工工序，物料的形态和功用方面并没有发生本质性的变化，并且发行人向加工商提供的原材料的销售价格由发行人确定，加工商不承担原材料价格波动的风险。对于此类交易，通常按照委托加工业务处理，发行人按照原材料销售和回购的差额确认加工费，对于提供给加工商的原材料不应确认销售收入。

由客户提供或指定供应商的原材料采购价格由双方协商确定，且与市场价格基本一致，购买和销售业务相对独立，双方约定所有权转移条款，公司对存货进行后续管理和核算，该客户没有保留原材料的继续管理权，产品销售时，公司与客户签订销售合同，销售价格包括主要材料、辅料、加工费、利润在内的全额销售价格。对于此类交易，通常应当遵循“实质重于形式”的原则认定是否为购销业务处理，从而确定是以全额法确认加工后成品的销售收入，还是仅将加工费确认为销售收入。

8. 中国影视产业分为影视制片、发行、院线、影院放映等主要环节。影视制作机构依托前端行业提供的各要素投资生产并提供国产电影片源，或者进口影片专营商向境外电影制作、发行机构获取进口电影片源；电影发行机构获得片源后向合作院线供片；院线对旗下连锁电影院进行统一排片；影院负责安排电影放映，最终为消费者提供观影服务。部分从事院线发行、放映业务的首发企业存在票房分账收入确认、放映业务成本归集核算方法不一致的问题，造成同行业企业收入、毛利率等关键财务数据和指标不可比，影响到财务会计信息的可用性，对于上述情况应如何把握?

答：从收入分配来看，目前以票房收入为主要收入来源的盈利模式造成产业链各个环节的主要收入均为票房分账收入。在核心业务环节，我国电影产业各个环节的业务流程与收入流分配呈现相反的顺序。影院通过放映服务从消费者率先取得票房收入，在扣除国家电影事业发展专项资金及与院线约定的适用流转税和附加后，定期或者按照单部影片，由影院作为分账的起始环节，按照产业链各业务环节由下至上进行票房分账。

（1）发行业务收入确认（包括电影发行及院线发行）

境内发行方一般采用代理发行的方式从事影视发行业务，实质上仅作为制片方和影院之间的中介，未承担影片制作的拍摄审核风险，也不承担放映影片票房惨淡而导致的潜在损失，而且发行方提供服务时，影院清楚的知道影视作品质量责任、版权价格（票价）主要取决于制片方，发行方仅提供市场营销、排期供片等服务，尤其是院线发行环节，其只提供“供片渠道”管理服务，因此采用代理发行方式实施发行的，通常采用净额法核算。

（2）放映业务收入确认

从放映方与发行方签订协议条款和业务模式来看，放映方虽未买断播映权，没有承担对存货（电影）全部的后果和责任，但是基于其在放映服务中承担主要责任人的角色，通常采用总额法确认收入。

（3）放映业务成本归集范围

将影院租金、放映设备折旧与租入固定资产改良摊销、放映直接人力成本等归集列入“营业成本”还是“管理费用”“销售费用”会影响“毛利”“毛利率”指标的可比性。考虑到招股说明书披露规则、年报披露规则中均有要求披露和分析“毛利率”这一重要的财务指标，电影院租金、放映设备折旧与租入固定资产改良摊销、放映直接人力成本，通常被确认为“营业成本”。

发行人应当根据上述业务的实质准确披露相关会计处理方法及依据，保荐机构及会计师应当审慎核查并发表专业意见。

9. 部分首发企业投资性房地产采用公允价值模式进行后续计量，导致报告期各年均确认大额投资性房地产公允价值变动收益，投资性房地产账面价值占总资产的比例很大，对于上述事项的相关信息披露要求有哪些？

答：发行人投资性房地产的确认、计量及披露应符合《企业会计准则第 3 号——投资性房地产》的相关规定，如发行人论证其投资性房地产符合采用公允价值模式进行后续计量条件的，可以按照公允价值模式对投资性房地产进行后续计量。会计师需对发行人是否符合上述条件进行核查并发表明确意见。

鉴于目前A股同类上市公司普遍以成本模式对投资性房地产进行计量，计价模式不同导致报表列报存在较大差异，并可能影响投资者价值判断。其差异对经营成果的影响主要表现在两方面：一是公允价值模式下投资性房地产不需计提折旧（或摊销），从而少计成本；二是公允价值模式下投资性房地产应以资产负债表日的公允价值计量，通常会确认公允价值变动收益，该部分收益在相关投资性房地产出售或处置前，相应公允价值变动收益非现实实现（产生现金流入或形成收款权利）。因此，发行人应在招股说明书中充分披露以下事项：

一是发行人投资性房地产采用公允价值模式计量与采用成本模式计量的具体差异，披露按成本模式下模拟测算的财务数据，在招股说明书的“重大事项提示”及“风险因素”中就投资性房地产采用公允价值计量导致的公允价值变动风险及与同行业上市公司财务数据不具可比性的情况进行充分风险揭示。

二是分析披露近几年国内投资性房地产价格持续上涨趋势的特殊性及可持续性，在招股说明书的“重大事项提示”及“风险因素”中就公允价值变动收益占比较大对未来分红的影响进行充分风险提示。

三是要求发行人承诺上市后后续持续披露选用的会计政策对上市公司利润的影响。

四是要求评估师说明其选用的评估方法、评估值的确定依据等是否符合评估准则等规定。

五是发行人在对投资性房地产采用收益现值法进行评估时，应合理确定房地产收益口径，不能笼统地以合同收入全额认定为房产租赁类收入，根据《资产评估准则——不动产》第二十六条的规定，评估师运用收益法评估不动产时，应当了解不动产未来收益是不动产本身带来的收益；即在预计房地产未来收益时，应合理剔除附加经营管理活动所产生的相关收益，明确将物业本身直接带来的纯租金收入作为测算的归集标准。发行人若认为难以依据合同直接划分房产租赁类收入和经营管理收入的，应对相关收入进行合理拆分，并详细论证拆分的依据。

保荐机构及会计师应对上述事项进行核查并发表意见。

10. 企业合并过程中，对于合并各方是否在同一控制权下认定需要重点关注的内容有哪些？

答：（1）发行人企业合并行为应按照《企业会计准则第 20 号——企业合并》相关规定进行处理。其中，同一控制下的企业合并，参与合并的企业在合并前后均受同一方或相同的多方最终控制且该控制并非暂时性的。

根据《〈企业会计准则第 20 号——企业合并〉应用指南》的解释，“同一方”是指对参与合并的企业在合并前后均实施最终控制的投资者。“相同的多方”通常是指根据投资者之间的协议约定，在对被投资单位的生产经营决策行使表决权时发表一致意见的两个或两个以上的投资者。“控制并非暂时性”是指参与合并的各方在合并前后较长的时间内受同一方或相同的多方最终控制。较长的时间通常指一年以上（含一年）。

（2）根据《企业会计准则实施问题专家工作组意见第 1 期》解释，通常情况下，同一控制下的企业合并是指发生在同一企业集团内部企业之间的合并。除此之外，一般不作为同一控制下的企业合并。

（3）在对参与合并企业在合并前控制权归属认定中，如存在委托持股、代持股份、协议控制（VIE 模式）等，发行人、中介机构应提供与控制权实际归属相关的充分事实证据和依据。在审核中，对委托持股、代持股份、协议控制（VIE 模式）等控制权归属特殊认定相关事项的真实性、证据依据充分性等予以重点关注。

11.《首次公开发行股票并上市管理办法》要求发行人近 3 年主营业务没有发生重大变化；《首次公开发行股票并在创业板上市管理办法》要求发行人近 2 年主营业务未发生重大变化。首发企业为谋取外延式发展，在报告期内发生业务重组行为，如何界定主营业务是否发生重大变化？

答：发行人在报告期内发生业务重组，要依据被重组业务与发行人是否受同一控制分别进行判断。如为同一控制下业务重组，应按照《证券期货法律适用意见第 3 号》相关要求进行判断和处理；如为非同一控制下业务重组，通常包括收购被重组方股权或经营性资产、以被重组方股权或经营性资产对发行人进行增资、吸收合并被重组方等行为方式，发行人、中介机构可关注以下因素：

（1）重组新增业务与发行人重组前的业务是否具有高度相关性，如同一行业、类似技术产品、上下游产业链等；

（2）业务重组行为发生后，发行人实际控制人对公司控制权掌控能力的影响；

（3）被合并方占发行人重组前资产总额、资产净额、营业收入或利润总额的比例，业务重组行为对发行人主营业务变化的影响程度等。

实务中，通常按以下原则判断非同一控制下业务重组行为是否会引起发行人主营业务发生重大变化：

（1）对于重组新增业务与发行人重组前业务具有高度相关性的，被重组方重组前一个会计年度末的资产总额、资产净额或前一个会计年度的营业收入或利润总额，达到或超过重组前发行人相应项目的100%，则视为发行人主营业务发生重大变化；

（2）对于重组新增业务与发行人重组前业务不具有高度相关性的，被重组方重组前一个会计年度末的资产总额、资产净额或前一个会计年度的营业收入或利润总额，达到或超过重组前发行人相应项目的50%，则视为发行人主营业务发生重大变化。

对主营业务发生重大变化的，应遵守《首次公开发行股票并上市管理办法》《首次公开发行股票并在创业板上市管理办法》的规定，符合相关运行时间要求。

对于重组新增业务与发行人重组前业务具有高度相关性的，被重组方重组前一个会计年度末的资产总额、资产净额或前一个会计年度的营业收入或利润总额达到或超过重组前发行人相应项目50%，但不超过100%的，通常不视为发行人主营业务发生重大变化，但为了便于投资者了解重组后的整体运营情况，原则上发行人重组后运行满12个月后方可申请发行。

12个月内发生多次重组行为的，重组对发行人资产总额、资产净额、营业收入或利润总额的影响应累计计算。

对于发行人报告期内发生的业务重组行为，应在招股说明书中披露发行人业务重组的原因、合理性以及重组后的整合情况，并披露被收购企业收购前一年的财务报表。保荐机构应当充分关注发行人业务重组的合理性、资产的交付和过户情况、交易当事人的承诺情况、盈利预测或业绩对赌情况、人员整合、公司治理运行情况、重组业务的最新发展状况等。

12. 首发企业在发审会前存在报告期经营业绩下滑情形的，日常监管中如何把握相关情况对其持续盈利能力的影响？

答：首发企业在报告期内出现持续业绩下滑或大幅业绩下滑的，可能对企业持续经营能力和投资者利益有重大影响。根据《首发公开发行股票并上市管理办法》《首次公开发行股票并在创业板上市管理办法》，保荐机构应对业绩下滑是否构成对首发企业持续盈利能力的重大不利影响进行重点关注，核查下滑程度、下滑性质以及下滑持续情况等方面。

持续业绩下滑是指在报告期（三年一期）的经营业绩逐年（期）下滑，或者最近一年一期的经营业绩较前一年（期）下滑的情形。"经营业绩"以扣除非经常性损益合计数前后孰低的净利润为计算依据。

（1）属于持续业绩下滑，且最近一期业绩较前期高值下滑 50% 以上的，一般认定存在对持续经营能力构成重大不利影响的情形；

（2）属于持续业绩下滑，但最近一期业绩较前期高值下滑在 30% ~ 50% 的，发行人应按经营业绩下滑专项信息披露要求做好披露工作，保荐机构、申报会计师应就经营业绩下滑是否对持续盈利能力构成重大不利影响发表专项核查意见，并在审核中予以重点关注；

（3）属于持续业绩下滑，但最近一期业绩较前期高值下滑少于 30% 的，发行人应按经营业绩下滑专项信息披露要求做好披露工作。

大幅业绩下滑是指在报告期内其中一年（期）业绩较之前年（期）的高值下滑超过 50%，且不属于持续业绩下滑的情形。

（1）对于最近一期发生大幅业绩下滑，且下一期业绩无明显改善，一般认定存在对持续经营能力构成重大不利影响的情形；

（2）对于报告期内曾发生大幅业绩下滑，最近一期或最近一年（期）业绩回升的，分情形予以处理：①最近一期业绩回升后，已经达到前期高值的 50%（即以从最近一期业绩看，不再属于大幅业绩下滑）时，发行人应按经营业绩下滑专项信息披露要求做好披露工作；②最近一期业绩回升，未达到前期高值 50% 的（即以最近一期业绩看，仍不属于大幅业绩下滑），发行人应按经营业绩下滑专项信息披露要求做好披露工作，保荐机构、申报会计师应就经营业绩下滑是否对持续盈利能力构成重大不利影响发表专项核查意见，并在审核中予以重点关注。

对于发行人认为自身属于强周期行业，发行人应结合所处行业过去若干年内出现的波动情况，分析披露该行业是否具备强周期特征；比较说明发行人收入、利润变动情况与行业可比上市公司情况是否基本一致；说明行业景气指数在未来能够改善，行业不存在严重产能过剩或整体持续衰退。结合上述要求，保荐机构应对发行人属于强周期行业的依据是否充分发表专项核查意见。满足以上条件的，其业绩下滑可不认定为对持续盈利能力构成重大不利影响的情形。

经营业绩下滑专项信息披露和核查的具体要求如下：

（1）发行人应充分说明核心业务、经营环境、主要指标是否发生重大不利变化，业绩下滑程度与行业变化趋势是否一致或背离，发行人的经营业务和业绩水准是否仍处于正常状态，并在重大事项提示中披露主要经营状况与财务信息，以及下一报告期业绩预告情况，同时充分揭示业绩变动或下滑的风险及其对持续盈利能力的影响。

（2）保荐机构、申报会计师需要就经营业绩下滑是否对持续盈利能力构成重大不利影响发表专项核查意见，详细分析发行人业绩变动的原因及合理性，明确说明业绩预计的基础及依据，核查发行人的经营与财务状况是否正常，报表项目有无异常变化，是否存在影响发行条件的重大不利影响因素，出具明确的结论性意见。

13. 部分首发企业客户集中度较高，如单一大客户销售收入或毛利占比超过 50%，该种情形是否影响发行条件？

答：发行人来自单一大客户主营业务收入或毛利贡献占比超过 50% 的，原则上应认定为对该单一大客户存在重大依赖，在发行条件判断上，应重点关注客户的稳定性和业务持续性，是否存在重大不确定性风险。

对于非因行业特殊性、行业普遍性导致客户集中度偏高的，保荐机构在执业过程中，应充分考虑该单一大客户是否为关联方或者存在重大不确定性客户；该集中是否可能招致对其未来持续盈利能力存在重大不确定性的重大疑虑，进而影响是否符合发行条件的判断，特别是在扣除该等客户集中的经营业绩后发行人是否仍然符合发行条件。

对于发行人由于下游客户的行业分布集中而导致的客户集中具备合理性的特殊行业，如电力、电网、电信、石油、银行、军工等行业，发行人应与同行业可比上市公司进行比较，充分说明客户集中是否符合行业特性，发行人与客户的合作关系是否具有一定的历史基础，有充分的证据表明发行人采用公开、公平的手段或方式独立获取业务，相关的业务具有稳定性以及可持续性，并予以充分的信息披露。

针对因上述特殊行业分布或行业产业链关系导致发行人客户集中情况，中介机构应当综合分析考量以下因素的影响：一是发行人客户集中的原因，与行业经营特点是否一致，是否存在下游较为分散而发行人自身客户较为集中的情况及其合理性；二是发行人在行业中的地位、透明度及经营状况，是否存在重大不确定性风险；三是发行人与客户合作的历史、业务稳定性及可持续性，相关交易的定价原则及公允性；四是发行人与重大客户是否存在关联关系，发行人的业务获取方式是否影响独立性，发行人是否具备独立面向市场获取业务的能力。

保荐机构如发表意见认为发行人客户集中不影响发行条件的，应当提供充分的依据说明上述客户本身不存在重大不确定性，发行人已与其建立长期稳定的合作关系，客户集中具有行业普遍性，发行人在客户稳定性与业务持续性方面没有重大风险。发行人应在招股说明书中披露上述情况，充分揭示客户集中度较高可能带来的风险。

14.《首次公开发行股票并上市管理办法》（以下简称“首发办法”）第三十条第四款规定，发行人不得有“最近一个会计年度的净利润主要来自合并报表范围以外的投资收益”，若首发企业存在最近一个会计年度投资收益占净利润的比例较高的情形，上述事项是否影响发行条件？

答：首发办法对发行人持续盈利能力条件中，要求发行人不得有“最近一个会计年度的净利润主要来自合并报表范围以外的投资收益”的情形，通常是指发行人最近一个会计年度的投资收益不超过当期合并报表净利润的50%。

对该款限制性要求的把握，不仅关注发行人来自合并财务报表范围以外的投资收益对盈利贡献程度，还关注发行人纳入合并报表范围以内主体状况、合并财务报表范围以外投资对象业务内容以及招股说明书相关信息披露等情况。

如发行人能够同时满足以下三个条件，则最近一个会计年度投资收益占净利润比例较高情况不构成影响发行人持续盈利能力条件的情形：

一是发行人如减除合并财务报表范围以外的对外投资及投资收益，仍须符合发行条件要求，包括具有完整产供销体系，资产完整并独立运营，具有持续盈利能力，如不含相关投资收益仍符合首发财务指标条件。

二是被投资企业主营业务与发行人主营业务须具有高度相关性，如同一行业、类似技术产品、上下游关联产业等，不存在大规模非主业投资情况。

三是需充分披露相关投资的基本情况及对发行人的影响。发行人如存在合并报表范围以外的投资收益占比较高情况，应在招股说明书风险因素中充分披露相关风险特征，同时，在管理层讨论和分析中披露以下内容：

（1）被投资企业的业务内容、经营状况，发行人与被投资企业所处行业的关系，发行人对被投资企业生产经营状况的可控性和判断力等相关信息；

（2）发行人对被投资企业投资过程、与被投资企业控股股东合作历史、未来合作预期、合作模式是否属于行业惯例、被投资企业分红政策等；

（3）被投资企业非经常性损益情况及对发行人投资收益构成的影响，该影响数是否已作为发行人的非经常性损益计算；

（4）其他重要信息。

15. 对于发行人是否具有可持续盈利能力，中介机构应当从哪几个方面判断？

答：如发行人存在以下情形，中介机构应重点关注该情形是否影响发行人持续盈利能力：

（1）发行人所处行业受国家政策限制或国际贸易条件影响存在重大不

利变化风险；

（2）发行人所处行业出现周期性衰退、产能过剩、市场容量骤减、增长停滞等情况；

（3）发行人所处行业准入门槛低、竞争激烈，相比竞争者发行人在技术、资金、规模效应方面等不具有明显优势；

（4）发行人所处行业上下游供求关系发生重大变化，导致原材料采购价格或产品售价出现重大不利变化；

（5）发行人因业务转型的负面影响导致营业收入、毛利率、成本费用及盈利水平出现重大不利变化，且最近一期经营业绩尚未出现明显好转趋势；

（6）发行人重要客户本身发生重大不利变化，进而对发行人业务的稳定性和持续性产生重大不利影响；

（7）发行人由于工艺过时或产品落后等原因导致市场占有率持续下降、重要资产或主要生产线出现重大减值风险；

（8）发行人多项业务数据和财务指标呈现恶化趋势，短期内没有好转迹象；

（9）对发行人业务经营或收入实现有重大影响的商标、专利、专有技术以及特许经营权等重要资产或技术存在重大纠纷或诉讼，已经或者未来将对发行人财务状况或经营成果产生重大影响。

中介机构应综合判断和评估上述情形的影响程度，对发行人是否具有持续盈利能力审慎发表核查意见。

16.《首次公开发行股票并上市管理办法》和《首次公开发行股票并在创业板上市管理办法》均对发行人内部控制有效性提出要求，首发企业报告期有关财务内控有效性方面应如何把握？

答：部分首发企业申报上市前存在财务内控不规范情形，如为满足贷款银行受托支付要求，通过供应商等取得银行贷款或为客户提供银行贷款资金走账通道（简称“转贷”行为）；为获得银行融资，向关联方或供应商开具无真实交易背景的商业票据，进行票据贴现后获得银行融资；与关联方或第三方直接进行资金拆借；因外销业务结算需要，通过关联方或第三方代收货款等（内销业务应自主独立结算）。保荐机构上市辅导期间，应要求发行人按照现行法规、规则、制度要求对涉及问题进行整改，强化发行人内部控制的有效性。具体要求可从以下方面把握：

一是首发企业申请上市成为公众公司，需要建立、完善并严格实施相关财务内部控制制度，保护中小投资者合法权益。拟上市公司在报告期内作为非公众公司，在财务内控方面存在上述不规范情形的，要在申报前，通过中介机构上市辅导完成整改（如收回资金等措施）和相关内控制度建设，达到与上市公司要求一致的财务内控水平。整改完毕且按规定运行一定时间并确认内控执行持续有效后，发行人方可向证监会递交首发申请。首次申报审计截止日后，发行人原则上不能再出现上述内控不规范和不能有效执行情形。

二是对首次申报审计截止日前报告期内存在的上述内控不规范情形，应根据有关情形发生的原因及性质、发生的频率、金额大小等因素综合判断是否对发行条件（《首次公开发行股票并上市管理办法》第十七条和《首次公开发行股票并在创业板上市管理办法》第十八条）构成影响。若发生下列情形之一，则认定为对发行条件构成影响：

（1）发行人主观故意或恶意违规行为导致的，或该情形被相关主管机构认定为属于重大违法行为；

（2）不规范情形涉及金额较大，首次申报审计基准日前 12 个月该情形仍在持续；

（3）不规范情形不构成金额较大，但报告各期内，该不规范情形发生较为频繁且缺乏合理性，首次申报审计基准日前 6 个月该情形仍在持续。

上述金额较大是指报告期内转贷金额或开具无真实交易背景的商业票据融资金额或非经营性资金占用金额累计分别在 5000 万元以上或占发行人最近一期经审计净资产 10% 以上。外销业务确有必要通过关联方或第三方代收货款且能够充分提供合理性证据的，最近一年收款金额原则上不应超过当年营业收入的 30%。

如发行人申报前的报告期内存在前述转贷、不规范票据融资及银行借款受托支付、非经营性资金往来、关联方或第三方代收货款等情形，中介机构一般需核查以下方面：

一是发行人前述行为信息披露充分性，如对相关交易形成原因、资金流向和用途、利息、违反有关法律法规具体情况及后果、后续可能影响的承担机制、整改措施、相关内控建立及运行情况等；二是关注前述行为的合法合规性，由中介机构对公司前述行为违反法律法规（如《票据法》《贷款通则》《外汇管理条例》等）的事实情况进行说明认定，是否存在被处罚情形或风险，是否满足相关发行条件的要求，如存在违反法律法规情形需由相关主管机构出具是否属于重大违法行为说明等；三是关注发行人对前述行为财务核算是否真实、准确，与相关方资金往来的实际流向和使用情况，是否通过体外资金循环粉饰业绩；四是不规范行为的整改措施，发行人是否已通过收回资金、改进制度、加强内控等方式积极整改，是否已针对性建立内控制度并有效执行，且申报后未发生新的不合规非经营性资金往来等行为；五是前述行为不存在后续影响，已排除或不存在重大风险隐患。

同时，中介机构应根据上述核查要求明确发表结论性意见，确保发行人的财务内控在申报后能够持续符合规范性要求，不存在影响发行条件的情形。

17. 部分首发企业，特别是面对个人交易的零售业务企业、农业企业等，由于其行业特点或经营模式等原因，其销售或采购环节存在一定比例的现金交易，对此应当如何处理？

答：企业在正常经营活动中发生的现金销售或现金采购，通常情况下应考虑是否同时符合以下条件：①现金交易情形符合行业经营特点或经营模式（如线下商业零售、向农户采购、日常零散产品销售或采购支出等）；②现金交易的客户或供应商不是关联方；③现金交易具有可验证性，且不影响发行人内部控制有效性，申报会计师已对现金交易相关内部控制有效性发表明确核查意见；④现金交易比例整体呈下降趋势，一般不超过同行业平均水平或与类似公司不存在重大差异；⑤现金管理制度与业务模式匹配且执行有效，其中，企业与个人消费者发生的商业零售、门票服务等现金收入通常能够在当日或次日缴存公司开户银行，企业与单位机构发生的现金交易比重在最近一期通常不高于当期收入或当期采购成本的10%。

符合上述要求的现金交易通常不影响相关发行条件。

如发行人报告期存在现金交易，保荐机构及申报会计师通常应关注并核查以下方面：①现金交易的必要性与合理性，是否与发行人业务情况或行业惯例相符，与同行业或类似公司的比较情况；②现金交易的客户或供应商的情况，是否为发行人的关联方；③相关收入确认及成本核算的原则与依据，是否存在体外循环或虚构业务情形；④与现金交易相关的内部控制制度的完备性、合理性与执行有效性；⑤现金交易流水的发生与相关业务发生是否真实一致，是否存在异常分布；⑥实际控制人及发行人董监高等关联方是否与客户或供应商存在资金往来；⑦发行人为减少现金交易所采取的改进措施及进展情况；⑧发行人是否已在招股说明书中充分披露上述情况及风险。

结合上述要求，中介机构应详细说明对发行人现金交易可验证性及相关内控有效性的核查方法、过程与证据，对发行人报告期现金交易的真实性、合理性和必要性明确发表意见。

18. 首发企业收到的销售回款通常是来自签订经济合同的往来客户，实务中，发行人可能存在部分销售回款由第三方代客户支付的情形，对于上述情形是否影响发行条件，发行人、保荐机构及会计师需要重点关注哪些方面？

答：第三方回款通常是指发行人收到的销售回款的支付方（如银行汇款的汇款方、银行承兑汇票或商业承兑汇票的出票方式或背书转让方）与签订经济合同的往来客户不一致的情况。如客户为个体工商户或自然人，其通过家庭约定由直系亲属代为支付货款，经中介机构核查无异常的，可不作为第三方回款统计。

企业在正常经营活动中存在的第三方回款，通常情况下应考虑是否符合以下条件：①与自身经营模式相关，符合行业经营特点，具有必要性和合理性，例如集团统一付款或境外客户指定付款等；②第三方回款的付款方不是关联方；③第三方回款具有可验证性，且不影响内部控制有效性，申报会计师已对第三方回款相关内部控制有效性发表明确核查意见；④第三方回款比例报告期整体呈下降趋势，且最近一期通常不高于当期收入的

5%。

符合上述要求的第三方回款通常不影响相关发行条件。

如发行人报告期存在第三方回款，保荐机构及会计师通常应重点核查以下方面：①第三方回款的真实性，是否存在虚构交易或调节账龄情形；②第三方回款形成收入占营业收入的比例；③第三方回款的原因、必要性及商业合理性；④发行人及其实际控制人、董监高或其他关联方与第三方回款的支付方是否存在关联关系或其他利益安排；⑤境外销售涉及境外第三方的，其代付行为的商业合理性或合法合规性；⑥报告期内是否存在因第三方回款导致的货款归属纠纷；⑦如签订合同时已明确约定由其他第三方代购买方付款，该交易安排是否具有合理原因。

同时，保荐机构及会计师还应当针对营业收入实际付款人和合同签订方不一致的情形开展进一步核查工作，包括但不限于从上述不一致的明细中选取样本，以及从发行人银行对账单中抽样选取相关回款记录，追查至相关业务合同、银行对账单及资金流水凭证，取得报告期存在第三方代付款行为的客户名单及代付款确认依据，以核实委托付款的真实性、代付金额的准确性及付款方和委托方之间的关系，合同签约方和付款方存在不一致情形的原因及第三方回款统计明细记录的完整性，并对第三方回款所对应营业收入的真实性发表明确核查意见。

通过上述措施能够证实第三方回款不影响销售真实性的，发行人应在招股说明书营业收入部分充分披露第三方回款相关情况及中介机构的核查意见。

19. 部分首发企业在报告期内存在会计政策、会计估计变更或会计差错更正，该种情况是否影响企业首发上市申请?

答：发行人在申报前的上市辅导和规范阶段，如发现存在不规范或不谨慎的会计处理事项并进行审计调整的，应当符合《企业会计准则第 28 号——会计政策、会计估计变更和会计差错更正》和相关审计准则的规定，并保证发行人提交首发申请时的申报财务报表能够公允地反映发行人的财务状况、经营成果和现金流量。申报会计师应按要求对发行人编制的申报财务报表与原始财务报表的差异比较表出具审核报告并说明差异调整原因，保荐机构应核查差异调整的合理性与合规性。

同时，报告期内发行人会计政策和会计估计应保持一致性，不得随意变更，若有变更应符合企业会计准则的规定。变更时，保荐机构及会计师应关注是否有充分、合理的证据表明变更的合理性，并说明变更会计政策或会计估计后，能够提供更可靠、更相关的会计信息的理由；对会计政策、会计估计的变更，应履行必要的审批程序。如无充分、合理的证据表明会计政策或会计估计变更的合理性，或者未经批准擅自变更会计政策或会计估计的，或者连续、反复地自行变更会计政策或会计估计的，视为滥用会计政策或会计估计。

首发材料申报后，发行人如存在会计政策、会计估计变更事项，应当依据《企业会计准则第 28 号——会计政策、会计估计变更和会计差错更正》的规定，对首次提交的财务报告进行审计调整或补充披露，相关变更事项应符合专业审慎原则，与同行业上市公司不存在重大差异，不存在影响发行人会计基础工作规范性及内控有效性情形。保荐机构和申报会计师应当充分说明专业判断的依据，对相关调整变更事项的合规性发表明确的核查意见。在此基础上，发行人应提交更新后的财务报告。

首发材料申报后，发行人如出现会计差错更正事项，应充分考虑差错更正的原因、性质、重要性与累积影响程度。对此，保荐机构、申报会计师应重点核查以下方面并明确发表意见：会计差错更正的时间和范围，是否反映发行人存在故意遗漏或虚构交易、事项或者其他重要信息，滥用会计政策或者会计估计，操纵、伪造或篡改编制财务报表所依据的会计记录等情形；差错更正对发行人的影响程度，是否符合《企业会计准则第 28 号——会计政策、会计估计变更和会计差错更正》的规定，发行人是否存在会计基础工作薄弱和内控缺失，相关更正信息是否已恰当披露等问题。

如发行人同一会计年度内因会计基础薄弱、内控不完善、必要的原始资料无法取得、审计疏漏等原因，导致会计差错更正累积净利润影响数达到当年净利润的 20% 以上（如为中期报表差错更正则以上一年度净利润为比较基准）或净资产影响数达到当年（期）末净资产的 20% 以上，以及滥用会计政策或者会计估计以及因恶意隐瞒或舞弊行为导致重大会计差错更正的，应视为发行人在会计基础工作规范方面不符合发行条件。

发行人应在招股说明书中披露重要会计政策、会计估计变更或会计差错更正情形及其原因。

20. 公开披露的文件中涉及第三方数据有何要求？

答：第三方数据主要指涉及发行人及其交易对手之外的第三方相关交易信息，例如发行人的交易对手与其客户或供应商之间的交易单价及数量、可比公司或可比业务财务数据等。

考虑到第三方数据一般较难获取并具有一定隐私性，发行人及中介机构在公开披露的文件中引用的第三方数据可以限于公开信息，并注明资料来源，一般不要求披露未公开的第三方数据。

中介机构应当核查第三方数据来源的真实性及权威性、引用数据的必要性及完整性、与其他披露信息是否存在不一致，确保直接或间接引用的第三方数据有充分、客观、独立的依据。

21. 关于首发企业经销商模式下的收入确认，发行人及中介机构应关注哪些方面？

答：发行人采取经销商销售模式的，中介机构应重点关注其收入实现的真实性，详细核查经销商具体业务模式及采取经销商模式的必要性，经销商模式下收入确认是否符合企业会计准则的规定，经销商选取标准，日常管理，定价机制（包括营销、运输费用承担和补贴等），物流（是否直接发货给终端客户），退换货机制，销售存货信息系统等方面的内控是否健全并有效执行，经销商是否与发行人存在关联关系，对经销商的信用政策是否合理等。

发行人应就经销商模式的相关情况进行充分披露，主要包括经销商和发行人是否存在实质和潜在关联关系；发行人同行业可比上市公司采用经销商模式的情况；发行人通过经销商模式实现的销售比例和毛利是否显著大于同行业可比上市公司；经销商是否专门销售发行人产品；经销商的终端销售及期末存货情况；报告期内经销商是否存在较多新增与退出情况；经销商是否存在大量个人等非法人实体；经销商回款是否存在大量现金和

第三方回款。

出现下述情况时，发行人应充分披露相关情况：发行人通过经销商模式实现的销售毛利率和其他销售模式实现的毛利率的差异较大；给予经销商的信用政策显著宽松于其他销售方式，对经销商的应收账款显著增大；海外经销商毛利率与国内经销商毛利率差异较大。

保荐机构、律师和申报会计师应对经销商业务进行充分核查，并说明发行人经销商销售模式、占比等情况与同行业上市公司是否存在显著差异及原因，对经销商业务的核查比例、核查证据应足以支持核查结论。

保荐机构、律师及会计师应当综合利用电话访谈、实地走访、发询证函等多种核查方法，核查发行人报告期内经销商模式下的收入确认原则、费用承担原则及给经销商的补贴或返利情况、经销商的主体资格及资信能力，核查关联关系，结合经销商模式检查与发行人的交易记录及银行流水记录、经销商存货进销存情况、经销商退换货情况。保荐人、律师和申报会计师应对经销商模式下收入的真实性发表明确核查意见。

22. 首发企业劳务外包情形，中介机构需重点关注哪些方面内容？

答：部分首发企业存在将较多的劳务活动交由专门劳务外包公司实施的情况的，中介机构应当充分关注以下方面：

（1）该等劳务公司的经营合法合规性，比如是否具备必要的专业资质，是否遵循国家环保、税务、劳动保障等法律法规的相关规定；

（2）劳务公司是否专门或主要为发行人服务，如存在主要为发行人服务的情形的，应关注其合理性和必要性以及关联关系的认定及披露是否真实、准确、完整。中介机构对于该类情形应当从实质重于形式角度按关联方的相关要求进行核查，并特别考虑其按规范运行的经营成果对发行人财务数据的影响，以及对发行人是否符合发行条件的影响；

（3）劳务公司的构成及变动情况，劳务外包合同的主要内容，劳务数量及费用变动是否与发行人经营业绩相匹配，劳务费用定价是否公允，是否存在跨期核算情形。

中介机构应当就上述方面进行充分论证，并发表专项核查意见。

23. 首发企业应该何时提交经审阅的季度报告？

答：根据《关于首次公开发行股票并上市招股说明书财务报告审计截止日主要财务信息及经营状况信息披露指引》(中国证监会公告〔2013〕45号)(以下简称“45号文”)的规定，申请首次公开发行股票并上市的公司(以下简称“发行人”)在刊登招股说明书时，应充分披露财务报告审计截止日后的财务信息及主要经营状况。发行人财务报告审计截止日至招股说明书签署之间超过1个月的，应在招股说明书中披露审计截止日后的主要经营状况。发行人财务报告审计截止日至招股说明书签署之间超过4个月的，应补充提供期间季度的未经审计的财务报表，并在招股说明书披露审计截止日后的主要财务信息。

审核实践中，对于发行人财务报告审计截止曰至招股说明书签署之间超过4个月的，发行人应在提交封卷材料时提供经会计师审阅的季度报告，审阅报告的内容应符合45号文的具体要求。在此之前，根据审核需要，也可要求发行人提供审阅报告。

24. 首发企业在通过发审会后经营业绩出现下滑的，在程序上是否推进其核准发行，日常监管中如何把握？

答：部分已通过发审会的发行人最近一期经营业绩或预计下一报告期经营业绩与上年同期相比，出现不同程度的下滑。考虑到企业业绩波动受经济周期、行业周期以及自身经营等多种因素的影响，本着实事求是、分类处理、充分信息披露及风险揭示的原则，根据业绩下滑的幅度与性质，结合《关于首次公开发行股票并上市公司招股说明书财务报告审计截止日后主要财务信息及经营状况信息披露指引》(证监会公告〔2013〕45号，以下简称“及时性指引”)的相关要求，予以分类处理，具体如下：

1. 下滑幅度不超过30%的

过会后的最近一期经营业绩与上年同期相比下滑幅度不超过30%，且预计下一报告期业绩数据下滑幅度也不超过30%的，发行人需提供最近一期至下一报告期乃至全年主要经营状况及财务数据的专项分析报告，充分说明发行人的核心业务、经营环境、主要指标是否发生重大不利变化，业绩下滑程度与行业变化趋势是否一致或背离，发行人的经营业务和业绩水准是否仍处于正常状态，并按照及时性指引的要求在重大事项提示中披露主要经营状况与财务信息，以及下一报告期（指经审计或审阅财务报表截止日后）业绩预告情况，同时充分揭示业绩变动或下滑风险；保荐机构需对上述情况及发行人经营业绩变化趋势、持续盈利能力出具专项核查意见，详细分析发行人业绩变动的原因及合理性，明确说明业绩预计的基础及依据，核查发行人的经营与财务状况是否正常，报表项目有无异常变化，是否存在影响发行条件的重大不利影响因素，出具明确的结论性意见。

在过会企业提交上述补充材料后，在招股说明书种充分信息披露、保荐机构核查无重大不利变化且发行人仍符合发行条件的基础上，将按照相关程序安排后续核准发行工作。该类企业发行上市后，如发现发行人关于上述业绩变动的信息披露及保荐机构核查意见存在虚假记载、误导性陈述或重大遗漏的，我会将视情节轻重，依据相关法律、法规、规章予以严肃查处。

2. 下滑幅度超过 30% 的

过会后的最近一期经营业绩与上年同期相比下滑幅度超过 30%，或预计下一报告期业绩数据下滑幅度将超过 30% 的，基于谨慎稳妥原则，暂不予安排核准发行事项。后续将根据该类企业补充更新的财务数据情况或变化程度，比照“下滑幅度不超过 30%”情形或按照会后事项要求予以处理。

过会后的“最近一期”可以是中期（一季度、半年度、三季度），也可以是新增补的会计年度；“经营业绩”以扣除非经常性损益合计数前后孰低的净利润为财务数据的计算依据；“财务数据”应为已审计报告期财务数据、按照及时性指引要求经审阅季度财务数据。

25. 首发企业在通过发审会后，与上会稿招股说明书相比，封卷稿招股说明书一般有哪些变动修改或补充披露事项？

答：相对上会稿招股说明书，封卷稿招股说明书一般有以下变动修改或补充披露事项：

（1）落实《关于请做好相关项目发审委会议准备工作的函》的相关要

求，涉及修改招股说明书的事项。

（2）根据发审会意见，修改招股说明书的相关信息。

（3）根据《关于首次公开发行股票并上市公司招股说明书财务报告审计截止日后主要财务信息及经营状况信息披露指引》，补充披露审计截止日后有关财务信息及经营状况（如经审阅的季度报告相关财务信息、下一报告期业绩预告等），并做相应重大事项提示。

（4）招股说明书上会稿中引用的财务数据过期，更新最近一期经审计的财务数据及相关信息。

（5）按照《首次公开发行股票并上市管理办法》《首次公开发行股票并在创业板上市管理办法》《公开发行证券的公司信息披露内容与格式准则第 1 号——招股说明书》《公开发行证券的公司信息披露内容与格式准则第 28 号——创业板公司招股说明书》等，发行人发审会后新增需要披露的事项，如新增重大合同、专利、业务资质、董监高任（兼）职等信息变动等。

（6）根据发行方案，调整募集资金数额及投向、补充本次发行情况。

（7）其他情形。

发行人封卷材料应包括《招股说明书封卷稿与上会稿差异比较说明》，主要内容包括招股说明书封卷稿与上会稿相比存在变动或修改的章节、内容、原因等；确认除上述差异外，不存在擅自修改招股说明书的情况。保荐机构应对涉及修改招股说明书的事项进行核查并发表意见。

26. 首发企业在审期间现金分红、分派股票股利或资本公积转增股本的，应如何处理？

答：从首发在审企业提出现金分红方案的时间上看，可以分为两类：一类是初次申报时就已提出了现金分红方案；另一类是在审期间提出现金分红方案。对于第一类首发企业，原则上要求发行人现金分红实际派发完毕后方可上发审会。对于第二类情形，即发行人初次申报时披露“本次公开发行前的未分配利润由发行完成后的新老股东共享”，但在审核期间又提出向现有老股东现金分红的，按如下原则处理：

（1）发行人如拟现金分红的，应依据公司章程和相关监管要求，充分论证现金分红的必要性和恰当性，以最近一期经审计的财务数据为基础，测算和确定与发行人财务状况相匹配的现金分红方案，并履行相关决策程序。如存在大额分红并可能对财务状况和新老股东利益产生重大影响的，发行人应谨慎决策。

（2）发行人的现金分红应实际派发完毕并相应更新申报材料后再安排发审会。

（3）已通过发审会的企业，基于审核效率考虑，原则上不应提出新的现金分红方案。

（4）保荐机构应对发行人在审核期间进行现金分红的必要性、合理性、合规性进行专项核查，就实施现金分红对发行人财务状况、生产运营的影响进行分析并发表核查意见。

在新股发行常态化背景下，审核周期已大幅缩短，为保证正常审核进度，发行人在审期间原则上不应提出分派股票股利或资本公积转增股本的方案，避免因股本变动影响发行审核秩序。

第五章

股份公司成立及规范运作

第一节　创立大会

一、设立股份有限公司的条件

根据《公司法》的规定，设立股份有限公司应当具备以下条件：

（1）发起人符合法定人数。应当有 2 人以上 200 人以下为发起人，其中须有半数以上的发起人在中国境内有住所。

（2）有符合公司章程规定的全体发起人认购的股本总额或者募集的实收股本总额，法律、行政法规以及国务院决定对股份有限公司注册资本实缴、注册资本最低限额另有规定的，从其规定。

（3）股份发行、筹办事项符合法律规定。发起人必须依照规定申报文件，承担公司筹办事务。

（4）发起人制订公司章程，采用募集设立的经创立大会通过。发起人应根据《公司法》《上市公司章程指引》的要求制定章程草案。

（5）公司有名称，并建立符合股份有限公司要求的组织机构。拟设立的股份有限公司应当依照工商登记的要求确定公司名称，并建立股东大会、董事会、监事会和经理等组织机构。

（6）有公司住所。

二、发起方式、设立股份有限公司的程序

（1）主发起人拟订设立股份有限公司方案，确定设立方式、发起人数量、注册资本和股本规模、业务范围、邀请发起人等；

（2）对拟出资资产进行资产评估或审计；

（3）签订发起人协议书，明确各自在公司设立过程中的权利和义务；

（4）发起人制订公司章程；

（5）由全体发起人指定的代表或者共同委托的代理人向公司登记机关申请名称预先核准；

（6）法律、行政法规或者国务院决定规定设立公司必须报经批准，或者公司经营范围中属于法律、行政法规或者国务院决定规定在登记前须经批准的项目的，以公司登记机关核准的公司名称报送批准，履行有关报批手续；

（7）发起人按公司章程规定缴纳出资，并依法办理以非货币性财产出资的财产权的转移手续；

（8）聘请具有证券从业资格的会计师事务所验资并取得验资报告；

（9）选举董事会和监事会，由董事会向公司登记机关报送公司章程以及法律、行政法规规定的其他文件，申请设立登记。

发行股份的股款缴足后，发起人应当自股款缴足之日起30日内主持召开公司创立大会，审议发起人关于公司筹办情况的报告，通过公司章程，选举董事会成员，选举监事会成员，对公司的设立费用进行审核，对发起人用于抵作股款的财产的作价进行审核，发生不可抗力或者经营条件发生重大变化直接影响公司设立的，可以做出不设立公司的决议。

董事会应于创立大会结束后30日内，向公司登记机关报送公司登记申请书，创立大会的会议决议、会议记录，发起人协议、公司章程，验资证明，法定代表人、董事、监事的任职文件及其身份证明，发起人的法人资格证明或者自然人身份证明，公司住所证明，国务院证券监督管理机构的核准文件等，申请设立登记。

三、创立大会的筹备

1. 进行评估和审计

企业与中介机构一起协商确定改制基准日，由具有证券从业资格的评估师对企业进行评估；同时由具有证券从业资格的会计师对企业进行审计（包括单体和合并）。

2. 发起人出资

如公司仅以全部净资产进行折股改制，则由公司原股东共同签署发起人协议书，由具有证券从业资格的会计师事务所验资，并出具验资报告（如涉及未分配利润转增股本或资本公积金，即按前述办理自然人个人所得税的缴纳或缓增备案工作）。

如公司整体改制的同时吸收新的股东增加注册资本时，企业应当设立验资账户，新股东在签署发起人协议后，应立即缴纳全部货币出资，以实物、知识产权或者土地使用权等非货币资产出资的，应当依法办理其财产权的转移手续。出资完毕后，由具有证券从业资格的会计师事务所验资，并出具验资报告。

3. 制作创立大会通知及相关议案

创立大会由发起人组成，公司董事会应当在创立大会召开 15 日前将会议日期及各项议案通知各发起人。

议案的文本由律师事务所为公司起草，包括但不限于《股份有限公司设立工作报告》《股份有限公司章程》《关于成立股份有限公司的议案》《关于股份有限公司设立费用的报告》《关于股份有限公司聘请财务审计机构及常年法律顾问的议案》《关于对发起人用于抵作股款的财产作价情况进行审核的议案》《关于选举第一届董事会董事的议案》《关于选举独立董事的议案》《关于选举第一届监事会股东代表监事的议案》以及公司规范运作所需的各项制度，包括但不限于《股份有限公司股东大会议事规则》《股份有限公司关联交易决策制度》《股份有限公司监事会议事规则》《股份有限公司董事会议事规则》以及《股份有限公司独立董事制度》等。

此外，召开创立大会所需的各项程序性文件也均由律师事务所指导公司董事会规范起草，包括但不限于会议通知、会议签到册、授权委托书、会议表决票等文件。

四、创立大会及第一届董事会、监事会会议的召开

股款缴足后，发起人应当在 30 日内主持召开公司创立大会。创立大会应审议通过如下决议：

（1）审议发起人关于公司筹办情况的报告；

（2）通过公司章程；

（3）选举董事会成员；

（4）选举监事会成员；

（5）对公司的设立费用进行审核；

（6）对发起人用于抵作股款的财产的作价进行审核；

（7）聘请财务审计机构及常年法律顾问；

（8）通过相关公司治理制度。

创立大会对前款所列事项做出决议，必须经出席会议的认股人所持表决权的半数以上通过。

董事会、监事会成员（职工代表监事不低于监事总人数的1/3，需要召开职工代表大会选举产生）产生后就可召开股份公司第一届董事会会议、第一届监事会会议，从而产生董事长、董事会秘书、监事会主席、公司总经理等高级管理人员。相关的会议文件均由律师事务所指导公司董事会规范起草。

创立大会的召开及第一届董事会和监事会的召开，使公司的内控制度得以完善，同时也为公司上市拉开了序幕。

第二节　公司治理

一、公司法人治理结构规范性的基本要求

拟上市公司改制设立股份有限公司，应当建立股东大会、董事会、监事会（以下简称“三会”），董事会下设战略委员会、审计委员会、薪酬与考核委员会以及提名委员会（拟上创业板的公司可不用建立该委员会），董事会中应当有不少于1/3的独立董事。企业应当真正落实“三会”的职能，每年根据章程规定召开股东大会、董事会、监事会，有重大事项需要决策，依据章程召开临时会议，真正发挥“三会”的作用。独立董事应当独立发表意见，不受其他股东的影响，真正发挥对董事会的监督作用。股东大会、董事会、监事会的决议、会议记录都应规范而完整。

拟上市企业改制设立股份有限公司，还应当制定《股东大会议事规则》《董事会议事规则》《监事会议事规则》《总经理工作细则》《独立董事工作制度》《董事会秘书工作制度》《关联交易决策制度》《内部审计制度》《控股子公司管理制度》《董事会审计委员会实施细则》《董事会提名委员会实施细则》《董事会薪酬与考核委员会实施细则》《董事会战略委员会实施细则》《防范控股股东及关联方占用公司资金制度》《对外担保制度》《内部控制制度》《重大投资管理办法》《募集资金管理办法》《信息披露管理办法》《重大信息内部报告制度》《董监高持有公司股份变动管理制度》等内部管理制度。

二、股东大会的职责

（1）决定公司的经营方针和投资计划。

（2）选举和更换非由职工代表担任的董事、监事，决定有关董事、监事的报酬事项。

（3）审议批准董事会的报告。

（4）审议批准监事会的报告。

（5）审议批准公司的年度财务预算方案、决算方案。

（6）审议批准公司的利润分配方案和弥补亏损方案。

（7）对公司增加或者减少注册资本作出决议。

（8）对发行公司债券作出决议。

（9）对公司合并、分立、解散、清算或者变更公司形式作出决议。

（10）修改本章程。

（11）对公司聘用、解聘会计师事务所作出决议。

（12）审议批准以下担保事项：公司及公司控股子公司的对外担保总额，达到或超过最近一期经审计净资产的 50% 以后提供的任何担保；公司的对外担保总额，达到或超过最近一期经审计总资产的 30% 以后提供的任何担保；为资产负债率超过 70% 的担保对象提供的担保；单笔担保额超过最近一期经审计净资产 10% 的担保；连续 12 个月内担保金额超过公司最近一期经审计总资产的 30%；连续 12 个月内担保金额超过公司最近一期经审计净资产的 50%且绝对金额超过 5000 万元人民币；对股东、实际控制人及其关联人提供的担保；法律法规、监管机构、深交所或公司章程规定的其他担保情形。

（13）审议公司在一年内购买、出售重大资产超过公司最近一期经审计总资产 30% 的事项。

（14）审议批准变更募集资金用途事项。

（15）审议股权激励计划。

（16）审议法律、行政法规、部门规章或公司章程规定应当由股东大会决定的其他事项。

三、股份有限公司董事会的职责

董事会对股东大会负责，行使下列职权：

（1）召集股东大会，并向股东大会报告工作。

（2）执行股东大会的决议。

（3）决定公司的经营计划和投资方案。

（4）制订公司的年度财务预算方案、决算方案。

（5）制订公司的利润分配方案和弥补亏损方案。

（6）制订公司增加或者减少注册资本、发行债券或其他证券及上市方案。

（7）拟订公司重大收购、收购本公司股票或者合并、分立、解散及变更公司形式的方案。

（8）在股东大会授权范围内，决定公司对外投资、收购、出售资产、资产抵押、对外担保事项、委托理财、关联交易等事项。

（9）决定公司内部管理机构的设置。

（10）聘任或者解聘公司总经理、董事会秘书；根据总经理的提名，聘任或者解聘公司副总经理、财务负责人总监等高级管理人员，并决定其报酬事项和奖惩事项。

（11）制订公司的基本管理制度。

（12）制订公司章程的修改方案。

（13）管理公司信息披露事项。

（14）向股东大会提请聘请或更换为公司审计的会计师事务所。

（15）听取公司总经理的工作汇报并检查经理的工作。

（16）法律、行政法规、部门规章或公司章程授予的其他职权。

四、股份有限公司董事的产生

股份有限公司设董事会，其成员为 5 ~ 19 人。董事会成员中可以有公司职工代表。董事会中的职工代表由公司职工通过职工代表大会、职工大会或者其他形式民主选举产生。

董事任期由公司章程规定，但每届任期不得超过 3 年。董事任期届满，连选可以连任。

董事任期届满未及时改选，或者董事在任期内辞职导致董事会成员低于法定人数的，在改选出的董事就任前，原董事仍应当依照法律、行政法规和公司章程的规定，履行董事职务。

董事会设董事长1人，可以设副董事长。董事长和副董事长由董事会以全体董事的过半数选举产生。

五、董事会运作的注意事项

（1）公司应在公司章程中规定规范的董事会议事规则，确保董事会高效运作和科学决策。

（2）董事会应定期召开会议，并根据需要及时召开临时会议。董事会会议应有事先拟定的议题。

（3）公司董事会会议应严格按照规定的程序进行。董事会应按规定的时间事先通知所有董事，并提供足够的资料，包括会议议题的相关背景材料和有助于董事理解公司业务进展的信息和数据。当2名或2名以上独立董事认为资料不充分或论证不明确时，可联名以书面形式向董事会提出延期召开董事会会议或延期审议该事项，董事会应予以采纳。

（4）董事会会议记录应完整、真实。董事会秘书对会议所议事项要认真组织记录和整理。出席会议的董事、董事会秘书和记录人应在会议记录上签名。董事会会议记录应作为公司重要档案妥善保存，以作为日后明确董事责任的重要依据。

（5）董事会授权董事长在董事会闭会期间行使董事会部分职权的，应在公司章程中明确规定授权原则和授权内容，授权内容应当明确、具体。凡涉及公司重大利益的事项应由董事会集体决策。

（6）董事与董事会会议决议事项所涉及的企业有关联关系的，不得对该项决议行使表决权，也不得代表其他董事行使表决权。该董事会会议由过半数的无关联关系董事出席即可举行，董事会会议所作决议须经无关联关系董事过半数通过。出席董事会的无关联关系董事人数不足3人的，应将该事项提交公司股东大会审议。

六、独立董事的职责和权利

为充分发挥独立董事的作用，独立董事除了应当具有《公司法》和其他相关法律法规赋予董事的职权外，上市公司还应当赋予独立董事以下特别职权：

（1）重大关联交易应由独立董事认可后，提交董事会讨论；独立董事作出判断前，可以聘请中介机构出具独立财务顾问报告，作为其判断的依据。

（2）向董事会提议聘用或解聘会计师事务所。

（3）向董事会提请召开临时股东大会。

（4）提议召开董事会会议。

（5）独立聘请外部审计机构或咨询机构。

（6）可以在股东大会召开前公开向股东征集投票权。

独立董事除了履行上述职责外，还应当对以下事项向董事会或股东大会发表独立意见：

（1）提名、任免董事。

（2）聘请或解聘高级管理人员。

（3）公司董事、高级管理人员的薪酬。

（4）上市公司的股东、实际控制人及其关联企业对上市公司现有或新发生的总额高于300万元或高于上市公司最近经审计净资产值的5%的借款或其他资金往来，以及公司是否采取有效措施回收欠款。

（5）独立董事认为可能损害中小股东权益的事项。

（6）上市公司管理层、员工收购本公司时，收购要约条件是否公平合理、收购可能对公司产生的影响等事项。

（7）公司章程规定的其他事项。

案例5-1 “独董不独”影响过会

某公司聘请了上海国家会计学院教务部主管、中心主任为独立董事。根据2010年12月财政部发布的《关于规范财政部工作人员在企业兼职行为的暂行办法》，财政部副处级以上干部均不可在外兼职或担任独立董事职务，已担任的要求在发文起两个月内辞职。该办法适用于财政部及其所属单位。上海国家会计学院是财政部下属事业单位，该独立董事职务在“副处级以上”。因此，该独立董事任职资格存在疑问。该公司最终未能过会。

独立董事资质上所反映出的问题，一定程度上体现了保荐人辅导工作未尽职。

七、董事会秘书

在企业改制上市过程中，董事会秘书主要负责企业与中介机构、政府部门和监管部门之间的沟通协调，是中小企业改制上市过程中的关键角色。董事会秘书既可以从企业内部培养选拔，也可以外部聘请职业经理人，两种方式各有利弊。从内部培养的董事会秘书，熟悉企业方方面面的情况，内部沟通协调能力强，但缺乏改制上市经验；“职业”董事会秘书经验丰富，能在短期内将企业改制上市工作带上正轨，但熟悉企业情况则需要较长时间。从薪酬来看，职业“董事会秘书”不仅要求较高的年薪，还会要求一定的股份。中小企业应结合自身人力资源情况、改制上市工作要求等，综合考虑，选择确定董事会秘书人选。

八、董事会秘书的职责

股份公司成立后，董事会秘书由董事长提名，经董事会聘任或解聘。公司董事或者其他高级管理人员可以兼任公司董事会秘书。

董事会秘书对公司和董事会负责，履行如下职责：

（1）负责公司和相关当事人与交易所及其他证券监管机构之间的及时沟通和联络，保证交易所可以随时与其取得工作联系。

（2）负责处理公司信息披露事务，督促公司制定并执行信息披露管理制度和重大信息的内部报告制度，促使公司和相关当事人依法履行信息披露义务，并按规定向交易所办理定期报告和临时报告的披露工作。

（3）协调公司与投资者关系，接待投资者来访，回答投资者咨询，向投资者提供公司披露的资料。

（4）按照法定程序筹备董事会会议和股东大会，准备和提交拟审议的董事会和股东大会的文件。

（5）参加董事会会议，制作会议记录并签字。

（6）负责与公司信息披露有关的保密工作，制订保密措施，促使公司董事会全体成员及相关知情人在有关信息正式披露前保守秘密，并在内幕信息泄露时，及时采取补救措施并向交易所报告。

（7）负责保管公司股东名册、董事名册、控股股东及董事、监事、高级管理人员持有公司股票的资料，以及董事会、股东大会的会议文件和会议记录等。

（8）协助董事、监事和高级管理人员了解信息披露相关法律、行政法规、部门规章、交易所其他规定和公司章程，以及上市协议对其设定的责任。

（9）促使董事会依法行使职权；在董事会拟做出的决议违反法律、行政法规、部门规章、交易所其他规定和公司章程时，应当提醒与会董事，并提请列席会议的监事就此发表意见；如果董事会坚持做出上述决议，董事会秘书应将有关监事和其个人的意见记载于会议记录上，并立即向交易所报告。

（10）《公司法》和交易所要求履行的其他职责。

九、股份有限公司监事会运作的注意事项

股份有限公司监事会每6个月至少召开一次会议。监事可以提议召开临时监事会会议。监事会的议事方式和表决程序，应按照《公司法》和公司章程确定。监事会决议应当经半数以上监事通过。监事会应当将所议事项的决定做成会议记录，出席会议的监事应当在会议记录上签名。

第三节　规范运作

近年来，中国证监会陆续出台法规，明确提出规范运作是新股发行和再融资的重要条件。中小企业改制设立股份公司，迈出了通往资本市场的第一步。从这时起，务必树立“规范运作”的理念，除了要改正、解决曾经存在的不规范问题外，在日常运作中，更应切实贯彻落实现代企业管理制度，股东大会、董事会、监事会严格履行各自职能、相互监督，董事长、总经理、财务总监各司其职、相互配合，严格执行现代化企业管理制度，避免出现“新瓶装旧酒”的情况。

一、拟上市企业规范运作的基本要求

拟上市企业要按照相关法律法规对上市公司的要求规范运作，主要包括：

（1）完善股东大会、董事会、监事会、独立董事和董事会秘书制度，形成权力机构、决策机构、监督机构与经理层之间权责分明、各司其职、有效制衡、科学决策、协调运作的法人治理结构。

（2）股东大会要认真行使法定职权，严格遵守表决事项和表决程序的有关规定，科学民主决策，维护上市公司和股东的合法权益。

（3）董事会要对全体股东负责，严格按照法律和公司章程的规定履行职责，把好决策关，加强对公司经理层的激励、监督和约束。要设立以独立董事为主的审计委员会、薪酬与考核委员会并充分发挥其作用。公司全体董事必须勤勉尽责，依法行使职权。创业板上市公司董事会下必须设审计委员会，并进一步强化独立董事、控股股东和实际控制人的责任。

（4）监事会要认真发挥好对董事会和经理层的监督作用。

（5）经理层要严格执行股东大会和董事会的决定，不断提高公司管理水平和经营业绩。

二、控股股东需要规范的行为

（1）对公司及其他股东负有诚信义务。控股股东对其所控股的公司应严格依法行使出资人的权利，控股股东不得利用资产重组等方式损害公司和其他股东的合法权益，不得利用其特殊地位谋取额外的利益。

（2）严格按规定的条件和程序提名董事、监事候选人。控股股东提名的董事、监事候选人应具备相关专业知识和决策、监督能力。控股股东不得对股东大会人事选举决议和董事会人事聘任决议履行任何批准手续；不得越过股东大会、董事会任免上市公司的高级管理人员。

（3）公司重大决策应由股东大会和董事会依法做出。控股股东不得直接或间接干预公司的决策及依法开展的生产经营活动，损害公司及其他股东的权益。

三、税收优惠政策对发行上市的影响

根据国务院令第628号《中华人民共和国税收征收管理法实施细则》

（2012年修订）的规定，与国家税收法律、行政法规相抵触，或未经过国家法律法规明确授权由地方政府自行制定的地方性税收法规和地方政府规章，不能作为公司享受税收优惠的依据。

一般来说，如果企业享受的税收优惠政策是地方“土政策”，与现行税收征管法律法规不相符合，在发行上市过程中会产生以下问题：

（1）影响公司财务指标。越权审批或无正式批准文件的税收返还和减免，应计入非经常性损益。如果拟上市企业规模较小，利润额也不大，扣除这部分非经常性损益后，是否能够达到《首次公开发行股票并上市管理办法》或《首次公开发行股票并在创业板上市管理办法（2015年修订）》规定的财务指标要求可能会存在疑问。

（2）影响股票发行价格。企业计算发行价格和发行市盈率时，每股收益要按发行前一年经会计师事务所审计的、扣除非经常性损益前后孰低的净利润除以发行后总股本计算。企业如果存在不符合国家规定的税收减免或返还，将会影响到股票的发行价格。

（3）在实践中，对于不符合国家税法规定的或者违反国家税法的地方性税收优惠政策存在可能被追缴（包括滞纳金）风险的，企业除提供省级税务部门的确认文件并由律师出具法律意见外，应在招股文件中作可能被追缴税款的风险提示并由实际控制人或发行前的全体老股东承担这种税收追缴风险。

四、企业未为职工办理社会保险和住房公积金对发行上市的影响

根据《首次公开发行股票并上市管理办法》和《首次公开发行股票并在创业板上市管理办法（2015年修订）》的有关规定，企业在最近36个月内不得存在违反工商、税收、土地、环保、海关以及其他法律、行政法规，受到行政处罚，且情节严重的情形。

于2011年7月1日施行的《中华人民共和国社会保险法》《社会保险费征缴暂行条例》以及《住房公积金管理条例》对社会保险和住房公积金的征缴范围、缴纳时间和缴费比例做出了规定，各省、直辖市和自治区政府对社会保险和住房公积金制定了具体的征缴政策。按照上述法律法规及相关政策依法缴纳社会保险和住房公积金是企业规范经营的基本要求。

未能为部分员工缴纳社会保险和公积金的企业，需进行以下工作：

（1）核实和说明未能缴纳的原因；

（2）取得当地社会保险和住房公积金管理部门出具的相关证明文件；

（3）实际控制人承诺，如需补缴则由其承担。

五、3 年行政处罚是否属于重大违法行为的问题

《首次公开发行股票并上市管理办法》第十八条规定："发行人不得有下列情形：……（二）最近 36 个月内违反工商、税收、土地、环保、海关以及其他法律、行政法规，受到行政处罚，且情节严重……"

根据此规定，原则上，"罚款"以上的行政处罚都视为重大违法行为，但行政处罚实施机关依法认定不属于重大违法行为、能够依法做出合理说明的除外。此外，保荐机构将根据处罚实施机关出具的认定，通过尽职调查和独立分析，综合判断发行人是否存在《首次公开发行股票并上市管理办法》第二十五规定的重大违法行为。

此外，还需要注意发行人董事、监事和高级管理人员是否因违反了证券相关法规、交易所相关的规定，在最近 36 个月内受到中国证监会行政处罚，或者最近 12 个月内受到证券交易所公开谴责，从而违反《首发管理办法》第二十三条关于董事、监事、高管任职资格的规定。

案例 5–2　上市前存在行政处罚

A 公司在申请上市前存在以下行政处罚情况：①在未经海关许可并补缴应纳税款的情况下，将保税货物 800 台电机转让国内客户，违反海关监管规定；②在未到海关办理备案手续的情况下，擅自将保税原材料 160 吨交给 B 工厂加工，违反海关监管规定。综上两项，A 公司被处以罚款 300 万元。对此，A 公司积极配合海关调查，及时采取有效措施纠正违规行为。事后，当地海关出具处罚问题说明，认定"公司属于性质不严重的违法、违规行为"。最终未造成严重的危害后果，未对公司的发行申请构成障碍。

六、制定连续稳定的分红政策

2008年10月9日，证监会发布了《关于修改上市公司现金分红若干规定的决定》，规定公司应当在章程中明确现金分红政策，利润分配政策应保持连续性和稳定性。2012年5月4日，证监会又发布了《关于进一步落实上市公司现金分红有关事项的通知》，再次强调随着上市公司的成长和发展，给予投资者合理的投资回报，为投资者提供分享经济增长成果的机会，是上市公司应尽的责任和义务。并将进一步落实上市公司现金分红有关事项通知如下：①上市公司应当进一步强化回报股东的意识，严格依照《公司法》和公司章程的规定，自主决策公司利润分配事项，制定明确的回报规划，充分维护公司股东依法享有的资产收益等权利，不断完善董事会、股东大会对公司利润分配事项的决策程序和机制。②上市公司制定利润分配政策尤其是现金分红政策时，应当履行必要的决策程序。董事会应当就股东回报事宜进行专项研究论证，详细说明规划安排的理由等情况。上市公司应当通过多种渠道充分听取独立董事以及中小股东的意见，做好现金分红事项的信息披露，并在公司章程中载明以下内容：第一，公司董事会、股东大会对利润分配尤其是现金分红事项的决策程序和机制，对既定利润分配政策尤其是现金分红政策做出调整的具体条件、决策程序和机制，以及为充分听取独立董事和中小股东意见所采取的措施。第二，公司的利润分配政策尤其是现金分红政策的具体内容，利润分配的形式，利润分配尤其是现金分红的期间间隔，现金分红的具体条件，发放股票股利的条件，各期现金分红最低金额或比例（如有）等。首次公开发行股票公司应当制定对股东回报的合理规划，对经营利润用于自身发展和回报股东要合理平衡，要重视提高现金分红水平，提升对股东的回报，并且还需合理制定和完善利润分配政策，并按照本通知的要求在公司章程（草案）中载明相关内容。应需注意的是，分红政策经出席股东大会的股东所持表决权的2/3以上通过。因此，企业若计划上市，在改制变更为股份有限公司之时，可在公司章程中按照上述规定制定分红政策。

第六章

证监会审核流程

第一节　中国证监会发行监管部首次公开发行股票审核工作流程

按照依法行政、公开透明、集体决策、分工制衡的要求，首次公开发行股票（以下简称首发）的审核工作流程分为受理、反馈会、见面会、初审会、发审会、封卷、核准发行等主要环节，分别由不同处室负责，相互配合、相互制约。对每一个发行人的审核决定均通过会议以集体讨论的方式提出意见，避免个人决断。

一、基本审核流程图

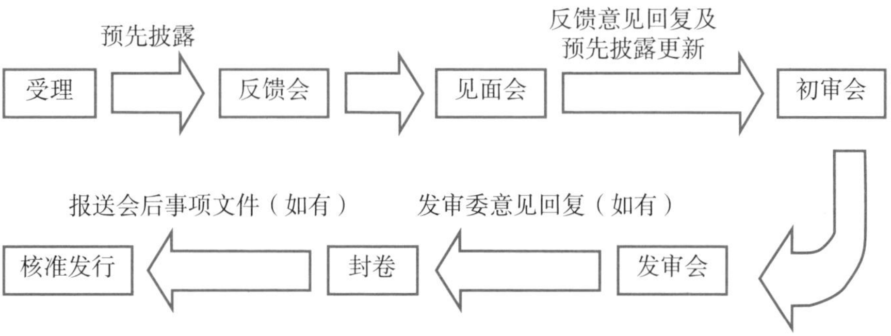

二、首发申请审核主要环节简介

（一）受理和预先披露

中国证监会受理部门根据《中国证券监督管理委员会行政许可实施程序规定》（证监会令第66号，以下简称《行政许可程序规定》）、《首次公开发行股票并上市管理办法》（证监会令第32号）、《首次公开发行股票并在创业板上市管理办法》（证监会令第99号）等规则的要求，依法受理首发申请文件，并按程序转发行监管部。发行监管部在正式受理后即按程序安排预先披露，并将申请文件分发至相关监管处室，相关监管处室根据发行人的行业、公务回避的有关要求以及审核人员的工作量等确定审核人员。主板中小板申请企业需同时送国家发改委征求意见。

（二）反馈会

相关监管处室审核人员审阅发行人申请文件后，从非财务和财务两个角度撰写审核报告，提交反馈会讨论。反馈会主要讨论初步审核中关注的主要问题，确定需要发行人补充披露以及中介机构进一步核查说明的问题。

反馈会按照申请文件受理顺序安排。反馈会由综合处组织并负责记录，参会人员有相关监管处室审核人员和处室负责人等。反馈会后将形成书面意见，履行内部程序后反馈给保荐机构。反馈意见发出前不安排发行人及其中介机构与审核人员沟通。

保荐机构收到反馈意见后，组织发行人及相关中介机构按照要求进行回复。综合处收到反馈意见回复材料进行登记后转相关监管处室。审核人员按要求对申请文件以及回复材料进行审核。

发行人及其中介机构收到反馈意见后，在准备回复材料过程中如有疑问可与审核人员进行沟通，如有必要也可与处室负责人、部门负责人进行沟通。

审核过程中如发生或发现应予披露的事项，发行人及其中介机构应及时报告发行监管部并补充、修改相关材料。初审工作结束后，将形成初审报告（初稿）提交初审会讨论。

（三）见面会

反馈会后按照申请文件受理顺序安排见面会。见面会旨在建立发行人与发行监管部的初步沟通机制，参会人员包括发行人代表、发行监管部相关负责人、相关监管处室负责人等。

（四）预先披露更新

反馈意见已按要求回复、财务资料未过有效期，且需征求意见的相关政府部门无异议的，将安排预先披露更新。对于具备条件的项目，发行监管部将通知保荐机构报送发审会材料和用于更新的预先披露材料，并在收到相关材料后安排预先披露更新，以及按受理顺序安排初审会。

（五）初审会

初审会由审核人员汇报发行人的基本情况、初步审核中发现的主要问题及反馈意见回复情况。初审会由综合处组织并负责记录，发行监管部相关负责人、相关监管处室负责人、审核人员以及发审委委员（按小组）参加。

根据初审会讨论情况，审核人员修改、完善初审报告。初审报告是发行监管部初审工作的总结，履行内部程序后与申请材料一并提交发审会。

初审会讨论决定提交发审会审核的，发行监管部在初审会结束后出具初审报告，并书面告知保荐机构需要进一步说明的事项以及做好上发审会的准备工作。初审会讨论后认为发行人尚有需要进一步披露和说明的重大问题、暂不提交发审会审核的，将再次发出书面反馈意见。

（六）发审会

2017 年 9 月 30 日傍晚，证监会通过官网发布公告，共聘任 63 人为中国证券监督管理委员会第十七届发行审核委员会委员。这 63 名发审委委员中，42 人为专职委员，21 人为兼职委员。随着新股发行常态化的推进，发审委的工作量不断增加，因此，证监会在 2017 年 7 月 7 日修订发布了《中国证券监督管理委员会发行审核委员会办法》，主要涉及将主板发审委和创业板发审委合并、增加委员总数、减少委员任职期限等十个方面的内容。发审委通过召开发审会进行审核工作。发审会以投票方式对首发申请进行表决。根据《中国证券监督管理委员会发行审核委员会办法》规定，发审委会议审核首发申请适用普通程序。发审委委员投票表决采用记名投票方式，会前需撰写工作底稿，会议全程录音。

发审会召开 5 天前中国证监会发布会议公告，公布发审会审核的发行人名单、会议时间、参会发审委委员名单等。首发发审会由审核人员向委员报告审核情况，并就有关问题提供说明，委员发表审核意见，发行人代表和保荐代表人各 2 名到会陈述和接受询问，聆询时间不超过 45 分钟，聆询结束后由委员投票表决。发审会认为发行人有需要进一步披露和说明问题的，形成书面审核意见后告知保荐机构。

保荐机构收到发审委审核意见后，组织发行人及相关中介机构按照要求回复。综合处收到审核意见回复材料后转相关监管处室。审核人员按要求对回复材料进行审核并履行内部程序。

（七）封卷

发行人的首发申请通过发审会审核后，需要进行封卷工作，即将申请文件原件重新归类后存档备查。封卷工作在按要求回复发审委意见后进行。如没有发审委意见需要回复，则在通过发审会审核后即进行封卷。

（八）会后事项

会后事项是指发行人首发申请通过发审会审核后，招股说明书刊登前发生的可能影响本次发行上市及对投资者做出投资决策有重大影响的应予披露的事项。发生会后事项的需履行会后事项程序，发行人及其中介机构应按规定向综合处提交会后事项材料。综合处接收相关材料后转相关监管处室。审核人员按要求及时提出处理意见。需重新提交发审会审核的，按照会后事项相关规定履行内部工作程序。如申请文件没有封卷，则会后事项与封卷可同时进行。

（九）核准发行

核准发行前，发行人及保荐机构应及时报送发行承销方案。

封卷并履行内部程序后，将进行核准批文的下发工作。发行人领取核准发行批文后，无重大会后事项或已履行完会后事项程序的，可按相关规定启动招股说明书刊登工作。

审核程序结束后，发行监管部根据审核情况起草持续监管意见书，书面告知日常监管部门。

三、与发行审核流程相关的其他事项

发行审核过程中，我会将征求发行人注册地省级人民政府是否同意其发行股票的意见，并就发行人募集资金投资项目是否符合国家产业政策和投资管理规定征求国家发改委的意见（限主板和中小板企业）。特殊行业的企业还根据具体情况征求相关主管部门的意见。

为深入贯彻落实国家西部大开发战略、支持西部地区经济社会发展，改进发行审核工作服务水平，充分发挥沪、深两家交易所的服务功能，更好地支持实体经济发展，首发审核工作整体按西部企业优先，均衡安排沪、深交易所拟上市企业审核进度的原则实施。同时，依据上述原则，并结合企业申报材料的完备情况，对具备条件进入后续审核环节的企业按受理顺序顺次安排审核进度计划。

发行审核过程中的终止审查、中止审查和恢复审查按相关规定执行。审核过程中收到举报材料的，依程序处理。

发行审核过程中，将按照对首发企业信息披露质量抽查的相关要求组织抽查。

发行审核过程中遇到现行规则没有明确规定的新情况、新问题，发行监管部将召开专题会议进行研究，并根据内部工作程序提出处理意见和建议。

第二节　中国证监会发行监管部再融资审核工作流程

根据《中华人民共和国证券法》、《中华人民共和国公司法》和国务院《关于开展优先股试点的指导意见》(国发〔2013〕46号)等法律法规的规定，再融资行政许可主要包括公开增发、配股、非公开发行股票、优先股、可转债、分离债、公司债、可交换债、证券公司债等。按照依法行政、公开透明、集体决策、分工制衡的要求，再融资申请的审核工作流程分为受理、反馈会、初审会、发审会、封卷、核准发行等主要环节，分别由不同处室负责，相互配合、相互制约。对每一个发行人的审核决定均通过会议以集体讨论的方式提出意见，避免个人决断。

一、基本审核流程图

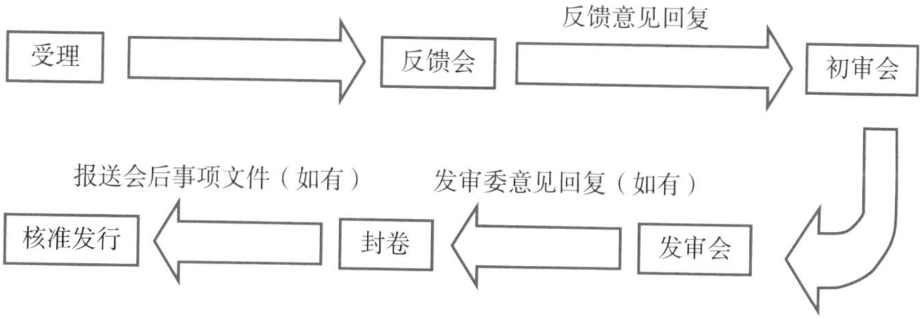

二、再融资申请审核主要环节简介

（一）受理

中国证监会受理部门根据《中国证券监督管理委员会行政许可实施程序规定》(证监会令第66号，以下简称《行政许可程序规定》)、《上市公司证券发行管理办法》(证监会令第30号)、《公司债券发行试点办法》(证监会令第49号)、《优先股试点管理办法》(证监会令第97号)、《创业板上市公司证券发行管理暂行办法》（证监会令第100号）和《上市公司股东发行可交换公司债券试行规定》（证监会公告〔2008〕41号）等规则的要求，依法受理再融资申请文件，并按程序转发行监管部。发行监管部在正式受理后，将申请文件分发至相关监管处室，相关监管处室根据发行人的行业、公务回避的有关要求以及审核人员的工作量等确定审核人员。

（二）反馈会

相关监管处室审核人员审阅发行人申请文件后，从非财务和财务两个角度撰写审核报告，提交反馈会讨论。反馈会主要讨论初步审核中关注的主要问题，确定需要发行人补充披露以及中介机构进一步核查说明的问题。

反馈会按照申请文件受理顺序安排。反馈会由综合处组织并负责记录，参会人员有相关监管处室审核人员和处室负责人等。反馈会后将形成书面意见，履行内部程序后反馈给保荐机构。反馈意见发出前不安排发行人及其中介机构与审核人员沟通。

保荐机构收到反馈意见后，组织发行人及相关中介机构按照要求进行回复。综合处收到反馈意见回复材料进行登记后转相关监管处室。审核人员按要求对申请文件以及回复材料进行审核。

发行人及其中介机构收到反馈意见后，在准备回复材料过程中如有疑问可与审核人员进行沟通，如有必要也可与处室负责人、部门负责人进行沟通。

审核过程中如发生或发现应予披露的事项，发行人及其中介机构应及时报告发行监管部并补充、修改相关材料。初审工作结束后，将形成初审报告（初稿）提交初审会讨论。

（三）初审会

初审会由审核人员汇报发行人的基本情况、初步审核中发现的主要问题及反馈意见回复情况。初审会由综合处组织并负责记录，发行监管部相关负责人、相关监管处室负责人、审核人员以及发审委委员（按小组）参加。

根据初审会讨论情况，审核人员修改、完善初审报告。初审报告是发行监管部初审工作的总结，履行内部程序后与申请材料一并提交发审会。

初审会讨论决定提交发审会审核的，发行监管部在初审会结束后出具初审报告。初审会讨论后认为发行人尚有需要进一步披露和说明的重大问题、暂不提交发审会审核的，将再次发出书面反馈意见。

（四）发审会

每届发审委成立时，均按委员所属专业划分为若干审核小组，按工作量安排各小组依次参加初审会和发审会。各组中委员个人存在需回避事项的，按程序安排其他委员替补。发审委通过召开发审会进行审核工作。发审会以投票方式对证券发行申请进行表决。根据《中国证券监督管理委员会发行审核委员会办法》（以下简称《发审委办法》）规定，发审委会议审核公开发行股票申请和可转换公司债券等中国证监会认可的其他公开发行证券申请适用普通程序，发审委会议审核非公开发行股票申请和中国证监会认可的其他非公开发行证券申请适用特别程序。根据《公司债券发行试点办法》，发审委会议审核公司债券申请适用特别程序。发审委委员投票表决采用记名投票方式，会前需撰写工作底稿，会议全程录音。

根据《发审委办法》规定，发审会适用普通程序的，会议召开 5 天前中国证监会发布会议公告，公布发审会审核的发行人名单、会议时间、参会发审委委员名单等；发审会适用特别程序的，中国证监会不公布发审会审核的发行人名单、会议时间、参会发审委委员名单等。发审会由审核人员向委员报告审核情况，并就有关问题提供说明，委员发表审核意见，发行人代表和保荐代表人各 2 名到会陈述并接受聆讯，发行人聆询时间不超过 45 分钟，聆询结束后由委员投票表决。发审会认为发行人有需要进一步披露和说明问题的，形成书面审核意见后告知保荐机构。

保荐机构收到发审委审核意见后，组织发行人及相关中介机构按照要求回复。综合处收到审核意见回复材料后转相关监管处室。审核人员按要求对回复材料进行审核并履行内部程序。

（五）封卷

发行人的再融资申请通过发审会审核后，需要进行封卷工作，即将申请文件原件重新归类后存档备查。封卷工作在按要求回复发审委意见后进行。如没有发审委意见需要回复，则在通过发审会审核后即进行封卷。

（六）会后事项

会后事项是指发行人再融资申请通过发审会审核后，启动发行前发生的可能影响本次发行上市及对投资者做出投资决策有重大影响的应予披露的事项。发生会后事项的需履行会后事项程序，发行人及其中介机构应按规定向综合处提交会后事项材料。综合处接收相关材料后转相关监管处室。审核人员按要求及时提出处理意见。需重新提交发审会审核的，按照会后事项相关规定履行内部工作程序。如申请文件没有封卷，则会后事项与封卷可同时进行。

（七）核准发行

封卷并履行内部程序后，将进行核准批文的下发工作。发行人领取核准发行批文后，无重大会后事项或已履行完会后事项程序的，可按相关规定启动发行。

审核程序结束后，发行监管部根据审核情况起草持续监管意见书，书面告知日常监管部门。

三、与发行审核流程相关的其他事项

再融资申请审核过程中，涉及国家产业政策、宏观调控等事项的（限主板和中小板企业），我会将征询国务院相关部委的意见。

发行审核过程中的终止审查、中止审查和恢复审查按照相关规定执行。审核过程中收到举报材料的，依程序办理。

发行审核过程中遇到现行规则没有明确规定的新情况、新问题，发行监管部将召开专题会议进行研究，并根据内部工作程序提出处理意见和建议。

第三节　中国证监会公开发行公司债券审核工作流程

根据《证券法》、《公司法》、《公司债券发行与交易管理办法》（证监会令第 113 号，以下简称《管理办法》）和《中国证券监督管理委员会行政许可实施程序规定》（证监会令第 66 号，以下简称《程序规定》）等法律法规的规定，中国证券监督管理委员会（以下简称“中国证监会”）依

法对面向公众投资者和合格投资者公开发行公司债券行政许可申请进行审核。面向公众投资者公开发行公司债券申请，按照《程序规定》的“一般程序”实施行政许可；面向合格投资者公开发行公司债券申请，简化行政许可实施程序。

一、面向公众投资者公开发行公司债券的审核流程

（一）审核流程图

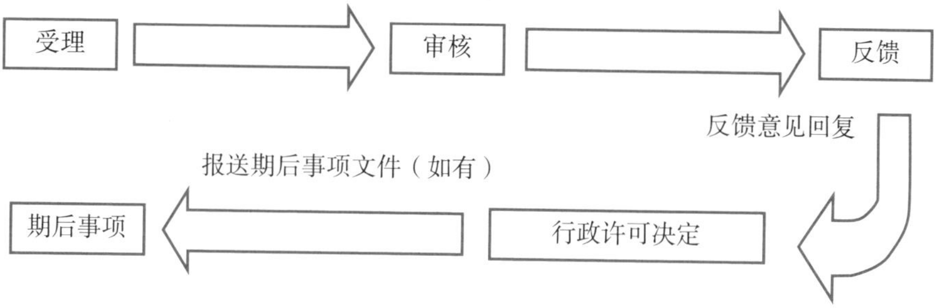

（二）主要审核环节

1. 受理

中国证监会行政许可受理部门根据《程序规定》《管理办法》等要求，接收公司债券发行申请文件，并按程序转公司债券监管部。

公司债券监管部对申请材料进行形式审查。需要发行人补正的，按规定提出补正要求；认为申请材料形式要件齐备，符合受理条件的，通知受理部门做出受理决定；发行人未在规定时间内提交补正材料，或提交的补正材料不符合法定形式的，通知受理部门做出不予受理决定。

2. 审核

申请受理后，公司债券监管部将根据回避要求等确定审核人员。审核人员分别从财务和非财务角度对申报材料进行审核，并适时启动诚信档案查询程序。审核工作遵循双处双审、书面反馈、集体讨论的原则。

3. 反馈

审核人员审阅发行人申请文件，提出初审意见，提交反馈会集体讨论。反馈会主要讨论初步审核中关注的问题、拟反馈意见及其他需要会议讨论的事项，通过集体决策方式确定反馈意见。

原则上反馈会按照申请文件受理时间顺序安排。反馈会后形成书面反馈意见，履行内部程序后转受理部门通知、送达发行人。自申请材料受理至首次反馈意见发出期间为静默期，审核人员不接受发行人来电来访及其他任何形式的沟通交流。

发行人应当在规定时间内向受理部门提交反馈意见回复材料。期间，如有疑问可与审核人员通过电话、邮件、传真、会谈等方式进行沟通。当面会谈沟通的，公司债券监管部应指定两名以上工作人员在办公场所与发行人及其中介机构会谈。

4. 行政许可决定

公司债券监管部召开审核专题会，集体讨论形成审核意见。原则上依据受理时间顺序安排审核专题会。

审核专题会对发行人的基本情况、审核中发现的主要问题以及反馈意见回复情况进行集体讨论，形成公司债券发行申请的审核意见。审核专题会审核意见分为通过、有条件通过和不予通过。对于发行申请材料仍存在尚需进一步落实的重大问题的，公司债券监管部可以按规定再次发出书面反馈意见。

中国证监会履行核准或者不予核准公司债券发行行政许可的签批程序后，审结发文，公司债券监管部及时完成申请文件原件的封卷归档工作。

发行人领取核准发行批文后，无重大期后事项或已履行完期后事项程序的，可按相关规定启动发行。

5. 期后事项

对于发行人和主承销商领取批文后发生重大事项（简称“期后事项”）的，发行人及相关中介机构应按规定向公司债券监管部提交期后事项材料，对该事项是否影响发行条件发表明确意见。

审核人员按要求及时提出处理意见，需提交审核专题会重新审议的，按照相关规定履行内部工作程序。

（三）与审核流程相关的其他事项

公司债券发行申请审核过程中，涉及国家产业政策、宏观调控等事项的，证监会可征询国务院相关部委的意见。

公司债券发行审核过程中的终止审查、中止审查和恢复审查按照《程序规定》的相关规定执行。

二、面向合格投资者公开发行公司债券的审核流程

（一）审核流程图

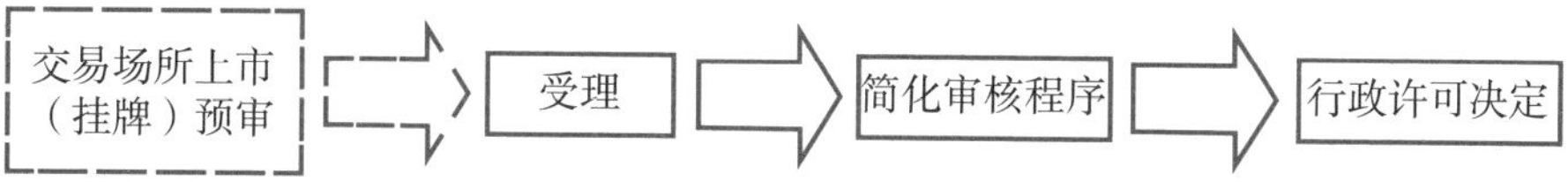

（二）主要审核环节

1. 受理

发行人在交易场所预审同意后正式向中国证监会提交发行申请。按照《程序规定》《管理办法》等要求，中国证监会通过交易场所接收并受理。

2. 简化审核程序

申请受理后，公司债券监管部以交易场所上市（挂牌）审核意见为基础简化核准程序。

3. 行政许可决定

中国证监会履行核准或者不予核准公司债券发行行政许可的签批程序后，审结发文。

发行人到交易场所领取核准发行批文后，无重大事项或已履行完重大事项程序的，可按相关规定启动发行。

（三）与审核流程相关的其他事项

公司债券发行申请审核过程中，涉及国家产业政策、宏观调控等事项的，证监会可征询国务院相关部委的意见。

公司债券发行审核过程中的终止审查、中止审查和恢复审查按照《程序规定》的相关规定执行。

第七章

IPO 审核重点及失败案例

从历年来企业 IPO 审核情况来看，中国证监会根据《首次公开发行股票并上市管理办法》和《首次公开发行股票并在创业板上市管理暂行办法》，对企业的 IPO 申请从主体资格、独立性、规范运行、持续盈利能力、财务与会计、募集资金运用、信息披露七大方面进行审核，而企业上市被否的原因也主要集中在这七个方面。根据以往的上市失败案例及相关资料，我们应该注意到，企业 IPO 申请被证监会否决，并不仅仅是某一重大问题或者单一原因，往往是由多个原因共同所致。同时值得注意的是，证监会的公开否决意见可能仅是众多被否原因的一部分或是最重要的原因之一。

第一节　主体资格

一、要求

（1）发行人历史沿革清晰，应当是依法设立且合法存续的股份公司。

（2）发行人为有限责任公司整体变更为股份公司的，持续时间可从有限公司成立之日起计算满 3 年。

（3）发行人的注册资本已足额缴纳，发起人或者股东用作出资的资产的财产权转移手续已办理完毕，发行人的主要资产不存在重大权属纠纷。

（4）发行人生产经营符合法律、行政法规和公司章程的规定、符合国家产业政策。

（5）发行人最近 3 年内主营业务和董事、高级管理人员没有发生重大变化，实际控制人没有发生变更；创业板要求发行人最近两年内主营业务和董事、高级管理人员均没有发生重大变化，实际控制人没有发生变更。

（6）发行人的股权清晰，控股股东和受控股股东、实际控制人支配的股东持有的发行人股份不存在重大权属纠纷。

二、主要问题及案例

1. 出资瑕疵问题：主要分为出资不实和出资程序瑕疵问题

出资不实的情形有：①出资未能及时到位；②出资资产价值低于认购股本的价值；③出资之后抽逃出资；④出资资产未能及时办理过户手续；⑤股东拿不能用于出资的资产出资；⑥股东拿公司的资产出资等。

出资程序存在瑕疵的情形有：①没有验资报告；②没有评估报告；③出具报告机构不具有执业资格等。

案例 7–1　天虹商场股份有限公司

2008 年 4 月 25 日，在证监会第 65 次发审委工作会议上，天虹商场上市申请遭到否决。公司前身深圳天虹商场有限公司在 1994 年增资时，中航技深圳公司以其拥有产权的中航苑 2 号大厦一至二层（共 5551.42 平方米，扣除一层其他租户占用面积 901.42 平方米外，实际面积为 4650 平方米）从 1994 年 5 月至 2000 年 5 月共 72 个月的房产使用权作价 3840 万元投入。当时《公司法》尚未实施，《中外合资经营企业法》也无此种出资方式。发行申请材料中并没有提供当时的验资报告，在其他材料栏目中，无法证明大股东当时投资的是房屋所有权还是房屋使用权。如果是房屋所有权，则在 1994 年公司延长经营期限时，在公司没有清算分配剩余财产的情况下，大股东无权将该房产的 72 个月使用权作价再向公司增资。因此，根据申请材料无法判断 1994 年大股东向公司增资的合法性。

2010 年 2 月，公司二次上会审核通过，上会前对上述事项的解决方案为：2008 年 9 月 5 日，中航技深圳公司、天虹商场以及天虹商场其他股东签署《协议书》，约定中航技深圳公司在《关于深圳天虹商场有限公司扩大投资之补充合同书》项下应履行的出资金额为人民币 3840 万元，中航技深圳公司以现金方式履行和完成其在该合同项下的出资义务，原出资方式所形成的资产及天虹商场的股权比例和总股本维持不变。中航技深圳公司在 2008 年 9 月 27 日以现金方式一次性向天虹商场支付人民币 3840 万元。

2. 股权结构瑕疵问题

股权结构瑕疵问题主要包括：历史股权转让瑕疵，国有股权转让瑕疵、集体资产产权转让瑕疵、内部员工股权转让瑕疵等问题；公司的股东存在委托持股情况；股权结构分散；等等。

案例 7–2　云南变压器电气股份有限公司

本案例存在国有股权转让不规范的问题。2005 年 9 月，根据昆深改 27 号文精神，认定冷铆厂和 82 名自然人合乎“云南变压的深化改革及国有股转让符合企业属优强企业，享受 1 ：1.2 的优惠政策，一次性付款下浮 20%”。2005 年 9 月，冷铆厂和 82 名自然人股东实际出资 1975.3 万元购买了 2963 万股云南变压，每股价格 0.67 元。冷铆厂为云南变压的发起人之一，是当地国有企业。此后，冷铆厂先后 4 次以 0.67 元 / 股的价格将这些股份转让给云南变压的管理层和员工，最后一次转让是 2007 年 2 月 27 日。2007 年 4 月 7 日，冷铆厂与浙江瑞银东方投资管理有限公司签署股权转让协议，将所持云变电气 300 万股股份转让给浙江瑞银，转让价款 2154 万元，转让价格 7.18 元 / 股。可以看出，在短短 2 个月内，相同股权的转让价格相差 6.51 元或 972%。虽然上述国企改制时管理层持股的价格、数量已经昆明市国资委、云南省国资委确认，但管理层持股价格的公允及合理性受到质疑。

3. 报告期内实际控制人及管理层发生重大变化

报告期内实际控制人及管理层发生的变化包括：实际控制人认定不准确；因股权过于分散、股权结构复杂导致控制权不稳定；控股股东为集体企业可能导致实际控制人不稳定；股东频繁更迭；等等。

案例 7–3　天津三英焊业股份有限公司

三英焊业的第一大股东天津信托持有公司 32.53% 的股份，2008 年 10 月天津信托将其所持的三英焊业股权全部转让给天津国资委控制的华泽集团。天津信托以信托业务为主，华泽集团以实业股权投资为主，两者的性质和经营方针都不同。控股股东变更后，2009 年 1 月两名董事朱树文、卢迅代替因工作变动辞职的李琦、覃西文，上述两名董事进入董事会距离企业上市申请不足 1 年，不符合证监会规定的“发行人最近两年内主营业务和董事、高级管理人员均没有发生重大变化，实际控制人没有发生变更”的要求。

4. 报告期内主营业务发生重大变化

案例 7–4　北京易讯无限信息技术股份有限公司

易讯无限的招股说明书显示，公司主营业务为“移动互联网应用业务”，包括移动电子商务、手机游戏、移动增值服务业务。根据公司的招股书，2007 年、2008 年及 2009 年移动电子商务业务收入分别为 220.53 万元、2265.02 万元和 2098.38 万元；手机游戏业务收入分别为 1098.12 万元、2052.16 万元和 12493.79 万元。2009 年两者合计的营业收入已经占到主营业务收入的 67.9%。而在 2007 年公司的主营业务收入为 8041 万元，移动电子商务业务和手机游戏业务只占 16.40%。不符合创业板对上市公司“最近 3 年内主营业务没有发生重大变化，发行人应当主营业务突出”的要求。

5. 子公司众多且定位不清、控制力有限可能导致主营业务不稳定，主营业务不突出

案例 7–5　宁波摩士集团股份有限公司

公司申报前有 7 家控股子公司和 1 家联营公司，其中盈利能力最强的两家子公司——摩根公司及上海摩士贡献的净利润占比为 37%。包括这两家子公司在内的 4 家子公司的董事长及总经理均为子公司的自然人股东，公司对其控制力有限，未来发展存在不确定性。此外，发行人在与根德国际集团合资设立的子公司盈利一般的情况下（设立 10 年净利润为 110 万元的公司），又与其合资设立了 3 家公司经营轴承业务。这些子公司的功能定位不清晰，历史演变非常复杂。

第二节　独立性

一、要求

1. 资产独立

生产型企业应当具备与生产经营有关的生产系统、辅助生产系统和配套设施，合法拥有与生产经营有关的土地、厂房、机器设备以及商标、专利、非专利技术的所有权或者使用权，具有独立的原料采购和产品销售系统；非生产型企业应当具备与经营有关的业务体系及相关资产。

2. 人员独立

发行人的总经理、副总经理、财务负责人和董事会秘书等高级管理人员不得在控股股东、实际控制人及其控制的其他企业中担任除董事、监事以外的其他职务，不得在控股股东、实际控制人及其控制的其他企业领

薪；发行人的财务人员不得在控股股东、实际控制人及其控制的其他企业中兼职。

3. 财务独立

发行人应当建立独立的财务核算体系，能够独立做出财务决策，具有规范的财务会计制度和对分公司、子公司的财务管理制度；发行人不得与控股股东、实际控制人及其控制的其他企业共用银行账户。

4. 机构独立

发行人应当建立健全内部经营管理机构，独立行使经营管理职权，与控股股东、实际控制人及其控制的其他企业间不得有机构混同的情形。

5. 业务独立

发行人的业务应当独立于控股股东、实际控制人及其控制的其他企业，与控股股东、实际控制人及其控制的其他企业间不得有同业竞争或者显失公平的关联交易。

二、主要问题及案例

独立性问题主要表现为关联交易、同业竞争和资产独立性等方面。

1. 关联交易

案例 7-6　武汉光迅科技股份有限公司

报告期内公司与控股股东及其他关联方在销售货物、采购原材料、租赁房屋、提供劳务、支付代理费和代缴社保统筹费等多个方面存在关联交易，且金额较大，公司独立性存在缺陷。最近 3 年公司向关联方的销售金额分别为 6797 万元、7809 万元、12418 万元，占当年销售总额的比例分别为 39%、35%、30%；公司没有任何土地和房屋产权，所需厂房全部从控股股东租赁取得，本次募投项目实施将继续向控股股东新增租赁厂房。此外，公司进出口业务全部委托控股股东下属的烽火国际进行，公司员工的社保统筹费仍通过控股股东代缴。公司为光电子器件制造商，控股股东控制的烽火通信为通信系统设备制造商，在业务上双方为上下游关系，而烽火通信已经上市，如果公司发行上市，无法完善双方的产业链，也无法解决双方的关联交易。

2. 同业竞争

案例 7–7　沪士电子股份有限公司

沪士电子在 2007 年 1 月上会遭否，原因为公司与间接控股股东楠梓电子在手机板产品上存在同业竞争。2005 年沪士电子与楠梓电子手机板的销售额分别为 1.8 亿元和 4.6 亿元，占各自主营业务收入的比重为 11.39% 和 20.26%。2006 年 1—6 月沪士电子与楠梓电子手机板的销售额分别为 7342 万元和 2.3 亿元，占各自主营业务收入的比重为 7.24% 和 19.01%。为避免同业竞争，双方以协议形式对市场进行了明确划分：在中国内地市场，沪士电子具有优先权而楠梓电子除特殊情况外不进行销售；在境外市场中楠梓电子未进行销售的区域，沪士电子具有优先权，境外市场中楠梓电子尚未销售的区域双方以客户进行区分。鉴于现阶段沪士电子手机板产品全部在中国内地销售，招股书认为沪士电子与楠梓电子并未产生实质性同业竞争。沪士电子被否的原因是综合性的，并不是单纯一个同业竞争解决力的问题，不过至少可以再次证明市场分割的方式无法帮助解决同业竞争问题。

2010 年 4 月，沪士电子二次上会，获审核通过。2008 年 6 月开始，吴礼淦家族成员陆续辞去在楠梓电子及下属企业的职务。自 2008 年 12 月至 2009 年 2 月 27 日，吴礼淦家族成员及其控制的高旗农牧通过二级市场全部出售其持有的楠梓电子股份（占总股本的 5.8%），且不在楠梓电子及其控制企业担任任何职务，解决了同业竞争问题。

3. 资产独立性问题

案例 7–8　武汉金凰珠宝股份有限公司

本案例存在商标独立性问题。武汉市人民政府表彰荣获 2007 年度中国名牌和湖北名牌产品称号企业的通报中曾提及武汉金凰珠宝有限公司生产的“金皇”牌黄金首饰，但申请人前身武汉市金凰珠宝有限公司已注册“金凰”商标。“金凰”与“金皇”是否相关，湖北金皇珠宝首饰实业有限公司与申请人之间是否存在历史渊源，申请人在招股书和现场陈述中，均没有给予清晰、合理的解释。

第三节 规范运行

一、要求

（1）发行人已经依法建立健全股东大会、董事会、监事会、独立董事、董事会秘书制度，相关机构和人员能够依法履行职责。

（2）发行人董事、高管需具备相应的任职资格，并了解与股票发行上市有关的法律法规，知悉上市公司及其董事、监事、高管的法定义务和责任。

（3）发行人内部控制制度健全且被有效执行，能够合理保证财务报告的可靠性、生产经营的合法性、营运的效率与效果。

（4）最近 3 年不得有重大违法行为。

（5）发行上市前不得有违规担保和资金占用情况。

二、主要问题及案例

规范运行问题主要包括公司内部控制薄弱、财务基础薄弱、资金占用、财务独立性、报告期内未依法纳税、安全生产隐患、环保等问题。

案例 7-9 广东新宝电器股份有限公司

公司于 2007 年 4 月 3 日第一次上会时被否决，存在巨额社保未缴问题。根据申报文件，截至 2006 年 9 月 30 日，新宝电器仅为固定工足额购买各项社会保险。从 2006 年 10 月起，公司扩大参加社会保险的员工范围，为固定工和生产车间拉长级以上的农民工（上述两类人员共计 3868 名）购买养老、医疗、失业、工伤四项基本保险，并为普通农民工（共计 11637 名）购买了工伤保险。新宝电器此前的农民工社会保险费缴纳虽然符合国家和广东省有关农民工社保问题的精神，并取得了佛山市新宝电器招股说明书顺德区社会保险基金管理局顺德分局的无违规证明，但与国家有关法律法规规定不符，公司仍存在社会保险费用被追缴的风险。报告期内（2003 年、2004 年、2005 年、2006 年 1—9 月），如公司的全部员工（含固定工和农民工）均足额购买各项社会保险（包括养老、医疗、失业、工伤），公司应缴社会保险费金额与实际缴纳金额的差异对各期公司净利润的影响数占同期净利润的比例分别为 19.13%、38.13%、20.39%、18.22%，呈逐年下降趋势，累计影响数（77055537.04元）占报告期净利润总额（346529014.39元）的22.24%。

公司于2012年5月18日再度上会，获审核通过。但根据第二次申报文件，发行人依然存在社保不规范问题，社保情况信息披露不全，连多少人参加了社保都拒绝披露。招股书没有详细披露员工参保情况，仅仅出具了两个地方政府的证明：2012年3月28日，佛山市顺德区社保局对新宝电器、庆菱压铸、广东东菱、凯恒电机、新颖时尚、凯虹彩印、威林塑料、骏越电器、乐文华彩印执行社会保障情况出具证明；2012年3月15日，滁州市人力资源和社会保障局对滁州东菱执行社会保障情况出具证明。根据证明，报告期内上述公司不存在违反有关社会保障法律、法规的情形。

第四节　持续盈利能力

一、要求

发行人不得有下列影响持续盈利能力的情形：

（1）发行人的经营模式、产品或服务的品种结构已经或者将发生重大变化，并对发行人的持续盈利能力构成重大不利影响。

（2）发行人的行业地位或发行人所处行业的经营环境已经或者将发生重大变化，并对发行人的持续盈利能力构成重大不利影响。

（3）发行人最近一个会计年度的营业收入或净利润对关联方或者存在重大不确定性的客户存在重大依赖。

（4）发行人最近一个会计年度的净利润主要来自合并财务报表范围以外的投资收益。

（5）发行人在用的商标、专利、专有技术以及特许经营权等重要资产或技术的取得或者使用存在重大不利变化的风险。

二、主要问题及案例

影响持续盈利能力的问题主要包括：行业前景不乐观；经营模式、销售结构等发生重大变化；产品毛利率无法合理解释；对关联方或者有重大不确定性的客户、供应商存在重大依赖；商标、技术、专利等发生重大变化；其他情况。

1. 行业前景不乐观，影响持续盈利能力

案例 7-10　四川英杰电气股份有限公司

本案例存在的问题为光伏行业整体不景气，公司未来盈利能力存在重大不确定性。公司报告期内主要收入和利润均来自光伏行业，公司未来经营业绩对该行业发展状况存在较大的依赖。但由于欧洲债务危机持续引发的经济波动、相关国家光伏发电补贴政策调低、美国针对中国清洁能源产品发起“双反”调查等一系列因素已造成光伏行业不景气，并很可能将在较长时间内持续低迷。因此，公司未来盈利前景存在重大不确定性。

2. 经营模式、销售结构等发生重大变化，影响持续盈利能力

案例 7-11　上海龙宇燃油股份有限公司

龙宇燃油于 2010 年 6 月 25 日第一次上会遭否。申请人招股说明书披露，销售收入中批发、零售、水上加油的比例分别为：2007 年 85.53%、14.47%、0%，2008 年 70.73%、29.27%、0%，2009 年 61.25%、37.70%、1.04%。批发业务占比逐年下降，零售业务逐年上升，新拓展了水上加油业务，且公司计划通过 2 ~ 3 年的发展，使批发、零售、水上加油的业务量各占 1/3 左右。公司主营业务的上述变化引起了燃料油库存规模增加、信用销售账期延长、存货周转率和应收账款周转率大幅降低、占用流动资金大幅上升等财务状况的不利变化。且申请人从 2009 年开始拓展水上加油业务，购建的“龙宇 1”千吨级加油船于 2009 年上半年投入运营，2009 年度水上加油业务的销售收入和销售量分别占当年的 1.04% 和 0.93%，比例较低。证监会认为，由于申请人的产品销售结构和服务模式发生重大变化且其后经营时间较短，因此无法判断其持续盈利能力。

2012 年 7 月 3 日公司再度上会，获核准通过。在新的招股书中，公司针对被否原因一一做了改善。报告期内，公司为了优化业务结构、完善业务链，提高对终端市场的服务能力，对业务结构和销售服务模式进行了调整和完善，使调和油业务销售收入从 2009 年占燃料油业务总体销售收入的 38.75% 上升到 2011 年的 68.37%，其中水上加油业务销售收入从 2009 年占

燃料油业务总体销售收入的1.04%上升到2011年的14.19%；非调和油业务销售收入从2009年占燃料油业务总体销售收入的61.25%下降到2011年的31.63%，从而使公司的业务结构和营业收入结构进一步完善。

3. 产品毛利率无法合理解释，影响持续盈利能力

案例7–12　宁波乐歌视讯股份有限公司

根据申报材料，公司2010年营业收入较2009年增长66.96%，增长幅度远高于同行业规模相近公司水平；2008年至2011年1—6月的综合毛利率分别为36.23%、39.65%、38.65%和38.30%，高于同行业上市公司水平。发审委认为，公司在招股说明书中未做出充分解释，无法判断上述事项的合理性及对公司持续盈利能力是否构成不利影响。

4. 对关联方或者有重大不确定性的客户、供应商存在重大依赖，影响持续盈利能力

案例7–13　濮阳蔚林化工股份有限公司

报告期内，公司境外销售占比较大，且对前两大客户日本大内和明成商会销售较为集中，该两大客户是公司控股子公司蔚林大内的日方股东。公司向该两大客户销售的产品主要为噻唑类和次磺酰胺类促进剂，由蔚林大内生产并销售，而蔚林大内产品的生产技术由日方股东提供，向日系企业和日本市场的销售需通过日方股东并使用日方股东商标，蔚林大内合资期限至2015年9月届满，公司存在对日本大内和明成商会的依赖。公司前述产品的毛利率从2009年开始出现大幅下降且均低于股份公司同类别产品的毛利率。发审委认为，公司申报材料和现场聆讯未就上述事项做出充分、合理解释，无法判断上述事项对公司独立性及持续盈利能力的影响。

5. 商标、技术、专利等发生重大变化，影响持续盈利能力

案例7–14　河南金博士种业股份有限公司

根据招股说明书，报告期内申请人“郑单958”玉米种子的销售收入

是申请人收入和盈利的主要来源，但“郑单958”玉米种子的品种权属于河南省农科院粮作所，申请人以授权许可方式取得生产、销售经营权。截至2009年12月，“郑单958”品种权剩余保护期为7年，保护期结束后，种子经营企业无须经过授权即可自主经营“郑单958”玉米种子，届时“郑单958”玉米种子的经营将面临更为激烈的市场竞争。证监会认为，申请人产品品种较为单一、目前自主研发能力较为有限、主要销售区域销量下降可能对申请人持续盈利能力产生较大不利影响。

6. 其他情况影响持续盈利能力

案例 7–15　江苏远洋东泽电缆股份有限公司

根据招股说明书的披露，公司主要原材料铜占营业成本的比重近70%。报告期内公司向自然人王国际控制的企业采购3毫米铜丝，3年度的合并采购金额分别为3.87亿元、3.18亿元和4.64亿元，占年度采购总额的比例分别为67.21%、44.77%和44.95%。从以财务入账日为口径的统计看，2008年和2009年公司不同客户采购价格基本持平，但2010年，除1月份外，公司向盛洲铜业采购均价均低于其他客户。发审委认为，公司原材料采购较为集中，且2010年采购价格存在一定的不合理性，对公司持续盈利能力构成重大不利影响。

第五节　财务与会计

一、要求

（1）发行人的资产质量良好，资产负债结构合理，盈利能力较强，现金流量正常。

（2）发行人会计基础工作规范，财务报表的编制符合企业会计准则和相关会计制度的规定，在所有重大方面公允地反映了发行人的财务状况、经营成果和现金流量。

（3）发行人应完整披露关联方关系并按重要性原则恰当披露关联交

易；关联交易价格公允，不存在通过关联交易操纵利润的情形。

（4）发行人依法纳税，各项税收优惠符合相关法律法规的规定；发行人的经营成果对税收优惠不存在严重依赖。

（5）发行人不存在重大偿债风险，不存在影响持续经营的担保、诉讼以及仲裁等重大或有事项。

二、主要问题及案例

财务与会计问题主要包括：报告期内存在会计核算不规范和会计处理不合理问题；涉嫌通过财务手法粉饰报表，未完整披露关联方，关联交易价格不公允、涉嫌操纵利润；原始报表与申报报表存在大额差异问题；研发费用资本化；税收依赖；等等。

1. 会计核算不规范、会计处理不合理问题

案例 7–16　安徽富煌钢结构股份有限公司

按照财政部、国家安全生产监督管理总局发布的《高危行业企业安全生产费用财务管理暂行办法》的规定，建筑施工企业安全生产费用以建筑安装工程造价为计提依据，计提比例为 2%。财政部《关于做好执行会计准则企业 2008 年年报工作的通知》（财会函〔2008〕60 号）、《企业会计准则解释第 3 号》等相关规定对计提安全生产费用的会计处理和列报进行了规范。富煌钢结构主要从事钢结构的设计、制造与安装。根据招股说明书的披露，公司的业务属于需按上述规定提取安全生产费用的范围。公司未按上述规定提取安全生产费用，未能公允地反映公司报告期内的财务状况。证监会认为，根据招股说明书的披露及公司代表和保荐代表人的现场陈述，对公司的财务状况是否因上述费用的提取而不受重大影响无法做出判断。发行人会计基础工作不规范，财务报表的编制不符合相关会计制度的规定。

2. 未完整披露关联方，关联交易价格不公允、涉嫌操纵利润

案例 7–17　西安环球印务股份有限公司

公司经审计的会计报表附注显示，陕西天士力植物药业有限公司、安

康北医大制药股份有限公司、安康禾烨麦迪森植物药业有限公司和陕西众鑫医药有限责任公司等 4 家公司（以下简称“陕西天士力等 4 家公司”）为公司的关联方，与公司的关联关系为“同受一个股东重大影响”。此外，公司控股股东陕西医药控股集团有限责任公司（以下简称“陕药集团”）经审计的会计报表附注显示，西安德宝药用包装有限公司、西安杨森制药有限公司、西安海欣制药有限公司、西安正大制药有限公司和国药集团西北医药有限公司（以下简称“西安德宝等 5 家公司”）均为纳入陕药集团合并报表范围的子企业。但公司的招股说明书在“同业竞争和关联交易”一节中所披露的关联方中并无陕西天士力等 4 家公司，对西安德宝等 5 家公司披露为“受陕药集团重大影响的企业”。发审委认为，发行人未完整披露关联方关系并按重要性原则恰当披露关联交易。

3. 研发费用资本化

案例 7–18　深圳佳创视讯技术股份有限公司

2009 年佳创视讯因过度依赖大客户及对研发费用的会计处理问题被证监会拒之门外，公司于 2011 年 7 月 12 日二次上会并成功过会。根据第二次上会文件，佳创视讯的会计处理发生了明显转变，将所有研发费用计入当期损益。招股书称，“报告期内，公司基于谨慎性原则将研发支出全部计入管理费用，未进行资本化。2008 年至 2010 年分别达到 1073.5 万元、1162.8 万元和 1329.2 万元，占公司管理费用的比重分别为 67.53%、55.21% 和 62.59%”。

4. 税收依赖

案例 7–19　广西丰林木业集团股份有限公司

丰林木业于 2010 年 8 月 30 日首次上会被否。原因如下：公司 2007—2009 年营业利润分别为 10155 万元、6223 万元和 4770 万元，营业利润处于持续下降趋势。2007—2009 年增值税即征即退金额分别为 4551.34 万元、2574.34 万元和 2911.97 万元，增值税即征即退金额占公司净利润比重较高。2010 年增值税即征即退比率由 100% 降为 80%，增值税即征即退比率下降将对公司未来业绩造成一定的影响。证监会认为，公司持续盈利能力存在不确定性，且公司经营成果对税收优惠存在严重依赖。

2011 年 7 月 29 日公司再度上会，并获审核通过。招股说明书显示：剔除增值税即征即退的影响后，公司仍具有良好的盈利水平且呈持续上升趋势；募投项目的顺利投产将逐步降低此事对公司经营成果的影响；此外，还有利于巩固发行人在纤维板行业的优势地位，增强发行人的长期盈利能力。

第六节　募集资金运用

一、要求

（1）符合公司发展战略需要，应当有明确的使用方向，原则上应当用于主营业务。

（2）募集资金数额和投资项目应当与发行人现有的生产经营规模、财务状况、技术水平和管理能力相适应。

（3）募集资金投资项目应当符合国家产业政策、投资管理、环境保护、土地管理以及其他法律、法规和规章的规定。

（4）募集资金投资项目实施后，不会产生同业竞争或者对发行人的独立性产生不利影响。

二、主要问题及案例

募集资金运用问题主要包括：募集资金投资项目存在较大的经营风险；募集资金项目存在一定的财务风险；发行筹资的必要性不充分；募投项目的产能消化和市场前景不明朗导致对于发行人未来持续盈利能力的判断存在不确定性；等等。

案例 7–20　浙江九洲药业股份有限公司

根据招股说明书的披露，公司本次发行的主要募集资金投资项目是川南原材料药生产基地一期工程建设项目。该项目包括年产 250 吨酮洛芬、年产 200 吨奥卡西平原料药生产线及其他产品生产线和辅助设施。酮洛芬产品在募投项目建成后替代原产能 150 吨、新增产能 100 吨。公司酮洛芬原料药及中间体 2009 年销量为 245.10 吨，占全球市场份额的 73.12%；该产品 2010 年自用量为 145.06 吨、销量为 181.20 吨，与 2009 年自用量 126.98 吨、销量 245.10 吨的情况相比，未见较大增长。奥卡西平产品在募投项目建成后替代原产能 20 吨、新增产能 180 吨。报告期内，2008—2010 年产能分别为 14 吨、20 吨和 20 吨。该产品 2009 年全球销量为 105.10 吨，公司产品销售量占全球市场份额的 24.08%。发审委认为，公司本次发行募投项目中部分产品可能面临产能过剩风险，投资项目的市场前景和盈利能力具有不确定性。

第七节　信息披露和中介报告

一、要求

发行人报送的发行申请文件不得有虚假记载、误导性陈述或者重大遗漏。

二、主要问题及案例

信息披露和中介报告瑕疵问题主要指发行人报送的发行申请文件，包括招股说明书等申报材料、回复反馈意见材料、中介机构申报材料等文件未按照规定真实、准确、完整、及时、公平地披露相关信息，存在信息披露不准确、误导性陈述或者重大遗漏等情形。

案例 7-21　湖南胜景山河生物科技股份有限公司

证监会于 2011 年 4 月撤销了胜景山河首次公开发行股票的核准决定，原因是胜景山河招股说明书未按要求披露下列事项：一是岳阳市明明德商贸有限公司是胜景山河主要客户之一，根据相关规则，2007 年 12 月至 2008 年 5 月之间，明明德商贸与胜景山河之间存在关联关系，招股说明书中未披露明明德商贸与胜景山河间关联方关系和关联交易。二是平江汉昌建筑公司、岳阳辉轮贸易公司和深圳诚德商贸 3 家公司 2008 年向胜景山河采购黄酒金额分别为 400 万元、600 万元和 508.24 万元，均超过招股说明书披露的第五大客户采购金额，招股说明书未披露上述直销客户情况。

第八章

政府部门办事流程

注：本章节所列之政府部门办事流程仅以上海市为例。

第一节　股份有限公司工商设立登记程序

一、名称预先核准

公司应到上海市工商行政管理局（肇嘉浜路 301 号 4 楼）办理股份有限公司名称预先核准。在办理名称预先核准程序时，应提交下列材料：

（1）发起人协议；

（2）公司法定代表人签署的名称预先核准申请表；

（3）公司法定代表人签署的《指定代表或者共同委托代理人的证明》及指定代表或者共同委托代理人的身份证复印件（本人签字）；

（4）股东会决议（不设股东会的有限公司的董事会决议）；

（5）涉及中外合资经营企业还要提交主管部门或审批机关的批准文件等文件。

二、申请登记注册

自公司创立大会结束后 30 日内，董事会应向上海市工商行政管理局申请办理设立登记手续。申请时应报送的文件包括但不限于：

（1）公司法定代表人签署的《公司变更登记申请书》。

（2）有限公司同意改制为股份有限公司的股东会决议（不设股东会的提供董事会决议）。

（3）公司签署的《指定代表或者共同委托代理人的证明》及指定代表或委托代理人的身份证复印件（本人签字），应标明具体委托事项、被委托人的权限、委托期限。

（4）发起人协议（由全体发起人加盖公章或签字）。

（5）股份公司章程（由全体发起人加盖公章或签字）。

（6）发起人的主体资格证明或者自然人身份证明复印件：发起人为企业的，提交营业执照副本复印件；发起人为事业法人的，提交事业法人登记证书复印件；发起人为社团法人的，提交社团法人登记证复印件；发起人是民办非企业单位的，提交民办非企业单位登记证书复印件；发起人是自然人的，提交身份证明复印件。

（7）依法设立的验资机构出具的验资证明。

（8）股东出资是非货币财产的，提交已办理财产权转移手续的证明文件。

（9）董事、监事和经理的任职文件及身份证明复印件：提交创立大会决议、董事会决议或其他相关材料。创立大会决议由发起人加盖公章并由会议主持人和出席会议的董事签字；董事会决议由董事签字；监事会决议由监事签字；设职工代表监事的还需提供选举职工代表监事的职工代表大会决议，由职工代表签字。

（10）法定代表人任职文件及身份证明复印件：提交董事会决议，董事会决议由董事签字。

（11）住所使用证明：自有房产提交产权证复印件；租赁房屋提交租赁协议原件和复印件以及出租方的产权证复印件；不能提供以上产权证复印件的，提交其他房屋产权使用证明复印件。

（12）《企业名称预先核准通知书》。

（13）公司申请变更登记的经营范围中有法律、行政法规和国务院决定规定必须在登记前报经批准的项目，提交有关的批准文件或者许可证书复印件或许可证明复印件。

（14）中外合资经营企业还需提交主管部门或审批机关的同意变更的批准文件。

注意：

（1）上海市工商行政管理局所发的全套登记表格及有关材料，可于www.sgs.gov.cn下载。

（2）提交复印件的，应当注明“与原件一致”并由股东加盖公章或签字，需股东签署的，股东为自然人的，由本人签字；自然人以外的股东加盖公章。

三、进行变更登记

上海市工商行政管理局自接到公司自有限公司变更为股份有限公司变更登记申请之日起15日内做出是否准予变更的决定。对符合《公司法》规定条件的，准予变更，并颁发股份公司营业执照，公司营业执照签发日期，为股份公司成立日期。

四、中外合资股份有限公司审批

中外合资经营企业变更为股份有限公司相较于一般全内资公司而言有一点不同，即向工商局申请变更登记备案之前需要先取得上海市商务委员会的批复及上海市人民政府颁发的批准证书。公司需要先向所在区商务委上报变更申请，再呈报至上海市商务委，相关变更申请的文件均由公司与律师事务所一同完成，包括但不限于：

（1）发起人协议（由全体发起人加盖公章或签字）（原件）；

（2）股份公司章程（由全体发起人加盖公章或签字）（原件）；

（3）董事会决议（原件）；

（4）投资者关于企业改制的决议（原件）；

（5）终止原合同和章程的决议（原件）；

（6）投资外方的主体资格证明（复印件）；

（7）投资中方营业执照（复印件）；

（8）中、外各方法定代表人身份证明（复印件）；

（9）投资方的资信证明（原件）；

（10）关于企业改制的请示（原件）；

（11）设立股份有限公司可行性研究报告（原件）；

（12）董事会、监事会成员名单（原件）；

（13）董事、监事身份证明（复印件）；

（14）企业批准证书正、副本（原件）；

（15）企业营业执照；

（16）验资报告（原件）；

（17）若企业以税后利润增资需提供年度审计报告、完税证明（缓增备案登记）和企业近期财务报表等相关文件（原件）；

（18）最近 3 年的审计报告（复印件）；

（19）资产评估报告（原件）；

（20）上海市工商行政管理局出具的《企业名称预先核准通知书》（原件）；

（21）企业设立以来所有的合资合同、章程及章程修正案（复印件）；

（22）审批部门要求提交的其他相关文件。

待公司取得股份公司批准证书并获批复后，即可向上海市工商行政管理局进行变更的登记备案。

第二节　改制辅导

一、辅导流程

1. 受理备案申请

保荐机构应在保荐协议签署后 5 个工作日，到上海证监局相关处室提交申请，进行备案登记。

2. 辅导期的持续监管

辅导对象应在备案申请受理后的 10 个工作日内，就接受辅导、准备发行股票等事项，在当地至少两种主要报纸上连续公告两次。

辅导期超过 3 个月的，保荐机构应每 3 个月向上海证监局报送一次辅导工作备案报告。

辅导期间保荐机构发生变更的，继任的保荐机构和辅导对象应自新的协议签订后的 5 个工作日内，向上海证监局提供正式文件。涉及辅导人员变更的，保荐机构应自发生变更后 5 个工作日内，向上海证监局提交人员变更报告。

3. 辅导评估

保荐机构确认完成全部辅导工作、达到辅导效果后，应与上海证监局联系，参加上海证监局组织的辅导评估考试。

在通过辅导评估考试后，保荐机构即可向上海证监局提出辅导评估申请。

上海证监局会择机派监管人员对公司辅导情况进行验收，并出具《辅导监管报告》。《辅导监管报告》是公司上报证监会 IPO 申请材料的必要文件。

二、辅导对象

辅导对象包括公司董事（包括独立董事）、监事、高级管理人员及持有 5% 以上（含 5%）股份的股东（或其法定代表人）。

三、辅导对集中授课的要求

进行全面的证券法规知识培训，并合理安排培训时间，确保集中授课时间不少于 20 小时，集中授课次数不少于 6 次。在其他上市公司兼任董事、监事、高管的人员，一般也需参加培训，并且必须参加考试（已于本年度参加上海辖区上市公司董事、监事培训并考试合格的除外）。

四、辅导重点

辅导机构应协助辅导对象完善法人治理结构，督促建立健全相关制度，包括但不限于：公司章程［按照《上市公司章程指引（2016 年修订）》］、“三会”议事规则（按照《上市公司股东大会规则》、交易所《上市公司董、监事会议事示范规则》制定）、总经理工作细则、募集资金管理办法、信息披露事务管理办法（草案）、关联交易管理办法等。

（1）辅导机构应重点关注辅导对象“五分开情况”，特别是：①资产的独立性，确保重大资产权属完整，权证齐备。②人员的独立性，确保总经理、副总经理、财务负责人和董事会秘书等高级管理人员不得在控股股东、实际控制人及其控制的其他企业中担任除董事、监事以外的其他职务，不得在控股股东、实际控制人及其控制的其他企业领薪；财务人员不得在控股股东、实际控制人及其控制的其他企业中兼职。③业务的独立性，确保关联交易必要、公允。

在辅导期间，公司应建立防止大股东、实际控制人侵占公司利益的长效机制，在提请验收时提交由会计师事务所出具的内部控制鉴证报告，确保不存在违规担保和大股东及其关联方非经营性占用；持股 5% 以上股东应出具避免关联交易及同业竞争的承诺函。

存在自然人股东的，辅导机构及参与辅导的律师应对自然人股东的资格逐一核查，并出具核查报告，避免出现影子股东。

对接受辅导的人员进行全面的法律、法规知识学习或培训，确保其理解股票发行上市有关法律、法规，理解作为公众公司规范运作、信息披露和履行承诺等方面的责任和义务。

（2）督促辅导对象按照有关规定初步建立符合现代企业制度要求的公司治理基础，促进接受辅导的人员增强法制观念和诚信意识。

（3）督促辅导对象实现独立运营，做到业务、资产、人员、财务、机构独立完整，主营业务突出，形成核心竞争力。

（4）核查辅导对象是否按规定妥善处置了商标、专利、土地、房屋等法律权属问题。

（5）督促辅导对象规范与控股股东及其他关联方的关系。

（6）督促辅导对象建立和完善规范的内部决策和控制制度，形成有效的财务、投资以及内部约束和激励制度。

（7）督促辅导对象建立健全公司财务会计管理体系，杜绝会计虚假。

（8）督促辅导对象形成明确的业务发展目标和未来发展计划，并制定可行的募股资金投向及其他投资项目的规划。

（9）督促辅导对象建立健全符合上市公司要求的信息披露制度。

（10）其他相关辅导内容。

第三节　投资项目立项备案

企业不使用政府性资金投资建设，且未列入《上海市政府核准的投资项目目录细则》的固定资产投资项目可以适用上海市企业投资项目备案的流程。

一、投资项目立项备案机关

市发展改革委、市经济和信息化委、区（县）投资主管部门以及市政府确定的机构为企业投资项目备案机关。上海市具体到每个区的分管部门有所不同，需企业届时与相关部门进行沟通。

二、备案项目目录

1. 需市级项目备案机关备案的项目

（1）工业：汽车（按照国务院批准的专项规定执行）；

（2）房地产：历史文化风貌区和优秀历史建筑控制范围内的项目，黄浦江两岸、苏州河两岸、世博会控制区、虹桥枢纽规划控制区内的项目，以及市政府规定的特殊项目；

（3）社会事业：游轮、游艇、游船等水上旅游设施项目，高档宾馆，或者总投资3亿元及以上的旅游设施项目；

（4）属于《国家产业结构调整指导目录》限制类，但未列入核准目录的项目由市级项目备案机关备案；

（5）按照规定需要综合平衡岸线、能源、跨区县以及享受重要政策的项目，由市发展改革委备案；

（6）中央在沪企业、市属管理的企业可选择在市级项目备案机关备案。

具体分工如下：

市经济和信息化委负责工商领域项目备案；浦东新区投资主管部门按照有关规定，负责其所属区域内项目备案；市政府确定的机构，是指依据地方性法规、规章、市政府规范性文件规定由有关部门委托其对所属区域内项目实施备案的机构，包括外高桥保税区管委会、张江高科技园区管委会、化学工业区管委会、临港新城管委会、洋山保税港区管委会、长兴岛开发建设管委会办公室、国务院批准在上海设立的出口加工区管委会等；其他项目，由市发展改革委备案。

2. 需区级项目备案机关备案的项目

（1）房地产业：区域范围内，历史文化风貌区和优秀历史建筑控制范围外的项目，黄浦江两岸、苏州河两岸、世博会控制区外的项目；

（2）社会事业：非高档宾馆，或者总投资3亿元以下（不含3亿元）的旅游设施项目；

（3）法律法规规定的其他由区发展改革委备案的项目。

三、备案程序

项目申请备案单位按照上述目录分别向市或者区（县）项目备案机关进行备案。

（1）项目申请备案单位应当填写上海市企业投资项目备案申请表，并提交下列材料：

①企业营业执照或者法人证书复印件，组织机构代码证复印件；

②房地产权证或者土地中标通知书、土地成交确认书、租赁协议；

③根据有关法律法规应当提交的其他相关材料。

项目申请备案单位对所有申请备案材料内容的真实性负责。

（2）项目备案机关对项目进行备案审查，主要包括是否符合《国家产业结构调整指导目录》等产业政策和行业准入标准，是否属于本级机关的备案管理范围等内容。

（3）项目备案机关在收到申请材料之日起 10 个工作日内，向项目备案申报单位出具本市企业投资项目备案意见。

（4）项目备案机关对不违反法律、法规，不属于产业政策禁止发展范围，不属于政府核准或者审批的项目，予以备案。对于违反法律法规，属于产业政策禁止发展范围，属于政府核准或者审批的项目，不予备案，并向项目备案申报单位说明法规政策依据。

第四节　建设项目核准与备案流程

根据《上海市企业投资项目核准暂行办法》《上海市企业投资项目备案暂行办法》以及《上海市企业投资项目核准、备案及建设审批流程指南》（2008 版）的规定，按照建设项目获得土地的不同方式（招拍挂、自有土地），分别介绍如下。

一、核准制土地招拍挂投资项目核准流程

土地招拍挂项目包括 8 个主要环节，具体如下：

（1）招拍挂出让土地使用权。土地使用权招拍挂出让前，由市、区（县）招拍办向房地、投资、规划、环保、绿化、市容环卫、公安（交通）、民防、卫生、管线管理等部门书面征询意见，各部门提出项目开发的有关技术参数、控制标准等管理建设要求，并书面反馈至市、区（县）招拍办。各项管理建设要求应当在招标、拍卖、挂牌文件和出让合同中明确告知土地使用权受让人（项目建设单位）。

（2）环评审批。在报送项目核准机关核准前，项目单位凭土地中标通知书（或者成交确认书、土地出让合同）先到环保部门申请办理环评审批。

（3）项目核准。项目单位在获得环评审批文件后，向项目核准机关报送项目申请报告，并附土地中标通知书（或者成交确认书、土地出让合同）、环评审批等文件。核准后，项目单位凭核准文件分别向规划管理部

门申请办理设计方案、建设用地规划许可等手续；向房地管理部门申请办理正式用地手续；向建设交通管理部门申请办理建设工程报建手续。

（4）设计方案审批。项目单位按照出让合同的要求，组织编制设计方案并报送规划管理部门审批。规划管理部门在收到设计方案后，将有关材料书面征询法律法规规定需要审核建设工程设计方案的相关部门的意见。

（5）设计文件审查。项目单位按照批准的设计方案和核准报告，组织编制设计文件，报送建设交通管理部门。建设交通管理部门受理后，组织投资、规划、环保、绿化、公安（交通、消防）、市容环卫、卫生、民防、安全监督、管线管理部门以及法律法规、规章规定的其他相关部门进行会审，或者书面征求各相关部门意见。会审后的意见反馈至审图公司。审图公司按照设计文件审查的规定，结合会审意见，出具审图意见并报建设交通管理部门备案。

（6）核发建设工程规划许可证。项目建设单位取得建设交通管理部门出具的审图意见备案文件后，向规划管理部门申请办理建设工程规划许可证和工程放样复验。

（7）核发施工许可证。项目建设单位取得建设工程规划许可证后，向建设交通管理部门办理施工监理招投标备案、建设工程安全质量监督备案、使用黏土砖的核定手续，并申请核发施工许可证。

（8）竣工验收。建设工程竣工后，项目建设单位提出竣工验收报告，可委托建设交通管理部门召集相关部门共同参与验收。具备条件的，项目建设单位到有关部门办理规划、环保、消防等验收（试生产）审批意见，办理工程质量验收备案、新建住宅交付使用许可等文件。建设单位可以自行组织竣工验收。

二、核准制自有土地投资项目核准流程

自有土地项目核准流程包括 8 个主要环节，具体如下：

（1）规划设计要求（及用地预审）。项目单位在报送核准机关核准前，首先向规划管理部门申请办理建设工程规划设计要求审批，并按规定向房地管理部门申请办理建设项目用地预审。

（2）环评审批。项目单位凭规划管理部门出具的建设工程规划设计要

求通知单或合同变更文件，向环保部门申请办理环评审批文件。

（3）项目核准。完成上述相关手续后，项目单位向项目核准机关报送项目申请报告，并附土地预审意见（或土地出让变更合同）、规划设计要求、环评审批等文件。核准后，项目单位凭核准文件分别向规划管理部门申请办理设计方案审批；向建设交通管理部门申请办理建设工程报建手续。

（4）设计方案审批。项目单位按照规划设计要求，组织编制设计方案并报送规划管理部门审批。规划管理部门在收到设计方案后，将有关材料书面征询法律、法规规定需要审核建设工程设计方案的相关部门的意见。

（5）设计文件审查。项目单位按照批准的设计方案和核准报告，组织编制设计文件，报送建设交通管理部门。建设交通管理部门受理后，组织投资、规划、环保、绿化、公安（交通、消防）、市容环卫、卫生、民防、安全监督、管线管理部门以及法律法规、规章规定的其他相关部门进行会审，或者书面征求各相关部门意见。会审后的意见反馈至审图公司。审图公司按照设计文件审查的规定，结合会审意见，出具审图意见并报建设交通管理部门备案。

（6）核发建设工程规划许可证。项目建设单位取得建设交通管理部门出具的审图意见备案文件后，向规划管理部门申请办理建设工程规划许可证和工程放样复验。

（7）核发施工许可证。项目建设单位取得建设工程规划许可证后，向建设交通管理部门办理施工监理招投标备案、建设工程安全质量监督备案、使用黏土砖的核定手续，并申请核发施工许可证。

（8）竣工验收。建设工程竣工后，项目建设单位提出竣工验收报告，可委托建设交通管理部门召集相关部门共同参与验收。具备条件的，项目建设单位到有关部门办理规划、环保、消防等验收（试生产）审批意见，办理工程质量验收备案、新建住宅交付使用许可等文件。建设单位可以自行组织竣工验收。

三、备案制企业土地招拍挂项目建设流程

备案制下，土地招拍挂项目备案流程包括 8 个主要环节，具体如下：

（1）招拍挂出让土地使用权。土地使用权招拍挂出让前，由市、区（县）招拍办向房地、投资、规划、环保、绿化、市容环卫、公安（交通）、民防、卫生、管线管理等部门书面征询意见，各部门提出项目开发的有关技术参数、控制标准等管理建设要求，并书面反馈市、区（县）招拍办。各项管理建设要求应当在招标、拍卖、挂牌文件和出让合同中明确告知土地使用权受让人（项目建设单位）。

（2）项目备案。项目单位凭土地中标通知书（或者成交确认书、土地出让合同）向项目备案机关申请办理备案，并附企业营业执照或者法人证书、组织机构代码证等文件复印件。备案后，向建设交通部门申请办理工程报建手续。

（3）环评审批。项目单位凭备案文件向环保部门申请办理环评审批。

（4）设计方案审批。项目单位按照出让合同的要求，组织编制设计方案并报送规划管理部门审批。规划管理部门在收到设计方案后，将有关材料书面征询法律法规规定需要审核建设工程设计方案的相关部门的意见。

（5）设计文件审查。项目单位按照批准的设计方案，组织编制设计文件，报送建设交通管理部门。建设交通管理部门受理后，组织投资、规划、环保、绿化、公安（交通、消防）、市容环卫、卫生、民防、安全监督、管线管理部门以及法律、法规、规章规定的其他相关部门进行会审，或者书面征求各相关部门意见。会审后的意见反馈至审图公司。审图公司按照设计文件审查的规定，结合会审意见，出具审图意见并报建设交通管理部门备案。

（6）核发建设工程规划许可证。项目建设单位取得建设交通管理部门出具的审图意见备案文件、环保部门出具的环评批复文件后，向规划管理部门申请办理建设工程规划许可证、工程放样复验。

（7）核发施工许可证。项目建设单位取得建设工程规划许可证后，向建设交通管理部门办理施工监理招投标备案、建设工程安全质量监督备案、使用黏土砖的核定手续，并申请核发施工许可证。

（8）竣工验收。建设工程竣工后，项目建设单位提出竣工验收报告，可委托建设交通管理部门召集相关部门共同参与验收。具备条件的，项目建设单位到有关部门办理规划、环保、消防等验收（试生产）审批意见，办理工程质量验收备案、新建住宅交付使用许可等文件。建设单位可以自行组织竣工验收。

四、备案制企业自有土地投资项目备案流程

备案制企业自有土地投资项目备案流程包括6个主要环节，具体如下：

（1）项目备案。项目单位先到项目备案机关申请办理备案，并附房地产权证（或者租赁协议）、企业营业执照或者法人证书、组织机构代码证等文件复印件。备案后，项目单位凭备案文件向规划管理部办理有关规划许可；向环保部门办理环评审批；向建设交通管理部门办理建设工程报建手续；向房地管理部门申请办理建设项目用地预审。

（2）设计方案审批。项目单位按照规划设计要求，组织编制设计方案并报送规划管理部门审批。规划管理部门在收到设计方案后，将有关材料书面征询法律法规规定需要审核建设工程设计方案的相关部门的意见。

（3）设计文件审查。项目单位按照批准的设计方案，组织编制设计文件，报送建设交通管理部门。建设交通管理部门受理后，组织投资、规划、环保、绿化、公安（交通、消防）、市容环卫、卫生、民防、安全监督、管线管理部门以及法律法规、规章规定的其他相关部门进行会审，或者书面征求各相关部门意见。会审后的意见反馈审图公司。审图公司按照设计文件审查的规定，结合会审意见，出具审图意见并报建设交通管理部门备案。

（4）核发建设工程规划许可证。项目建设单位取得建设交通管理部门出具的审图意见备案文件、环保部门出具的环评批复文件后，向规划管理部门申请办理建设工程规划许可证、工程放样复验。

（5）核发施工许可证。项目建设单位取得建设工程规划许可证后，向建设交通管理部门办理施工监理招投标备案、建设工程安全质量监督备案、使用黏土砖的核定手续，并申请核发施工许可证。

（6）竣工验收。建设工程竣工后，项目建设单位提出竣工验收报告，可委托建设交通管理部门召集相关部门共同参与验收。具备条件的，项目建设单位到有关部门办理规划、环保、消防等验收（试生产）审批意见，办理工程质量验收备案、新建住宅交付使用许可等文件。建设单位可以自

行组织竣工验收。

第五节　上市环保核查与环评

一、上市环保核查的含义及目的

上市环保核查是指环境保护行政主管部门对首次申请上市并发行股票、申请再融资、资产重组或拟采取其他形式从资本市场融资的公司的环境保护管理、环境保护守法行为的全面核查、环境保护信息的持续披露、后续监管。上市环保核查的根本目的：督促相关的公司和企业严格遵守国家环境保护法律法规、政策标准规范，完善企业环境管理制度，依法实施清洁生产，降低生产排污强度，保护生态环境，自觉履行国际环境公约，努力建设成为环境友好型企业。

上市环保核查包含三大基本要素，即企业环境保护管理和守法行为的全面核查、企业环境保护信息的持续披露及对其环境保护后续监管。

二、上市环保核查的分级核查和分类管理

（1）环境保护部负责组织对从事火电、钢铁、水泥、电解铝行业，以及跨省（自治区、直辖市）从事冶金、化工、石化、煤炭、建材、造纸、酿造、制药、发酵、纺织、制革和采矿业等重污染行业生产经营公司的上市环保核查，出具环保核查意见。

省级环境保护行政主管部门负责对仅在本辖区内从事上款所列重污染行业（火电、钢铁、水泥、电解铝行业除外）以及涉重金属排放的电池（包括含铅蓄电池）、印刷电路板行业上市的环保核查，并出具环保核查意见。对于不属于上述重污染行业公司的上市环保核查由省级环境保护行政主管部门负责，可适当简化程序。

（2）属于环境保护部负责核查的，公司应先向核查范围内企业所在地各省级环保部门申请初审，取得初审意见后，再向环境保护部申请核查。

属于省级环保部门负责核查的，公司直接向所在地省级环保部门申请环保核查；对于跨省生产经营的非上款所列重污染行业公司，公司应先向核查范围内企业所在地各省级环保部门申请初审，取得初审意见后，再向

所在地省级环保部门申请核查。

三、上市环保核查的范围和时段

（1）核查范围为：首次申请上市并发行股票的公司或申请再融资、增资扩股、资产重组的上市公司上市范围内，所有分公司、全资子公司和控股子公司中从事重污染行业生产的企业，以及募集资金用于收购或投向属于重污染行业的生产企业。

（2）核查时段为：申请上市环保核查前连续36个月。对申请再融资的上市公司，如属首次进行环保核查的，核查时段为申请环保核查前连续36个月；如属再次进行环保核查的，核查时段应按接续上一次环保核查时段确定，如果超过36个月，应核查36个月。

四、企业申请环保核查需要提交的材料

凡属于环境保护部负责环保核查的公司应提交以下申请材料，包括：

（1）申请上市环保核查的请示；

（2）上市环保核查技术报告（以下简称“技术报告”）；

（3）报中国证监会待批准的招股说明书或公司发行证券方案；

（4）相关省级环保部门出具的同意通过核查初审的意见（同时报电子版扫描件）。

以上材料均须同时提供电子版（U盘）。

五、企业工作程序及要求

（1）企业拟首发或再融资等需经环境保护部环保核查的，应尽早开始环保核查工作。

（2）企业应根据环境保护部有关规定，委托符合环境保护部要求的上市环保核查技术咨询单位开展现场核查、技术咨询、编制上市环保核查技术报告。技术单位应具备与申请公司所从事行业相对应的环境保护资质，项目负责人要持有环保核查培训合格证书。

（3）企业应先向注册所在地省级环保行政主管部门提交核查申请和有关材料，取得省级环保部门出具的初审意见后，方可向环境保护部提出核查申请。

（4）企业向环境保护部报送核查请示时，应同时提交核查技术报告、待报中国证监会的招股说明书或发行证券方案（装订成册，一式三份，加盖公司公章）以及电子版3套（U盘，存档不退）和相关省级环境保护厅出具的同意通过环保核查的初审意见。

核查申请应以企业正式文件提出，同时抄报相关省级环保行政主管部门。申请文件应简要说明公司的发展历史沿革、主营业务及规模、所属行业情况、融资的性质（IPO或再融资等）、拟募集资金用途及数额、核查范围内募投项目环评及“三同时”制度执行情况、核查时段内及针对本次核查申请公司环保投入情况、重大环保事件、公司地址、联系人和联系方式等。其中，所属行业情况、核查范围内募投项目环评及“三同时”制度执行情况、核查时段内及针对本次核查申请公司整改问题和环保投入情况应分别列表说明。核查企业范围应根据《关于进一步规范重污染行业生产经营公司申请上市或再融资环境保护核查工作的通知》（环办〔2007〕105号）第二条和《上市公司环保核查行业分类管理名录》（环办函〔2008〕373号）进行认定。

申请文件、技术报告应与最终报中国证监会的招股说明书或发行方案中的上市范围相同。如发生变化，应及时向环境保护部进行说明；有较大变化的，应重新进行核查。

六、环境保护部受理及审查工作程序

（1）申请受理。为方便申请环保核查公司提交材料，并给予及时的咨询、指导，环境保护部在受理大厅设立有专门的上市环保核查受理岗位和专门工作人员。电话：010-66556089。

关于环保核查的相关规定公布在环境保护部网站上（www.mep.gov.cn）。咨询电话：010－66556089、66556277，或发邮件至csc@mep.gov.cn。

申请企业向环境保护部报送申请材料时间与核查时段最终截止时间差应小于6个月；提供的省级环保行政主管部门初审意见不能超过6个月。技术核查工作应由一家技术咨询单位牵头组织实施，并对核查结果负责。

受理时间：每周一至周三，上午8：30—11：30；下午14：00—16：30（法定节假日除外）。

环境保护部在收到企业提交的申请材料之日起10个工作日内，做出是否受理的决定。

（2）专家审查。申请受理后，环境保护部按照公司所属行业从专家库里选择相关专家对公司核查申请材料进行审查。专家审查时间原则上不超过10日。在送专家审查的同时，将技术报告送污染防治司征求意见。

（3）技术审查会。污染防治司定期组织专家、申请核查企业和技术咨询单位召开技术审查会。企业应按照“上市环保核查技术审查会汇报要求”准备材料并汇报。经审查符合要求的，报送司务会审议。经审查尚有问题待查明或需要整改的，函告申请企业，同时抄送给相关省级环保行政主管部门和技术咨询单位。企业应在发函之日起3个月内完成整改，并正式函复环境保护部污染防治司，逾期不复或未完成整改的，将自动终止核查。经审查不符合环保核查要求的，函告申请企业，同时抄送中国证监会、相关省级环保行政主管部门和技术咨询单位。

（4）司务会审议及公示。经技术审查会和省级环保行政主管部门初审符合环保核查要求的，报送司务会审议，审议通过后，经部主管领导批准后，进入公示程序，向社会公示10天。主要在环境保护部和相关省级环保部门政府网站、《中国环境报》上公示核查情况（其中，在环境保护政府网站公示技术报告全文，但在公示全文前，申请企业应正式函告环境保护部污染防治司，技术报告不涉及国家及商业秘密，同意对社会公开技术报告全文。如确实涉及国家或商业秘密，公司应将技术报告中不宜向社会公开的部分删除，并将删除内容正式函告环境保护部污染防治司）。对于公示期间有投诉的，环境保护部将组织有关部门调查核实。

（5）征求部内相关司局意见。在申请企业核查情况向社会公示同时，送环境保护部部内相关司局征求意见，公示及相关司局均无异议的，经部主管领导批准后，提交部常务会议审议。

（6）发文。经部常务会议审议通过的，将对申请企业核查结果函告中国证监会，并抄送相关省级环保行政主管部门、环境保护部环保督查中心和申请核查企业。

在发文前，申请企业应按环境保护部的要求和格式，作最终承诺。

七、上市环保核查主要内容

按照环保部有关环保核查文件要求，对上市公司环保核查（含募集资金投向项目）主要包括以下 13 个方面：

（1）“环境影响评价”与“三同时”制度执行情况；

（2）排污申报、排污许可证与排污缴费执行情况；

（3）主要污染物总量控制指标及减排任务完成情况；

（4）污染物排放情况；

（5）工业固体废物和危险废物处置情况；

（6）环保设施运行情况；

（7）不使用违禁物质与符合产业政策情况；

（8）企业环境管理情况；

（9）环境处罚、环境纠纷及环境污染事故情况；

（10）产污强度及清洁生产实施情况；

（11）重金属污染物排放情况；

（12）环境信息披露情况；

（13）上一次环保核查承诺完成情况。

八、上市环保核查通过条件

（1）依法履行环境影响评价和“三同时”制度；

（2）符合产业政策；

（3）依法进行排污申报登记、按时缴纳排污费；

（4）主要污染物及特征污染物达标排放；

（5）满足污染物排放总量控制要求；

（6）环保设施及自动监控设备稳定运行；

（7）产污强度低、依法实施清洁生产；

（8）依法开展重金属污染防治；

（9）依法开展危险化学品污染防治及违禁物质、新化学物质登记；

（10）危险废物及一般工业固体废物依法安全处理处置；

（11）依法执行生态保护措施；

（12）遵守饮用水水源保护区等环境敏感区保护有关规定；

（13）环境安全隐患及应急预案管理制度健全，未发生环境事件；

（14）企业环境管理规范、无环境纠纷、无因环境违法行为受到重大处罚；

（15）依法持续披露环境信息；

（16）符合环境保护其他要求。

九、上市环保核查不予受理的情形

自 2011 年 8 月 14 日起，对申请环保核查前一年内存在以下环境违法行为的企业，负责核查的环保部门不受理其上市环保核查申请：

（1）发生过重大或特大突发环境事件；

（2）未完成主要污染物总量减排任务；

（3）被责令限期治理、限产限排或停产整治；

（4）受到环境保护部或省级环保部门处罚；

（5）受到环保部门 10 万元以上罚款等。

十、上市环保核查退回核查申请的情形

在核查过程中，企业仍存在以下违法情形之一且尚未得到改正的，环保部门应退回其核查申请材料，并在 6 个月内不再受理其上市环保核查申请：

（1）违反环境影响评价审批和“三同时”验收制度；

（2）违反饮用水水源保护区制度有关规定；

（3）存在重大环境安全隐患；

（4）未完成因重金属、危险化学品、危险废物污染或因引发群体性环境事件而必须实施的搬迁任务。

十一、环评意见审批主体及权限划分

1. 上海市环保局审批范围

（1）由国务院审批、核准以及国务院授权有关部门审批、核准、备案，但未列入环境保护部审批权限内的建设项目。

（2）由市政府投资主管部门（市发展改革委、市经济信息化委、市商务委）负责审批、核准、备案的建设项目。

（3）由上海化学工业区管委会、长兴岛开发建设管委会负责核准、备案的建设项目。

（4）以下特殊地区的建设项目：跨区、县建设，或对毗邻区、县有重大影响的建设项目；本市饮用水水源一级保护区、二级保护区内的建设项目；国家级、市级自然保护区内的建设项目。

（5）以下特殊行业的建设项目：生产、销售、使用放射源（Ⅰ、Ⅱ、Ⅲ类）、非密封源、射线装置（Ⅰ、Ⅱ类）的建设项目，环境保护部另有规定的除外；危险废物或者电子废物收集、综合利用、处理处置等建设项目；有色金属冶炼及矿山开发、钢铁加工、电石、铁合金、焦炭、垃圾焚烧及发电、制浆造纸、化工（纯物理混合、复配加工项目除外）等建设项目；国防、军事、外交及其他具有保密要求的建设项目。

（6）法律、法规、规章规定应当由市环保局审批的建设项目。

2. 区（县）环保局审批范围

（1）由区（县）政府投资主管部门负责审批、核准、备案的，市环保局审批权限外的建设项目。

（2）由市政府确定的机构核准、备案的，市环保局审批权限外的建设项目。其中：外高桥保税区管委会、张江高科技园区管委会核准、备案的项目由浦东新区环保局负责审批；临港新城管委会、洋山保税港区管委会核准、备案的项目，位于南汇区的由南汇区环保局负责，位于奉贤区的由奉贤区环保局负责审批；国务院批准的出口加工区管委会核准、备案的项目，由所在地区（县）环保局负责审批。

（3）其他不需要投资主管部门核准、备案的建设项目。

十二、建设项目环境影响评价文件审批基本条件

（1）环境影响评价文件编制必须符合《环境影响评价技术导则》以及相关标准、技术规范的要求；

（2）建设项目必须符合区域开发建设规划和环境功能区划的要求；

（3）建设项目必须符合国家和本市产业政策；

（4）建设项目产生的二氧化硫、烟尘、粉尘、COD、氨氮、石油类等主要污染物排放量必须控制在本市污染物排放总量控制指标之内；

（5）建设项目向环境排放污染物必须达到国家、行业和本市的污染物排放标准；

（6）建设项目应当符合《清洁生产促进法》有关规定，优先采用原材料消耗低、污染物产生量少的清洁生产工艺，合理、节约利用自然资源，从源头上控制污染；

（7）改建、扩建项目的环境影响评价文件必须反映项目原有的环境状况，采取“以新带老”等措施，治理原有的污染源；

（8）建设项目必须符合法律法规、规章、标准规定的各项环境保护要求。

十三、建设项目环境影响评价文件审批申请材料

（1）建设项目环境影响评价审批申请表（格式文本，原件，一式两份）。

（2）环境影响评价文件（原件及 pdf 格式电子文档，环境影响登记表无须递交电子文档）。

除国家涉密项目外，编制环境影响报告书的建设项目，提交环评时应同时提交专家意见（原件）和征求有关单位、专家和公众的意见采纳或不采纳的情况说明（加盖建设单位公章的原件）等。

除国家涉密项目外，编制环境影响报告表的建设项目，对周围环境可能造成较大影响或在环境敏感区建设的，应参照环境影响报告书的相关规定征求有关单位、专家和公众的意见，提交环评时应同时提交专家意见（原件）和征求有关单位、专家和公众的意见采纳或不采纳的情况说明（加盖建设单位公章的原件）等。

开展公众参与的建设项目，因涉及商业秘密、个人隐私不同意环评文件全文公开的，提交环评时应同时提交环评文件可公开版本（加盖建设单位和环评单位公章的原件，pdf 格式电子文档）。

（3）营业执照或法人证书；尚未取得营业执照或法人证书的建设单位，应提交工商部门颁发的《企业名称预先核准通知书》；申请人为个人的，应提交个人身份证明材料。

（4）列入审批制的政府投资项目，应报送项目建议书批文；列入核准制的企业投资项目，应明确核准机关及相关证明材料；列入备案制的企业

投资项目，应报送备案意见。

（5）建设项目用地为划拨的，应提供规划选址意见；用地为招拍挂、协议出让的，应提供土地中标通知书（原件）；用地为自有土地且新增建筑面积的，应提供建设工程规划设计要求；用地用房为租赁的，应提供租赁合同。

（6）纳入本市建设项目污染物总量控制实施范围的建设项目，应提供总量来源证明（原件）。

（7）地形图（原件）。

（8）总平面图（原件）。

（9）建设单位有行业主管部门的，应提供其预审意见（原件）；建设项目位于工业区内的，应提供工业区管委会出具的证明材料（原件）。

（10）排水许可证或基地污水纳管证明（可通过向水务局申请信息公开获得）。

（11）法律法规、规章规定的其他证明材料。

十四、市环保局建设项目环境影响评价文件审批流程

（1）办理程序

申请单位向市环保局行政许可受理窗口申报资料→市环保局审查→市环保局做出决定。

审查阶段需进行公众参与和听证的，要求和程序参见相关规定。

（2）办理时限

① 环境影响登记表：自受理之日起 15 日内作出行政许可决定；

② 环境影响报告表：自受理之日起 30 日内作出行政许可决定；

③ 环境影响报告书：自受理之日起 60 日内作出行政许可决定。

十五、建设项目变更后环境影响评价文件的审批

建设项目环境影响评价批准之后，项目内容、性质、规模、地点、采用的生产工艺或防治污染、防止生态破坏的措施发生重大变化的，应重新进行报批环境影响评价文件。

申请材料：建设项目环境影响评价审批申请表（格式文本，原件，一式两份）；原环境影响评价的批准文件；重新申报的环境影响评价文件

（原件及 pdf 格式电子文档，环境影响登记表无须递交电子文档）；变更情况说明；与变更相关的图纸；营业执照或法人证书或个人身份证明材料；法律法规、规章规定的其他证明材料。

办理时限：与首次申报环境影响评价文件的办理时限规定相同。

十六、上海市及各区（县）环保局建设项目环保行政审批受理窗口联系方式

环保局审批受理窗口联系方式见表 7–1。

表 8–1 环保局建设项目环保行政审批受理窗口联系方式

环保部门	受理窗口地址	受理窗口电话
上海市环境保护局	大沽路 100 号	23115715
黄浦区环境保护局	靖远街 68 号	33134800–50013
徐汇区环境保护局	虹桥路 313 号	64877985 / 64870011–263
静安区环境保护局	胶州路 58 号	52137861
长宁区环境保护局	长宁路 599 号	22050438
普陀区环境保护局	大渡河路 1718 号一楼	52564588–8124 52564588–8125
虹口区环境保护局	三河路 338 号	25657592
杨浦区环境保护局	黄兴路 2022 号	65195729–1016
浦东新区环境保护和市容卫生管理局	（北片）合欢路 2 号浦东新区市民中心 77—78 窗口	68542222–88277
	（南片）惠南镇城南路 1366 号原南汇投资服务中心	68003694
金山区环境保护局	新城区龙山路 555 号	57922308 / 57922309
闵行区环境保护局	莘建东路 201 号三楼	34120764
奉贤区环境保护局	南桥镇解放路 58 号	33611825
松江区环境保护局	松江区文诚路 69 号	67736142
青浦区环境保护局	青浦区外青松公路 6189 号	69714291
嘉定区环境保护局	嘉戳公路 118 号投资服务和办证办照中心 9 号窗口	69989944
宝山区环境保护局	淞滨路 28 号二楼	56849974
崇明县环境保护局	崇明城桥镇东门路 78 号	69699379

市环保局受理窗口接待时间：

周一、周三、周四、周五上午 9 ： 00—11 ： 30；

周一、周二、周三、周四下午 13 ： 00—16 ： 30。

国家涉密项目接待时间限于周二下午，国家法定节假日除外。

第六节　合规性证明文件办理

一、合规性证明文件办理要求

相关法律法规和相关企业上市要求中明确指出，公司的主要资产不得存在重大权属纠纷，公司的生产经营符合法律、行政法规和公司章程的规定，符合国家产业政策，最近 3 年内不得有重大违法行为以及企业董事、监事和高级管理人员符合法律、行政法规和规章规定的任职资格。因此，除企业及相关人员自己出具无违法违规的承诺外，还需要借助政府的确认来予以佐证。

二、企业需要开具的无违规证明文件

1. 企业实际控制人、董事、监事及高级管理人员无违法行为的证明

（1）证明主体：上述人员户籍所在地的派出所。

（2）流程：上述人员持身份证户口簿前往派出所去申请开具无违法行为证明。

（3）时间：各地政策不同，办事效率有高有低，建议企业及早安排相关人员完成该证明的出具工作。

2. 企业无违法违规行为的证明

（1）具体证明种类：包括但不限于税务证明、环保证明、质检证明、社保证明、公积金证明、劳动安全证明、外汇合规证明（如有外汇结算业务）、土地证明、工商证明、海关证明（如有进出口业务）等证明文件。

（2）开具证明的流程：

①律师事务所根据上市法律法规要求，完成所有证明文件的文本制作；

②企业将证明文件拿到相关的政府部门申请确认盖章（某些政府部门

有自己的内部证明格式，需直接采用其提供的证明范本）。

企业应事先先与相关政府部门沟通，也可联系市（区）推进企业改制上市的牵头部门，申请协助协调证明确认工作。

③时间：上述证明的确认工作应尽量安排在企业拟向证监会申报文件之前。但外汇合规证明及海关证明的确认工作会耗时几个月，因此，这两项证明的确认工作建议及早准备。另外，证明所确认的证明期间应当涵盖报告期。

3. 合规性文件办理部门

由市级政府部门出具合规性证明的，企业可咨询市金融办金融市场服务处。由区级政府部门出具合规性证明的，企业可向区（县）上市工作牵头部门提出申请，由其协调办理。

下列区县已经明确了区企业改制上市牵头部门：

静安区商务委

长宁区商务委

闵行区经济委员会

嘉定区经济委员会

青浦区经济委员会、发改委

金山区经济委员会

松江区经济委员会

崇明区经济委员会

浦东新区金融局

徐汇区金融办

黄浦区金融办

普陀区金融办

虹口区金融局

杨浦区金融办

宝山区金融办

奉贤区金融办

第九章

引进战略投资者

第一节　战略投资者的引入

一、引入战略投资者（VC/PE）的作用

公司引入战略投资者（进行私募融资）是除银行贷款和公开上市之外的一种主要融资方式。在改制阶段引入战略投资者，不仅可以为企业提供业务发展所需要的资金，而且可以降低企业负债率，提高再融资能力，从根本上改善财务状况。如果企业既想做股权激励，又要引入战略投资者，建议将两次分开做，在改制之前完成股权激励，改制之后以增资的形式引入战略投资者。

对现金流良好、融资渠道有保障的企业而言，引进战略投资者还有以下作用：

（1）为非上市公司实施股权激励计划解决公司定价估值问题，留住核心人才和引入经营管理人才；

（2）企业股权多样化，完善公司治理结构（引入战略投资者是公司海外红筹上市的必要条件）；

（3）协助兼并和收购，进行战略咨询，整合产业链，协助企业进入国际市场；

（4）协助企业改制、引入后续战略投资者，并进行上市安排。

案例 9-1　某公司引入战略投资者案例

A 公司是一家 500 强医疗集团指定的售后维修服务供应商，经过 10 多年发展，2010 年公司销售收入接近 2 亿元，利润 2000 万元，年末净资产超过 6000 万元，员工近 300 人，规模在医疗维修行业处于领先地位。

2008 年初公司曾与 PE 机构签署投资协议，拟出让 35% 左右的股权，分两次引入约 950 万美元的风险投资（2007 年末公司净资产约 3500 万元，年净利润约 1000 万元，投资前估值约 1500 万美元），后由于国家外汇管制、境内股市大幅下挫和金融危机等综合因素影响，未引入该战略投资者。

2008—2010 年，医疗维修行业市场快速发展，与 A 公司规模接近的企业不断增加。A 公司行业优势受到冲击，尤其是人才流失压力较大。公司核心管理人员成为业内企业猎头的对象，一些 500 强公司开出 50% 以上的

工资增幅邀请公司中层管理骨干，公司基层人员的收入也不具备优势。因此，公司管理层于2010年末启动了新一轮引入战略投资者的计划，其目的主要是：

（1）为实施股权激励计划解决公司定价估值问题，稳定公司人员、留住核心人才；

（2）公司股东投资期限长的已近10年，最短的也超过3年，部分股东公司股权占家庭资产的比例极高，有变现部分股权的需求；

（3）通过引入战略投资者完善公司治理结构，实行股份制改造为公司上市做准备；

（4）抓住医疗行业快速发展的机遇，通过兼并收购进一步确立行业中的领导地位，实现公司业务的快速发展（未来5年复合增长率30%以上，争取达到40%～50%）。

二、战略投资者（VC/PE）分类

战略投资者分类情况见表9–1。

表9–1　战略投资者分类

PE的类型（按投资阶段）	投资特征
天使投资（Angel Investment）	又称非正规风险投资，一般由投资者个人出资，投资于种子期（初创期）企业，投资规模小、风险高、回报高
风险投资（Venture Capital）	由专业人士投资于新兴的、迅速发展的、具有巨大发展潜力的企业的权益性资本
成长资本（Growth Capital）	投资于中后期发展阶段的企业，主要用于增加产量、销量以及研发新品，提升利润空间
并购资本（Leveraged Buyouts）	收购控股成熟且稳定增长的企业，实施内部重组、行业整合等来提升企业价值，待增值后出售获利
战略投资者（Strategic Investement）	大型企业集团中的直投部门，以投资集团相关行业为主，投资并不以获利为唯一目的
夹层资本（Mezzanine Capital）	介于股权投资和债权投资之间，一般投资于成长型公司在两轮融资之间或在上市之前，包括可转债和可转换优先股等

三、中国风险投资（股权投资）业的发展特点

中国的风险投资起步很晚，发展很快，开始时受美国影响很大，现在越来越本地化，受美国的影响越来越小。中国最早的风险投资应该是IDG。IDG在1993年、1994年的时候其实不能叫真正的风险投资，而是一个投资公司概念（战略投资者）。20世纪90年代末期风险投资在中国并不被看好，其真正崛起于2004年，2005年、2006年风险投资变得很热，直到2008年金融危机时才冷下来。2008年、2009年以前，一般都是外资风投（融资、退出两头在外），投的是中国公司，但用的是美元，融资的是美国投资人，最后在海外（如纳斯达克）上市，退出时也退的是美元。百度、新浪、搜狐都是如此。2009年一个巨大的变化，就是创业板一开迅速风起云涌，出现了很多人民币基金，发展速度之快是人们始料未及的（真正获利的主要是在2000年前后开始布局的国内人民币基金）。短时间内，无论是融资的资本总量和基金个数，还是投资和退出的公司数量，都迅速超过了美元基金，可能未来相当的一段时间都会如此。2011年下半年开始，中国的整个风险投资和PE行业都冷了下来，而且冷得非常快，主要是资本市场对中国公司很不利，2011年以前海外上市一般都有中国溢价，现在变成了中国折价，在人民币市场创业板、中小板一直往下走。目前，风险投资在中国仍在快速发展，一方面表现为迅速向专业化发展，另一方面表现为往早期投。同时，PE资本逐步向后期并购发展。这与美国PE/VC发展历史相近。

四、企业在不同发展阶段可选的融资方式

企业在初创时期（种子期或创始期）的资金一般来自于创始人投入（含创始人亲友），部分企业可以获得政府的资助和天使投资。在企业进入发展期后可以选择私募股权融资（VC、PE、战略投资者）和银行（小额贷款公司）等金融机构融资，一般来说对于成长型企业风险投资（VC）能比银行更早投入。企业进入成长期后可选的融资模式更为丰富，除了引入战略投资者和银行融资外，还可以选择IPO，发行债券、引入并购基金等多种融资方式。企业上市后可以选择增发、定向增发、发行可转换债券及公司债等多种融资方式（见图9-1）。

企业股权融资是以空间换时间，以出让股权换取企业的资本金，加速企业的发展。从投资阶段看，在公司起步的时候为天使投资（种子投资），往后为风险投资（VC），成长期投资一般分为距离上市 3 ~ 4 年的成长前期和距离上市 1 ~ 3 年的成长后期，PRE–IPO 投资一般为对上市前 18 个月以内的投资（见图 9–1）。

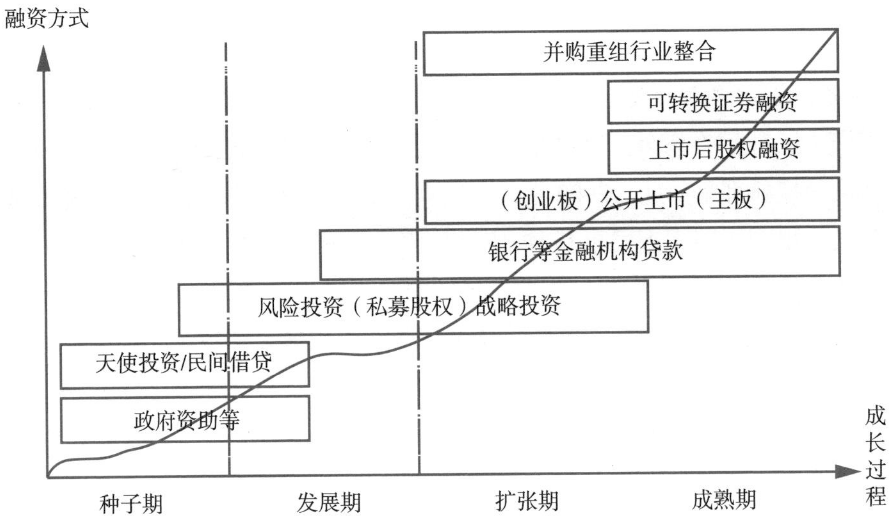

图 9–1　企业不同时期的融资方式

五、企业股权融资（引入战略投资者、VC、PE）与债权融资的比较

债权融资是以时间换空间，企业通过延迟获利的时间来获得今天的生存空间。外部债权融资从来源看可以为买方、卖方、政府、机构（银行等），企业融资可以如图 9–1 从左到右逐项考虑，如是否可以有预售款（或买方信贷）、供应商融资（或卖方信贷）、政府补贴或贴息贷款、银行（或租赁、信托、债券发行）等（表 9–2）。同时，企业股权融资和债权融资还可分为内部融资和外部融资，由此可将融资分为外部权益融资，外部债务融资、内部股权融资、内部债权融资。一般而言，股权融资成本高（出让股权，出让公司未来成长的收益）、风险小（如没有回购条款本金，不用归还）。企业选择融资模式时，以融资风险作为标准，宜先股后债，先外后内；以融资成本为标准，宜先债后股，先内后外。

表 9–2

	内部融资	外部融资
股权融资	股利转资本公积等	引入投资者增资扩股，上市
债权融资	股东借款	信贷租赁融资、发行债券

六、银行股权投资试点和投贷联动

2016 年 4 月 21 日，银监会、科技部、人民银行联合发布了《关于支持银行业金融机构加大创新力度开展科创企业投贷联动试点的指导意见》（以下称《指导意见》）。根据《指导意见》，上海银行、上海华瑞银行、浦发硅谷银行等 10 家银行获得试点资格，而招商银行、宁波银行、南京银行等也分别通过展翼资本、中层投资、选择权贷款等业务创新手段积极参与到创新企业的股权投资、夹层融资和投贷联动的创新业务中。

《指导意见》对于投贷联动的定义是，银行业金融机构以“信贷投放”与本集团设立的具有投资功能的子公司“股权投资”相结合的方式，通过相关制度安排，由投资收益抵补信贷风险，实现科创企业信贷风险和收益的匹配，为科创企业提供持续资金支持的融资模式。同时，要求试点银行的投资与信贷之间建立合理的收益共享机制，要求银行与政府贷款风险补偿基金确定分担补偿机制和比例，投资分担的不良贷款损失由投贷联动业务中的投资收益覆盖。而更为广义的投贷联动，还包括银行同其战略合作的私募基金为投资入股的企业提供相应的债权融资。

银行股权投资试点开展以来，对促进创新型中小企业融资起到了很好的积极推动作用，银行与政府相关部门结合双创也有很多合作和创新尝试。目前阶段企业如能获得银行的股权投资在公司的品牌附加，相应债权融资获取、银行相关资源导入上将会得到较大的收益，而银行股权投资相对传统股权投资回购要求往往更为刚性，是中小企业融资中需要关注的重点。

七、引入战略投资者（VC/PE）的时机选择

公司引入战略投资者的时机，主要根据企业发展需求和市场情况确定。以下四种情况是公司引入战略投资者的较好时机：

（1）业务快速发展，债权融资受到限制不能满足业务发展的需要；

（2）为留住核心人才需实施股权激励计划；

（3）所处行业处于高速发展期，有较好的兼并收购机会；

（4）预计未来两三年内 IPO 融资，公司需进行股份制改造，完善股权结构和治理结构。

案例 9–1　A 公司引入战略投资者案例（续）

根据 A 公司 2010 年资产和盈利水平，估值约为 3000 万美元，是 2008 年的 2 倍。如在 2008 年引入战略投资者，2010 年末公司净利润有望达到人民币 3500 万～4000 万元，公司估值亦将超过 5000 万美元，原有股东持有股权的价值亦会比目前高，而且有望确立公司在行业内的领导地位。因此，股东普遍认为公司错过了一次发展机遇。2010 年末，公司考虑到所处行业处于快速发展时期，为留住核心人才需实施股权激励计划，同时创业板推出，公司估值有所恢复，虽然公司短期内业务发展不缺资金，但仍将引入战略投资者列为 2011 年重点工作。

八、引入战略投资者的注意事项

引入战略投资者（VC/PE）有如下注意事项：

（1）提前准备，忌“临时抱佛脚”。引入战略投资者一般需要 6 ～ 12 个月的时间，当需要资金时再引入战略投资者，企业资金面紧，沟通谈判时间短，往往会影响公司估值。

（2）精心挑选，忌“鼠目寸光”。目前，VC/PE 企业本身良莠不齐。好的战略投资者不仅可以给企业带来资金，还能提供战略分析、客户或渠道资源，协助公司引入后续私募资金，甚至在 IPO 时提高公司估值（特别是海外上市，海外投资者非常看重公司的战略投资者）。企业可在广泛接触的基础上，选择熟悉公司所处行业、能为公司提供客户或渠道资源的战略投资者。企业应更看重若干年（比如 IPO 时）后公司的整体估值，而不应以被投资时的企业估值为主要因素。

（3）分阶段实施，忌“一步到位”。引入战略投资者后企业财务状况会得到根本改善，后续可通过债权融资或多轮引资获得资金。因此，确定出让股份和引入资金总量时，应避免一次性出让股权数量过多。同时，随着企业的快速发展，估值会有所提高，分段融资更符合企业利益。但也要注意，融资有时间成本，并耗费管理层相当的精力，因此重点是选好首轮战略投资者，后续融资要充分依靠首轮战略投资者。

案例 9-2　W 公司“五步”走向资本市场

W 公司创办于 1998 年，主要从事高科技微创伤医疗产品的研究、制造、销售和服务，产品性能与国际竞争对手相当，但价格优势明显。随着国内市场的飞速发展，公司通过私募股权融资，实现业务超常规增长。

W 公司先后进行了五轮融资：2001 年销售收入达到 2000 万元时启动首轮融资；2002 年初首轮融资 900 万元人民币，占不到 20% 的股份；2002 年当年还进行了第二轮融资，募集 1350 万元，出让股份约 17%；2003 年初公司进行第三轮融资，募集 2485 万元，出让股份 21%；2004 年某国际知名企业向其投资 1800 万美元，通过股权置换和增资取得约 40% 的股权。国际投资者除提供投资外，在产品研发和海外市场拓展等方面与公司展开了广泛合作。2010 年，W 公司成功上市。

纵观 W 公司融资历史，初始融资规模并不大。如果一次融资金额过大，就会出让过多股权。通过分次融资，每次融资能力都变强（该公司第二次比第一次溢价约 100%，第三次溢价 60%，第四次溢价 300%）。

九、战略投资者（VC/PE）的关注重点（4M）

目标市场（Market）、企业管理团队（Management）、公司的商业模式（Model）和达到发展目标所需要的钱（Money）的数量，是投资者考察的重点。按重要性排序依次为：

（1）市场有多大（Market）：市场大小是投资人关心的首要问题。只有足够大的市场，才能产生一个优秀的目标公司。比如，在一个 10 亿元的市场中才能产生一家 2 亿 ~ 3 亿销售规模的公司（处于行业领先地位的企业，市场份额一般占 20% ~ 30%）。同时，公司保持高速成长也和市场有直接关系。只有市场高速发展，市场里的公司才能高速发展。优秀公司的成长速度要高于行业平均增长水平。

（2）管理团队（Management）：投资就是投资团队。企业家自身的素质是投资者关注的重点之一，包括诚实正直、奋斗精神、精力充沛、头脑灵活、学识渊博、领导能力、创新能力等因素。同时，企业家身边还要有一个能够相互协调、共同协作的多元化的团队。

（3）商业模式（Model）：商业模式是公司创造营业收入和利润的手段与方法。一个清晰的商业模式在吸引战略投资者时十分重要。因此，在与投资者接触时，除了让其对市场前景有一个清晰印象外，还要把商业模式介绍清楚。比如，公司的目标客户是哪些，如何接触到这些客户，市场策略是哪些，通过哪些渠道销售，如何配置公司资源，公司如何满足目标市场和目标客户的需求，公司的核心竞争力在哪里，公司的行业壁垒在哪里。这些描述并不一定用专业术语，投资人往往更偏好简单的表述。

（4）你要多少钱（Money）："钱"有两个含义，一是达到公司成长目标、收入目标和市场占有率目标等需要多少钱，二是公司价格高低。融资的目标是利用投资人的投资来帮助公司达到成长目标，而投资人的投资又以公司的股份为交换代价。投资者不仅仅看当前公司需要融资多少，还会关注实现上市目标总共需要多少资金，规划第二轮甚至第三轮融资。价格的高低通常不是投资人最关心的问题（也不应该是公司引入战略投资者时最关心的问题），投资人往往更关心市场、团队、商业模式、行业壁垒和企业成长性。

案例 9-3　某知名创投公司选择项目的标准

（1）投资项目的市场潜力（即使市场现在还小，未来前景足够好亦可）。

（2）公司管理层的能力、品德和信誉。公司管理层最好是互补型的，有的懂技术、有的精于管理、有的擅长市场营销。

（3）技术本身及转化为产品和服务的能力。

（4）重点考察公司的商业模式。怎样赚钱、为什么能赚钱，比对手强在哪里，哪儿可能出问题，出了问题怎么办。商业模式必须是切实可行的。

（5）公司的成长潜力。

投资者一般都是所在行业的专家（公司也不应寻找外行投资者），你很难骗他、把他搞晕，稀里糊涂地把钱拿走是不可能的，因此诚信很重要，个人信誉很重要。

十、战略投资者尽职调查的主要内容

投资人只有在全面了解目标企业的各种情况时才能真正地了解企业的

价值，也只有全面了解了企业，才能更好地化解未来可能出现的各种风险。对投资者的尽职调查，企业家应以开放的心态来面对。完全因为尽职调查发现大问题而不投资的情况，其实占比并不高。签署保密协议，可以避免投资人四处宣扬企业情况（但也不能完全依赖保密协议，企业家必须具有自我保护意识，像核心专利的细节就不必一一告知投资人）。

投资人尽职调查内容主要包括公司团队、财务、业务、法律四个方面。投资人一般会把清单列表提前给企业家做准备，然后组织尽职调查团队进入。尽职调查团队有时还包括律师和会计师等专业机构。

（1）团队：投资就是投资管理团队，对团队的调查是尽职调查的重要部分。投资人会在幕后使出全部能量，把团队的情况和背景调查得清清楚楚。

（2）财务：主要核查公司提供的财务数据是否真实，有时会非常细致，如查看银行账户具体交易记录和明细账目，详细核实金额较大的应收、应付及其他应收、其他应付款项，关注公司缴税情况、收入确认原则、应收账款质量等。

（3）法律：从公司是否合法成立、相关审批手续是否齐全等入手，到公司主要财产和财产权利的合法性（如土地产权是否清晰、公司的专利技术等），甚至于环保是否达标等。投资者还会调查企业是否涉及潜在的法律风险，组织架构是否会对投资人进入后进行重组产生障碍、合同中是否隐含大额赔偿风险或者重大诉讼、是否有或有债务（如对外担保）等。

（4）业务：对业务的调查和公司所处行业息息相关，有时又与财务、法律交织在一起，比如合同的执行和签订属业务层面，但涉及的法律风险列入法律部分尽职调查范围，收款、付款、收入部分又在财务尽职调查中体现。一般而言，投资人会到公司与管理层交流，会要求列席公司销售会议，也会要求和公司客户及合作伙伴交流，进行 360 度全方位调查访问。

十一、与投资者谈判要点

与投资者的谈判要点如下：

（1）请一位好律师（或好的融资顾问），从法律条文、交易结构等方面给企业家咨询和建议，不要对律师或融资顾问的费用斤斤计较。

（2）关注公司估值、证券类型、期权比例、董事会构成以及对原始股东和创业者的报酬和权力等关键条款。

（3）合理的资本结构比估值更重要。从长远来看，风险投资人占公司33% 还是 30% 的股份并不重要，重要的是资本结构对后续投资者（如投资银行或后期投资 PE）是否易于理解，并有投资意愿。

（4）准备最佳替代方案。选择 2 ～ 3 个意向投资者，有利于企业从最好的投资者那里得到更好的投资条款。如果只有一个意向投资者，就意味着没有谈判筹码。

（5）选择好的投资者。好的投资者与差的投资者有天壤之别，对好的投资者，企业应给予稍微优惠的条款（不管在公司估值或证券类型方面）。

（6）要求投资者提供参考信息。企业有权利要求投资者提供其所投资公司的 CEO 的信息，提供他们开除的 CEO 的信息。如果是好的投资者，他们将提供给你所投资公司的所有 CEO 的名册，并告诉你可以给任何人打电话。而差的投资者只提供极少的名字，并要求你给调查准备的时间。

（7）不要让投资者在谈判中以“我们都是这么操作的”蒙混过去。如果因为一些有说服力的原因使他们在某个条款上坚持，而这个条款对企业而言又非常重要，企业有权知道详情。

（8）如果面对的是联合投资者，坚持要求一个投资方律师和一个领投者。这样做既可以避免浪费精力，又能节省律师费。还要让投资者承诺，经过谈判确定的内容，不能回过头来再进行商讨。特别是对参与了公司不同阶段投资的投资者，用这种方法进行协调和利益平衡非常有利。为了保证融资的顺利进行，企业家有时候要不断扮演仲裁者角色。

（9）为下一轮融资做准备。投资者不准备参与下一轮融资的情况对企业而言是非常糟糕的。其他投资者对其进行的惩罚，将给企业家和公司管理层带来很多连带伤害。企业家和律师应坚持一些保护性条款，以应对本轮投资者在下轮融资中不追加投资的情况。同时，也要防止有些条款或构架影响公司下一轮的融资决策，避免今后只能以较低的价格向现有的投资者融资。

（10）审慎对待投资协议条款清单谈判。不管是首轮还是后续几轮，企业在谈判中的表现将对今后与投资者的关系定下基调，融资是企业与投资者博弈的分界线，随后他们将进入董事会并影响公司管理构架和部分经营决策。

十二、寻找战略投资者的5个途径

寻找战略投资者的5个途径如下：

（1）直接寻找投资机构高层人士：企业家可以直接联系相关投资机构的朋友，或者通过自身圈子里的律师、会计师、主要合作银行，直接发出公司有意引入战略投资者的信息，由朋友介绍认识相关投资机构的领导层。

（2）通过互联网：国内有很多风险投资网站。在线寻找风险资本，需要填写项目情况，公司需充分考虑保密性，特别是对要求在线提供商业计划书（或商业计划书概要）的投资机构，要特别谨慎。

（3）参加相关会议：会议是企业家与投资机构接触的重要途径。由投资咨询机构举办的项目与资本对接会、融资路演会，往往有一定主题（如生物医药类投资洽谈会），此类会议商业气氛较浓，有的会收取较高的会务费。还有一些带有学术性或行业聚会性的研讨会，如风险资本协会年会政府或银行主办的研讨、交流会议。

（4）通过政府相关机构：目前，政府在优质企业引入战略投资者中起的服务作用越来越强，符合政府相关条件的企业，通过政府平台寻找优质的投资者是一个非常好的途径。

（5）聘请专业的财务顾问：利用专业化的财务顾问服务寻找投资者最为便捷，公司到融资后期一般也需要聘请律师或财务顾问，协助公司进行投资协议条款清单的谈判。

十三、聘请财务顾问的注意事项

聘请财务顾问的注意事项如下：

（1）尽可能找著名的中介机构或大型中介机构。

（2）确认备选中介机构后，企业必须明确服务需求，也可以让中介机构提出目前其提供的服务，由公司从中选择。

（3）让中介机构明确收费数额，最好落实到每一项具体工作的具体价格，要求和报价要以书面形式确定。

（4）要求中介机构指定专人负责具体工作，企业有权要求中介机构提供指定人员的工作经验介绍，以证明其工作胜任能力。

案例 9–4　某公司私募融资案例

某养殖企业成立于2000年，主要从事猪、鸡、鸭育种、繁殖、养殖、生产、加工、销售以及饲料、添加剂生产、加工、销售。2008年，总资产达15060万元，负债8914万元，归属母公司净利润1717万元。企业经过近10年发展，可在养殖产业链的各个环节实现自我控制。为进一步发展，企业准备引进投资机构获取生产所需资金，以执行企业的发展战略，同时为上市做准备。

公司聘请了一家商业银行担任私募股权融资顾问。融资顾问开展了下列工作：

1. 寻找投资亮点

在对管理团队、产品和盈利模式、行业地位、经营现状、发展战略等进行充分了解后，财务顾问会对公司价值进行判断和提炼。该公司的价值突出体现在五个方面：①公司有一支在养殖行业内非常扎实的队伍；②公司虽然规模不大，但形成了对整条产业链的控制，确保食品安全；③公司净资产收益率较高，增长率非常可观；④公司在利润较厚的种猪繁养上确立了地区龙头地位；⑤公司在终端市场仅销售无公害冷鲜肉，已初步建立地区性高端品牌形象。

2. 根据企业的融资需求和自身条件制订融资方案

一方面结合企业发展规划和融资需求，一方面结合净利润、现金流和能够释放的股权，来制订融资方案。在该案例中，融资顾问考虑到企业单位资金投入的效能和上市的相关标准，为企业设计了可以进行两轮投资的股权空间，并预留了管理层期权执行方案。

3. 制作私募文件和协助路演

融资顾问制作的私募文件涵盖《投资建议书》、路演文件、《投资条款备忘录》并进行了共计5场路演。

4. 协助企业接待投资机构的尽职调查和商务谈判

该项目共接待了3家投资机构的详细尽职调查，并进行了多场关键点谈判。最终投资者接受的价格以及融资额符合企业预期，同时纳入估值调整协议（对赌）的净利润在企业可控范畴之内。企业和投资者对后期发展战略和控制措施也达成了共识。

第二节　对赌协议

对赌协议（Valuation Adjustment Mechanism，VAM），即“估值调整机制”，是投资方与融资方在达成融资协议时，对未来的不确定情况进行的一种约定。如果企业未来获利能力达到某一标准，则融资方享有一定权利，用以补偿企业价值被低估的损失；否则，投资方享有一定权利，用以补偿高估企业价值的损失。

对赌协议是投资协议的核心组成部分，是对企业估值的调整，是带有附加条件的价值评估方式。对赌协议产生的主要原因是投资方规避因投资企业估值与实际价值出现较大偏差带来的风险。表 9-3 简单回顾了几场主要对赌局的情况。

表 9-3　主要对赌局的简单回顾

中资 VS 外资	赌局	结局
港湾 VS 华平、龙科	2001—2004 年一旦港湾未能实现持续的销售增长，外资将会获得更多股权。同时规定，一旦港湾上市不成，港湾管理层将失去对企业的控制权	被华为收购
雨润 VS 高盛、鼎晖和 PVP	在雨润香港上市时，若雨润 2005 年盈利达不到 2.592 亿港元，投资方有权要求大股东以市场溢价 20% 的价格赎回所持有的股份	2006 年 3 月雨润盈利达 3.6 亿元人民币，远超对赌下限
蒙牛 VS 摩根、鼎晖及英联	约定蒙牛在 2004—2006 年盈利复合增长率达到 50%，管理层将向投资方支付 7800 万股公司股权。反之，投资方支付相同数量股权给管理层	蒙牛表现优异，对赌以双赢结局提前结束
永乐 VS 摩根及鼎晖	摩根、鼎晖以 5000 万美元入股永乐，永乐在 2007 年扣除非核心业务利润后盈利如高于 7.5 亿元人民币，投资人向高管层割让 4697 万股；利润介于 6.75 亿元和 7.5 亿元之间不需进行估值调整；利润介于 6 亿元和 6.75 亿元之间，管理层向投资人割让 4697 万股；利润低于 6 亿元，则管理层割让的股份达到 9395 万股	未能实现约定的业绩增长，被竞争对手国美收购

续表

中资 VS 外资	赌局	结局
太子奶 VS 高盛、英联及摩根士丹利	在收到 7300 万美元注资后的前 3 年，如果太子奶集团业绩增长超过 50%，可调整（降低）对方股权；如完不成 30% 的业绩增长，太子奶集团创始人李途纯将失去控股权	未能实现约定的业绩增长，失去控股权

一、国外对赌协议的内容

国外对赌协议约定的范围非常广泛，通常涉及以下内容：

（1）在财务绩效方面，若企业的收入或者净利润等指标未达标，融资方将转让规定数额的股权给投资方，或者增加投资方的董事会席位等；

（2）在非财务绩效方面，若企业完成了新的战略合作或者取得了新的专利权，则投资方进行下一轮注资等；

（3）在企业行为方面，投资者会以转让股份的方式鼓励企业采用新技术，或者以在董事会获得多数席位为要挟，要求企业重新聘用满意的 CEO 等；

（4）在股票发行方面，投资方可能要求企业在约定的时间内上市，否则有权出售企业，或者在企业成功获得其他投资且股价达到一定水平的情况下，撤销对投资方管理层的委任；

（5）在管理层方面，协议可约定投资方有权根据管理层是否在职，确定是否追加投资，管理层离职后是否失去未到期的员工股。

二、国内对赌协议的主要内容

目前，国内 VC/PE 进行 PRE-IPO 投资时，一般也设计对赌条款，但与国外对赌协议相比，国内的对赌条款非常简单，主要涉及两方面内容。

（1）上市保障条款（即时间对赌）：投资方要求被投资企业保证或承诺在一定时间内上市，以便获利退出被投资企业，如果到期未能上市或者未能达到预期的市值，则被投资企业或其大股东需要以适当方式予以补偿。

（2）业绩保障条款：投资方根据被投资企业的经营特点设定单一经营目标（如 1 年的净利润）或设立若干经营目标（如净利润、增长率）。如果未达标，投资方会要求被投资企业或其大股东给予一定补偿，以保证投资前后被投资企业估值不变。补偿方式主要有以下两种：

①现金对赌：被投资企业大股东以现金方式向投资方给予补偿，或者被投资企业回购投资方所持股权。

②股权对赌：被投资企业大股东无偿向投资方转让一定比例的股权，或者被投资企业大股东以一定溢价购买投资方所持股权。

需要注意的是，与国外投、融资方采用双向对赌方式相比，国内的对赌条款主要采取单向对赌方式，即一般是由被投资企业的原（大）股东向投资方进行相应补偿。

三、对赌协议对创业板上市的影响

对赌协议对创业板上市的影响情况见表 9–4。

表 9–4　对赌协议对创业板上市的影响

对赌的指标	一般约定的对赌结果	可能影响上市的情况
财务绩效：如销售额、总利润或税前利润、净利润或利润率、资产净值或几年内的复合增长率等财务指标	股权发生变化：管理层（投资方）出让或收购（被奖励）对方股份，或者投资方增资	实际控制人发生变更
非财务绩效：如顾客的数量、注册用户数量、点击率等	董事会席位变化：管理层或投资方在董事会获得或丧失席位	董事、高级管理人员发生重大变化
企业重大发展：如完成新的战略合作或者取得某些重要的专利、商标，或者某项特定的新技术成功产业化	少数股东获得更多的否定权，形成共同控制	股权比例、董事不确定
管理层去向：管理层离职或被解雇，或者企业在一定期限聘任新的 CEO	出售：投资方有权要求股东在约定条件下一致同意将企业出售，且各股东委托投资方全权处理与出售企业有关的事宜	股权权属潜在纠纷
新股发行：企业在约定的期限内实现上市，或者企业成功获得其他投资	管理层或员工获得或丧失期权	
赎回：企业或老股东按约定回购		
投资方股权	投资方获权委派高管人员	

依据《首次公开发行股票并在创业板上市管理暂行办法》第十三条：发行人最近两年内主管业务和董事、高级管理人员均没有发生重大变化，实际控制人没有发生变更。第十七条：发行人的股权清晰，控股股东和受控股股东、实际控制人支配的股东所持发行人的股份不存在重大权属纠纷。

四、上市前未执行完毕的股权对赌协议对上市是否构成法律障碍

对赌协议作为新老股东对其民事权利义务的约定和处分，如果系相关各方真实意思的表示，不违反法律、行政法规的强制性规定，应受到法律的保护，但依法构成合同无效和被撤销的除外。但是，如果上市前股权对赌协议未执行完毕，即在企业被证监会核准上市前关于业绩保障的股权对赌未予执行，是否导致股权比例调整尚不能确定，在这种情况下，是否执行股权对赌协议的不确定性在一定程度上影响了企业股权的稳定性，各股东股权存在潜在纠纷，即发行人股权不够清晰且可能存在重大权属纠纷，在一定程度上对企业上市构成法律障碍。

第三节　公司估值

一、影响公司估值的主要因素

所谓估值，就是估计的价值。未上市企业没有公允的市场价值，所以公司价值是企业家和投资者的主观判断，合不合理也是主观感受。

影响公司价值的因素有：

（1）公司所处的阶段，一般越早期估值越低；

（2）公司所在行业，传统行业估值较低；

（3）公司管理团队；

（4）公司资金短缺情况：现金流短缺会影响公司估值，因此融资计划应提早启动；

（5）市场竞争情况：当投资者有合理竞争对手时，公司有机会获得更高估值，因此如有可能，应适当多寻找几家潜在的符合公司需求的投资者。

投资人会根据公司商业计划书，参照市场情况，按不同投资阶段以及不同财务状况，重点选择一两种估值方法，并以若干其他方法作为补充，折算出一个投、融资双方均能接受的价值。一般来说，企业家对公司的估值预期均比投资者的估值要高，最终估值水平要通过商业谈判来确定。

二、几种常用的公司估值方法

以 P/E（市盈率）、P/B（市净率）、P/S（价格 / 销售收入比率）、PEG（市盈率相对盈利增长比率）等作为关键指标，对公司进行估值，简单直观，可操作性强，是国内公司估值主要采用的方法。

（1）P/E（价格 / 利润）：最适合连续盈利且 β 值接近于 1 的企业。因为 P/E 除了受企业自身基本面的影响之外，还会受到整个经济和证券市场景气程度的影响。

（2）P/B（价格 / 净资产）：主要适合于拥有大量资产特别是固定资产的企业，这类企业净资产与企业价值的关系最为一致。

（3）P/S（价格 / 销售收入）：主要适用于销售收入比较稳定的企业。另外，由于其不能反映成本的变化，因此比较适用于销售成本率较低的服务类企业，或者销售成本率趋同的传统行业的企业。

（4）PEG（市盈率与增长率比较）：主要关注企业收益的增长，比较适用于增长率较高的成长型企业。

因此，传统行业企业，通常会优先考虑DCF、P/E，而高新技术行业企业，则普遍首选 P/E。就不同投资阶段以及不同财务状况而言，如果被投资企业正处于早中期发展阶段并且尚未实现盈利，那么创业投资机构较多使用 P/S、P/B 等；如果已经实现盈利，则更多使用 P/E、DCF 和 PEG 等；如果被投资企业已经处于中后期发展阶段，此时公司往往已经实现盈利，而且各方面的发展都比较成熟，IPO 预期也较为强烈，此时创业投资机构较为普遍使用的是 P/E。

三、估值并非越高越好

企业家应注意，估值不是越高越好。每项投资的条件都不尽相同，可能有分期投资设计，可能还有条件不同的对赌协议，可能还是大公司的防御性策略（比如：盛大 1 亿元收购锦天科技；微软收购 Facebook 少量股权，将其估值抬高到150亿美元）。

公司估值太高，投资者勉强进来，对公司今后犯错误或走弯路的容忍度就低，也不利于后续投资者的引进。因此，引进战略投资者，公司和投资者都要放平心态，不仅在公司估值上寻求双方都认可的平衡点，更要把公司未来的发展作为首要因素考虑，不要把精力只放在价格上。成交后忘掉价格，永远不要同别人比，因为最后的成交价格如何，涉及因素太多，要相信市场的有效性。企业家和战略投资者需要做的是共同为公司价值的最大化而努力。

第十章

股权激励

第一节　股权激励概述

一、股权激励的概念

股权激励是指企业通过在一定条件下，以特定方式赋予企业员工（特别是高级管理人员和业务骨干）一定数量的企业股权进行激励的一种制度，其根本目的是优化企业资源配置、提升企业竞争力、实现可持续发展。它能将企业短期利益和长远利益有效结合起来，使企业核心员工站在所有者立场上思考企业发展，从而达到企业所有者和经营者等核心员工收益共同提升的双赢目的。

从本质上讲，股权激励是原股东与被激励对象的一次“交易”，原有股东拿出股权，也就是企业长期发展的参与和受益机会以及共享企业的控制权，与被激励对象进行“交易”，获得被激励对象的专业技能和对企业的忠诚，形成新老股东共治的局面。

二、改制与股权激励的关系

中小企业通过改制，应完善法人治理结构，引入现代化管理手段，使企业实现长期健康发展，为上市奠定坚实的基础。而股权激励就是实现这些目标的有效手段。股权激励对企业发展具有以下作用：

1. 创造企业利益共同体

股权激励将所有者与经营者的利益联系到一起。实施股权激励的结果是企业经营者和所有者有共同的利益取向，形成利益共同体。

2. 吸引人才、留住人才

实施股权激励可以让员工分享企业成长所带来的收益，增强员工归属感和认同感，激发员工的积极性和创造性。股权激励制度还是企业吸引优秀人才的有力武器，为新员工预留同样的激励条件，可给新员工很强的利益预期，具有相当的吸引力，从而集聚大批优秀人才。尤其是对高级管理人员，未来的高额收益将对他们产生强烈吸引力。更重要的是，一个有自己份额的事业平台，对有理想的高级管理人才来说，是实现自我价值最合适的选择。

3. 产生有效的业绩激励

核心员工（主要是管理人员）成为公司股东后，能够分享高风险经营带来的高收益，有利于激发管理人员的竞争意识和创造性，促使其发挥潜力，大胆进行技术创新和管理创新，提高企业的经营业绩和核心竞争能力，保证未来发展。

4. 促使经营者关注企业长期发展，减少短期行为

股权激励的部分奖励是在卸任后延期实现的，这就要求经营者不仅关心如何在任期内提高业绩，而且必须关注企业的长远发展，以保证获得延期收入。由此可以进一步弱化经营者的短期化行为，更有利于提高企业在未来创造价值的能力和长远竞争能力。

5. 推动完善公司治理结构

公司治理中重要内容之一是实现内部各利益主体的相互协同和制衡。通过股权激励，核心员工在获得利益激励的同时，也有了更多的发言权和对企业的影响力，他们会更加主动地关心企业发展和运行，原先主要由创始股东形成的较为单一的股权结构被打破，股东之间的博弈在所难免。而这种博弈，只要被纳入有序轨道，将促进企业的决策更加科学、有效，新老股东的行为更加符合公司治理要求，企业的“地基”将更加健康，也为未来公开上市等社会化变革奠定现代企业制度的基础。

三、股权激励需避免的误区

股权激励运用得好会使企业、投资人、管理人、员工等多方共赢，但运用不好也可能一损俱损。在股权激励中应避免以下误区：

1. 将股权激励误读为“员工福利”

股权激励虽然可以提高员工的福利待遇，但股权激励并不一定是每个员工都可以享受的福利，它应该是拉动企业绩效的动力。股权激励不能采用“撒胡椒面”的方式，要着力避免股权激励中“大锅饭”和“搭便车”现象。股权激励对象的资格确认、权利行使条件等都应该严格量化，在界定行权条件时，对公司业绩与激励对象个人业绩考核都要适当从严考量，过宽的业绩条件不仅不利于调动员工的积极性，还容易引起非股权激励对象的非议。

2. 业绩指标过高，使股权激励成为“鸡肋”

公司对自身状况和市场行情认识不足，将实现股权激励的业绩指标定得过高，以至于股权激励变为画饼充饥，导致激励对象缺乏热情，而使得股权激励变为“鸡肋”。

3. 业绩指标过低，出现激励过度和“自我奖励”

公司对业绩指标设计不合理，导致股权激励与公司高管业绩挂钩不紧密，或者监督机制不严谨，容易出现高管弄虚作假，造成公司业绩增长假象，即不管公司实际业绩如何，高管福利一样照单全收，出现高管人员过度激励，公司高管自发红包现象。

四、股权激励方案的主要对象

确定激励对象须以企业战略目标为导向，即选择对企业战略最具价值的人。一般来讲，公司进行股权激励的对象范围有主要高管、管理层及骨干、员工三种，公司需要根据各自的实际情况选择适合的激励对象范围。

选人其实是为企业的未来发展选择合适的人力资本。股权激励的本质是吸引能为企业未来发展创造价值的人才，现在能胜任的人才并不代表就是适合企业未来发展的人才，即企业需要激励的人才。选人的关键不是简单的静态的论功行赏，而是如何通过一定的机制设计能激励人才在“赛跑”中脱颖而出。

五、股权激励额度如何确定

激励额度太小会导致激励效果不明显，激励额度太大又会造成人力成本剧增和股权过度稀释，从而影响公司业绩和大股东对公司的控制权。

确定股权激励额度一般遵循如下步骤：

（1）确定个人预期收益；

（2）计算每股期权或股权在计划期内的收益，得出每位激励对象所获授的期权或股权数量；

（3）将所有的激励对象获授的期权或股权数进行加总，得到激励股数总额。

在定量的过程中，还应充分考虑企业未来的外部融资活动对股权结构的影响以及对控股股东控制力的影响。

六、确定股权激励价格的要点

合理定价需要企业有一套规范、透明的财务体系。绝大部分非上市公司的财务无须公开，因此平衡公司财务特征与股权激励对财务规范、透明的要求是定价的基础。

另外，许多企业存在非经常性损益，对原有股东结构下的企业资产，在确定与股权激励相对应的定价原则时，进行一定的划分和界定非常重要，它关系到股权激励的合理性和原有股东的利益。

七、股权激励的时间

股权激励的时间包括两方面内容：一是根据企业不同发展阶段确定股权激励的时间；二是确定股权激励实施的时间。例如：是否分期实施？分几期？每期多长时间？最佳的授予与行权时间？定时一般不能太短，也不宜太长。确定股权激励的时间，还要考虑企业的发展速度以及外部资本市场的运行规律，使股权激励方案能在合适的时候发挥合适的效用。

八、IPO 申报前能否制定并实施股票期权激励计划

只要签署合法的股票期权实施协议，有明确、合法的股票期权来源，期权计划人数直接或间接不超过 200 人，且在申报文件中披露，理论上是可行的，但在境内 IPO 项目中尚未出现过先例。

九、股权激励中的股份来源和资金来源

一般股票来源有发行股票或回购本公司股票，资金来源有直接出资、激励对象工资、奖金、分红抵扣、企业资助等。

十、获得股权激励的条件

企业应在规定的期限内对激励对象获得股权设定一定的约束条件，如必须满足业绩指标、个人考核指标等。这既是对选人的保障手段，也是激励核心员工、说服其他员工的重要手段。

股权激励一般设置两类条件：一是公司整体业绩条件，多为财务性指标；二是个人业绩考核指标，根据每个人的工作特点不同。在设置整体业绩条件时，需要参考公司历年业绩状况、行业发展状况和业绩水平等因素。

考核指标和考核方法科学与否、可操作性如何是决定考核成效的关

键。要对被激励对象进行合理考核，还依赖于公司整体组织体系、授分权体系、财务核算体系等的健全与完善。

十一、股权激励方案中的退出机制

股权激励方案中关于股权退出的通道和规则，对非上市公司来说不可或缺。因为人才流动在所难免，股权的流动也就避免不了。一方面，要确定股权转让的锁定期安排，以保障股权激励的激励导向的长期性；另一方面，对股权对象的离职、辞退、开除、退休、离世等不同情形，也要有不同的约定，进行制度性安排。

十二、采用股权激励机制的拟上市企业应关注的问题

（1）股权激励方案相关决议、文件等资料是否符合《公司法》及相关法律法规以及公司章程的规定，确保企业股权激励方案决策程序的合法性；

（2）是否存在代持股问题；

（3）是否存在不具有主体资格的被激励者参与股权激励的情形；

（4）管理层或员工用于购买企业股份的资金来源是否合法，是否由企业垫付资金购买股份；

（5）股权是否清晰，股权结构是否安全和稳定；

（6）对管理层进行股权激励时要求股权受让方签订相关的承诺书是否合法；

（7）股份支付会相应影响当期利润等财务指标，需注意是否实施了股权激励后导致企业无法满足上市条件或是影响上市进程等。

十三、股权激励的定价对拟上市公司利润计算的影响

根据证监会的规定，公司对于公司高管的股权激励，如其定价与引入外部投资者时的定价有差距的，其差价部分将有可能被要求计入当期的损益，因此公司在实施股权激励时需关注定价对于公司业绩计算的影响，避免由于股权激励使得公司某一期利润产生大幅波动甚至发生当期亏损。如可以将员工的股权激励在引入投资者前半年以上的时间完成则相对影响会较小，但此时由于没有了投资者入股价格作为参照，对于公司股权的定价有一定的挑战。

十四、非上市公司股权激励方案设计的基本原则

1. 与企业实际相结合

要将股权激励的普遍规则与实施企业的特殊情况相结合，根据不同的公司性质、治理基础、发展方向与重点、盈利能力与成长性、公司基础管理水平采取不同的股权激励方案，具体企业具体方案，大胆创新，力戒照抄照搬。

2. 精选股权激励对象

选择股权激励对象就是选择公司未来的主人，因此不是简单的唯能力论或按当前的重要性来排序，不能没有原则和标准的全部接收，而是要精心选择认同公司理念、忠诚度高、具有团队精神、业务能力强的创业团队，可以用设定一定的约束考核条件、分期授予股权等方式来选择合适的人选，控制人员风险。

3. 体现长期激励

股权激励与薪酬激励最本质的不同是股权激励是一种长期激励，因此进行股权激励，需要分期分批实施，并且每次所激励的股份的数量要适当。

4. 激励和约束相结合

通过股权激励要实现经营者和原股东“利益分享，风险共担”。而不能是只有收益，不担风险。当然，激励对象承担风险的形式可以多样化。

5. 合法

合法性是股权激励方案设计的基础，否则将会给公司带来隐患。不能为了图省力、降成本，就设法钻法律的空子，或者是由于缺乏法律意识和专业能力，又疏于规范，使股权激励的一方或各方缺乏应有的法律保障。

6. 适合企业可持续发展

股权激励方案的设计要适应企业未来可持续发展，而不是为了实现公司短期目标。股权激励方案一定要有利于人才的优胜劣汰、有利于企业各类资源的合理配置、有利于企业运行的规范化，要为未来的发展预留制度接口。

十五、设计股权激励方案的主要考虑因素

1. 企业性质

主要涉及股本结构问题。国有企业属于国家财产，不能随意确定转让价格，业绩股票、业绩单位、限制性股票和延期支付比较适合国有企业。民营企业不涉及国有资产问题，各种股权激励方式的使用受限较少。

2. 行业特性

技术型企业激励对象范围较广，限制性股票、股票期权、期股比较适合在初创和成长期使用，业绩股票、业绩单位、股票增值权、延期支付较适用于成熟期。劳动密集型企业股权激励一般集中于中高层。

3. 发展阶段

初创期由于企业现金缺乏，期权和期股为股权激励的主要模式，激励对象范围也较广。快速成长期的企业可考虑使用股票期权、股票增值权、虚拟股票等模式，激励对象集中于高管和公司骨干。成熟期的企业可采用业绩股票、业绩单位和延期支付。

4. 股权结构

股权激励会打破原来的股权结构，因此需要考虑对股权结构的影响。对于股权结构分散的公司来讲，用于股权激励的股权数量不宜过大。

5. 激励对象

股权激励的主要对象应为高管和骨干，对于一般员工股权激励不应作为主要的激励手段。对于销售和研发等骨干员工期权或期股是较为理想的股权激励模式。

6. 推动主体

股东方推动的股权激励更关注企业长期绩效，习惯运用股票期权、期股、限制性股票、业绩股票和员工持股的激励模式，管理层推动的股权激励更愿意使用业绩单位、股票增值权、虚拟股份和延期支付。

7. 企业规模

规模相对较小的企业可多考虑期股、业绩股票、业绩单位、员工持股和延期支付的股权激励模式。

8. 盈利状况

盈利情况较差、现金流缺乏的企业应尽量避免增加成本和现金支出，特别要尽量避免选择股票增值权、虚拟股票和业绩单位等股权激励模式。

第二节　股权激励模式

具体而言，股权激励包括九种模式，这九种激励模式的比较分析情况见表 10–1、表 10–2。

表 10–1　股权激励九种模式比较

模式	定义	优点	缺点	适用范围	已实施公司
股票期权	给予经理人员在某一期限内，以一个事先约定的固定价格来购买本公司股票的权利。（作为股权激励可能附带一些行权条件，下同）	①实现了经营者与资产所有者利益的高度捆绑。②可锁定期权人的风险，股票期权持有人不行权就没有任何额外损失。③有利于企业降低激励成本。④激励力度比较大	①过分依赖股票市场的有效性。②可能带来大量的经理人短期行为。③股票来源和退出渠道存在问题。④经理人经营选聘机制存在问题，缺乏经理人市场	适合初始资本投入较少，资本增值较快，在增值过程中人力资本增值效果明显的公司	长源电力，清华同方、东方电子、中兴通讯、中捷股份、双鹭药业
股份期权	又称期股，公司和经理人约定将来某一时期内以一定的价格购买一定数量的股票（购股价格一般参照当前价格确定）	股票来源问题得以较好解决。除有偿购买之外，其余优点同股票期权	需要花钱购买期权，行权是强制性的，经理人风险较股票期权大	适用于上市和非上市公司，非上市公司中应用前景较大	中关村置业、博飞仪器、北开股份、金星笔业、凯建建筑、大明眼镜、菜市口百货、上海埃通
业绩股票	又称业绩股权，公司在年初与经营者确定业绩目标和与之对应的股票授予数量，如果激励对象年末实现目标，则公司提取奖励基金为其购买一定数量的股票	①能够激励公司高管人员努力完成业绩目标。②激励和约束对等，约束性强。③比较规范，经股东大会通过即可实行，操作性强。④激励效果明显，且每年实行一次，能发挥滚动激励、滚动约束的良好作用	①公司的业绩目标确定的科学性很难保证，容易导致公司高管人员为获得业绩股票而弄虚作假。②激励成本较高，有可能造成公司支付现金的压力	只对公司业绩目标进行考核，不要求股价上涨，适合业绩稳定性的上市公司及非上市公司	佛山照明、广东福地、天药股份、金陵股份、泰达股份、电广传媒、东阿阿胶、光明乳业

续表

模式	定义	优点	缺点	适用范围	已实施公司
业绩单位	本质上是一种承诺，公司事先设定若干绩效指标，在规定的绩效期内（一般较长）经理人员可以实现，公司支付经理人员一定数额的现金	和业绩股票相比，业绩单位减少了股价的影响	除对企业现金流压力较大之外，其余与业绩股票相同	适用于业绩稳定、现金流状况较好的上市公司或非上市公司	东方创业、天通股份、天大天财
限制性股票	公司为实现某一特定目标，无偿将一定数量的股票赠与（或以较低的价格售与）激励对象，当激励对象完成目标后才可抛售股票，未实现目标股票将被收回（或按出售价格回购）	从本质上属于业绩股票。①有可能是免费或低价获得，激励更强。②通过对业绩条件、禁售期限的严格规定，使激励和约束对等。③与股票期权相比，解决了购股资金来源问题	会促使经理人放弃对高风险、高回报项目的投资，其余缺点同业绩股票	结合了股票期权和业绩股票的优点，适用于上市和公司非上市公司	万科、华侨城、G深振业、浙江创业、中远发展
虚拟股票	公司授予激励对象虚拟的股票，如果实现公司目标被授予者可以享受分红或股价升值收益，虚拟股票没有所有权和表决权，不能转让和出售，离开公司时收回	①不影响公司的总资本和股本结构，不会导致控制权争夺的矛盾。②规避了股票市场风险对虚拟股票持有人收益的影响。③具有一定的约束作用。因为获得分红收益的前提是实现公司的业绩目标，并且收益是在未来实现的	①激励对象可能因考虑分红，减少甚至不实行企业资本公积金的积累，而过分关注企业短期利益。②企业分红意愿强烈，导致公司现金支付压力比较大	适合现金流量比较充裕的非上市公司和上市公司	银河科技、上海贝岭

续表

模式	定义	优点	缺点	适用范围	已实施公司
股票增值权	公司授予经营者一种权利，在规定期限内，公司股票或业绩上升，经营者可以按一定比例获得公司股票或业绩上升所带来的收益	①操作方便、快捷。②审批程序简单，无须解决股票来源问题	①激励对象不能获得真正意义上的股票，激励效果相对较差。②对资本市场有效性依赖较大，可能导致公司高管层与庄家合谋操纵公司股价等问题。③公司现金支付压力较大	较适合现金流量比较充裕且比较稳定的上市公司和现金流量比较充裕的非上市公司	三毛派神、中国石化（H股）、深高速
延期支付	公司为激励对象设置一揽子薪酬收入计划，其中有一部分属于股权激励收入按当日公司股价折算成股票数量，在既定的期限后再以公司股票的形式或期满时公司股票的现金价值支付给激励对象	①减少了经理人员的短期行为，有利于长期激励，留住并吸引人才。②可操作性强。③部分奖金以股票形式获得，因此具有避税作用。④风险收益对等。⑤可以用现金方式对经理人的利益进行长期捆绑，应用前景非常广泛	①公司高管人员持有公司股票数量相对较少，难以产生较强的激励力度。②股票二级市场风险不确定，经理人不能及时将薪酬变现	比较适合业绩稳定型的上市和非上市公司及集团公司、子公司	宝信软件、三木集团、武汉中商、武汉中百、鄂武商
员工持股计划	公司内部员工个人出资认购本公司部分股份，并委托公司进行集中管理的产权组织形式	①是国有法人股减持的一个渠道。②具有普遍福利作用。③解决了高管和员工收入不均衡的问题	①会导致股权过分分散。②激励力度不足	比较适合高科技企业、创业板上市公司及其子公司等人力资源较强的企业	

表 10-2 九种激励模式内在特性的比较分析

激励模式	短期激励性	长期激励性	约束性	现金流压力	市场风险影响
股票期权	弱	强	强	弱	强
股份期权	弱	强	强	弱	强
业绩股票	强	强	一般	一般	一般
业绩单位	强	弱	弱	强	弱
限制性股票	弱	一般	强	弱	一般
虚拟股票	强	一般	一般	强	一般
股票增值权	一般	一般	一般	强	强
延期支付	一般	强	一般	强	一般
员工持股计划	一般	一般	一般	弱	一般

案例 10-1 A 公司股权激励方案

一、目的

公司经过多年发展，特别是 2011 年引入战略投资者后将进入快速发展的关键时期，同时公司经过多期培训已经储备了一批业务能力强的员工。为使公司高层管理人员和骨干员工分享公司发展成果，提高员工凝聚力，特制订本次股权激励计划。

二、对象

本次股权激励方案对象以公司中高层管理及业务骨干为主，结合员工持股计划覆盖全体员工。

三、模式

本次股权激励计划以业绩股票和员工持股计划为主，结合虚拟股票和延期支付。

四、数量

本次股权激励计划，战略投资者入股前拿出不超过 15% 的老股，首批激励股份不超过 5%，其余预留激励池。

五、价格

本次股权激励计划，公司股份定价以引入战略投资者时的公司估值为基础。

六、时间

首次激励时间与公司战略投资者的引进同步，今后和年业绩考核评价相结合，分期行权。

七、股份来源

主要通过转让老股方式，结合员工的虚拟股票和骨干的延期支付。

八、条件

核心 KPI 完成年度预定计划（如扣除拨备后年净利润提高超过 20%）为后续进一步兑现股权激励的条件。

九、计划的调整及修改原则

计划一年一定，每年业绩考核时结合实际情况做调整，在公司引入战略投资者融资或上市前可以按需要调整。

十、实施方案

由于公司引入战略投资者的工作仍在进行中，以公司投资前估值 3000 万美元为例，公司老股东拿出不超过 15% 的老股，用于公司高管和骨干的股权激励，用于首次激励的不超过 5%，其余作为预留后续股权激励股票池。

股份购买安排：在公司持股比例不到 1% 的公司高管，可以 2010 年年终业绩奖励的 200%（具体比例要测算）为额度，按战略投资者购买价格的 50% 购买公司老股（如 2010 年年终业绩奖励为 10 万元，可以 20 万元购买 40 万元老股），购买后持股比例不超过 1%。公司业务骨干可以年终奖励 150% 为额度，按战略投资者购买价格的 50% 购买公司老股，购买后持股比例不超过 0.2%。公司全体员工可以战略投资者入股价格的 60%、80% 各购买不超过 5000 元的公司老股。同时，公司按照员工购买股权数额在 2011 年按 1 ：1 授予虚拟股票，虚拟股票的收益在所在事业部（公司高管及骨干为公司整体）完成 KPI 指标后分 3 年按 25%、25%、50% 兑现。员工可以先支付 50% 为首付，余款在 12 个月内等额付清（不计利息，未实际付款前计为虚拟股权）。

虚拟股权安排：每年由公司董事会审批给予有特殊贡献的主管和员工（如业绩奖励排名在公司前2名的员工及排名第一的骨干）虚拟股权（普通员工原则上每次授予的股权为0.01%，主管每次授予0.02%，年合计最高不超过0.1%），当年授予的虚拟股权参与当年全年分配，每年虚拟股票的收益次年起分3年按25%、25%、50%兑现，在公司引入融资（或上市时），持有该部分虚拟股权的员工可以相对于战略投资者60%的价格购买相应公司股权（亦可不购买仍作为虚拟股权），当公司当年完成核心KPI后员工可以享受相应的收益。

员工离开公司，虚拟股权（含该股权下未分配收益）由公司老股东收回，虚拟股权纳入股票激励池，未分配收益由老股东收回。

员工离开公司，实股可以保留（以分期付款的方式尚未支付对价的股权按虚拟股权处理）。离开公司后的员工所持有的股份可以转让，但公司老股东有优先购买权，转让时间不足1年的股份老股东有权按原价收回。

董事会（股东会）有权根据实际情况对股权激励计划做出相应调整。受到调整影响的员工，有权要求老股东按原价（另加每年5%的利息）收回已购买股权。

第十一章

红　筹

第一节 红筹架构概述

红筹架构，一般是指中国境内企业或居民搭建多层股权控制或协议控制架构，将其原于境内持有之境内经营实体的权益转由其控制的境外实体持有（权益的最终持有方仍为中国境内企业或居民），并以相应的境外实体为融资平台在境外实现融资操作的一种结构安排。境内经营实体的实际控制人通常在英属维尔京群岛、开曼群岛等境外离岸中心以及已建立《内地与香港关于建立更紧密经贸关系安排》的香港特别行政区等地区设立特殊目的公司（SPV，通常设置多层境外架构），通过股权或协议安排由 SPV 返程控制境内经营实体。设立红筹架构的目的一般为：SPV 合并境内经营实体的业务和经营记录，继而由 SPV 实现境外融资、上市。

实践中，红筹架构主要分为股权控制类和协议控制类两类。

1. 股权控制类红筹架构

股权控制类红筹架构，即由境内经营实体的实际控制人在境外离岸中心设立 SPV，由 SPV 或其下属子公司返程持有境内经营实体的权益。

股权控制类红筹架构的一般架构如图 11-1 所示。

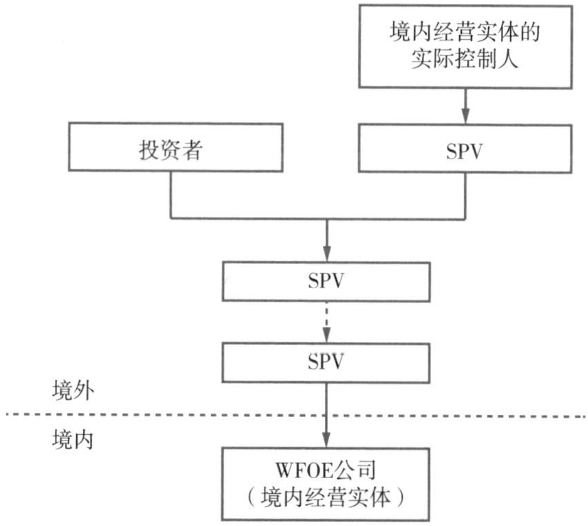

图 11-1 股权控制类红筹架构

2. 协议控制类红筹架构（或称为“VIE 架构”）

协议控制类红筹架构，即境内经营实体的实际控制人在境外离岸中心等境外注册地设立SPV，并由境外SPV投资设立的外商独资企业（"WFOE公司"）与境内经营实体（"VIE公司"）签署独家业务合作协议、独家购买权协议、股权质押协议、授权委托书等一系列协议（"VIE协议"）以达到实际控制境内经营实体的目的，最终将被控制的境内经营实体的利益转移至境外SPV。

协议控制类红筹架构的一般架构如图11-2所示。

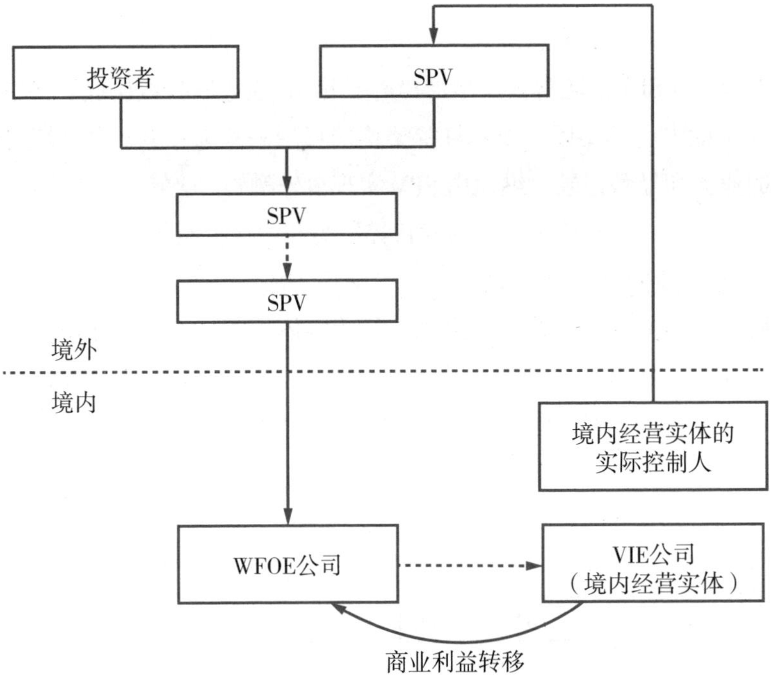

图11-2　协议控制类红筹架构

第二节　红筹架构企业回归的路径选择及主要方式

一、红筹架构企业回归的路径选择

1. 红筹架构拆除的核心：实际控制人的控制权转回境内

根据中国境内资本市场的监管实践，如搭建有红筹架构的企业拟于中国境内资本市场上市或挂牌，其中国境内实际控制人应通过一系列境内外并购重组程序，直接或通过境内实体持有该企业的控制权，其中需关注事项以及涉及的问题主要包括：

（1）明确界定拟上市公司的控制权

企业控制权是能够对股东（大）会、董事会的决议产生重大影响或者能够实际支配企业行为的权力，其渊源是对企业直接或者间接的股权投资关系。因此，明确界定企业控制权的归属是拆除红筹架构的基础问题，在开展该项工作时，既需要审查相应的股权投资关系，也需要根据个案的实际情况，综合对发行人股东（大）会、董事会决议的实质影响及对董事和高级管理人员的提名及任免所起的作用等因素进行分析判断。

（2）拟上市公司的控制权必须转回境内的原因

股权清晰及股权架构透明是证券监管部门审核企业上市或挂牌的基础条件。

法律规范层面，目前并无要求拆除红筹架构的具体规范，仅以“股权清晰”等要求概括规制。证券监管实践方面，中国证券监督管理委员会（简称“中国证监会”）通过保荐代表人培训形式明确了红筹架构的监管要求，并且中国证监会的监管思路亦随着时代发展有所调整，从重监管到重披露。2015 年，中国证监会以问题解答的方式明确了有关重大资产重组中标的资产曾拆除 VIE 协议控制架构的信息披露要求（具体见本书第五章）。

2. 控制权如何转回境内——红筹架构下控制权转回境内的四种路径

对于股权类的红筹架构而言，拆除红筹架构以实际控制人转而通过境内实体持有拟上市公司控制权为标志；对于 VIE 类红筹架构而言，拆除红筹架构的标志往往是 WFOE 公司终止其与 VIE 公司之间的协议控制。实际操作中，基于税务、投资策略、实际控制人身份等因素，控制权转回境内的操作路径往往存在差异。

（1）全部“红筹架构落地”

这种情形下，实际控制人（控股股东）将其通过境外公司持有的境内经营实体全部权益转让给实际控制人本人（或其控股的境内实体持有），从而实现境内经营实体的控制权完全回归到境内。

案例 11-1　日海通讯红筹架构拆除后控制权全部转回境内

深圳日海通讯技术股份有限公司（002313）（简称“日海通讯”）曾搭

建红筹架构，其红筹架构如图 11-3 所示。

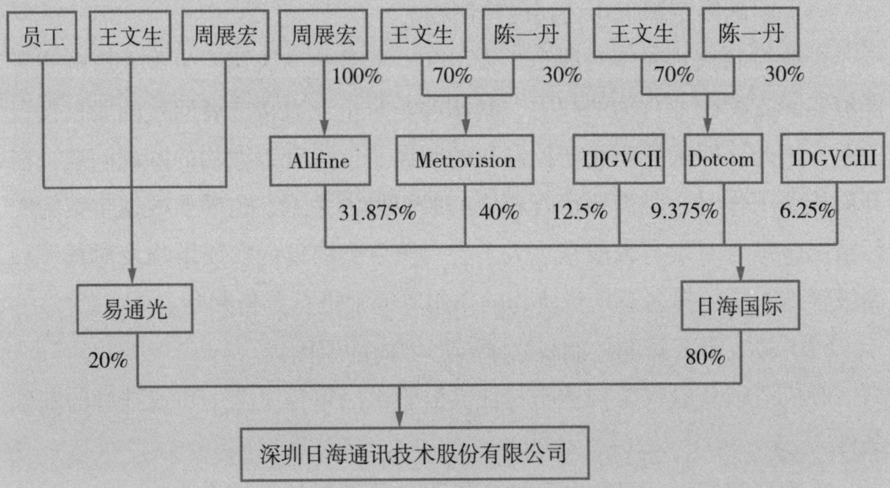

图 11-3　日海通讯红筹架构

日海通讯于 2008 年着手红筹架构拆除，为境内上市做准备：2008 年 9 月 18 日，日海国际与海若技术、允公投资、IDGVC 签订股权转让协议书，日海国际将持有的日海通讯 39.5%、25.5% 和 15% 的股权分别转让给海若技术、允公投资、IDGVC，转让价格以评估公司评估值为基础。

前述股权调整后，日海通讯的股权结构如图 11-4 所示。

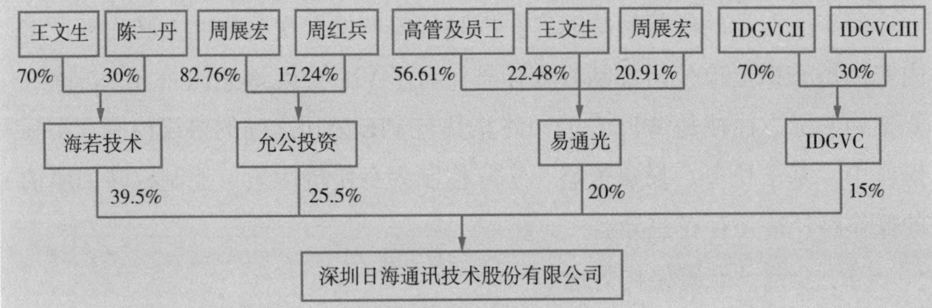

图 11-4　调整后的日海通讯股权结构

通过前述股权转让，境内自然人王文生、周展宏直接通过其境内实体持有日海通讯的股权；IDGVCII、IDGVCIII 则通过其香港子公司 IDGVC 持有日海通讯的股权。股权结构调整完成后，日海通讯实际控制人及其他主要股东的实际控制人保持不变，公司的主营业务、董事、监事及其他管理人员保持不变。日海通讯的实际控制人将其通过境外 SPV 持有的日海通讯股权全部转让给境内实体，以此方式实现了控制权全部转回境内。

（2）部分“红筹架构落地”

境内证券市场中也存在实际控制人在转回控制权的同时通过境外主体持有拟上市公司少部分股权的成功案例。该等情形下，境内经营实体的实际控制人（控股股东）将其通过境外公司持有的境内经营实体的控股权转让给其本人（或其控股的境内实体）持有，从而实现控股权回归到境内（实际控制人持有的参股权仍保留由境外主体持有）。

案例 11-2 誉衡药业红筹架构拆除后实际控制人仍通过境外主体持有部分股权

以哈尔滨誉衡药业股份有限公司（002437）（简称“誉衡药业”）为例，誉衡药业曾搭建红筹架构，其红筹架构如图 11-5 所示。

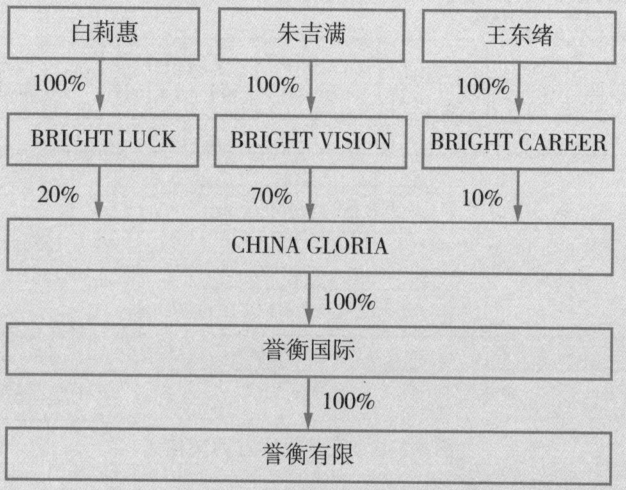

图 11-5 誉衡药业红筹架构

誉衡药业于 2007 年着手红筹架构拆除，为境内上市做准备：2007 年 10 月 30 日，誉衡国际与恒世达昌签订股权转让协议书，誉衡国际将誉衡药业 60% 的股权转让给由朱吉满控股的恒世达昌，转让价格按照注册资本定价。2008 年 3 月 31 日，誉衡国际分别与健康科技、百庚禹丰签订股权转让协议书，誉衡国际将持有的誉衡药业 12%、0.5% 股权分别转让给健康科技、百庚禹丰。

本次股权结构调整，誉衡药业的控制权由国外转回国内，实际控制人朱吉满通过境内实体持有誉衡药业60%的股权，同时朱吉满投资的境外SPV誉衡国际仍继续持有誉衡药业的股权。

（3）协议控制类红筹架构回归

协议控制类红筹架构回归通常包括如下步骤：境外SPV层面的股权清退、境内VIE公司的股权还原为真实状态、WFOE公司与境内VIE公司终止控制协议等。

案例11–3　协议控制类红筹架构拆除实例

以天涯社区网络科技股份有限公司（833359）（简称“天涯社区”）为例，天涯社区曾搭建红筹架构，其红筹架构如图11–6所示。

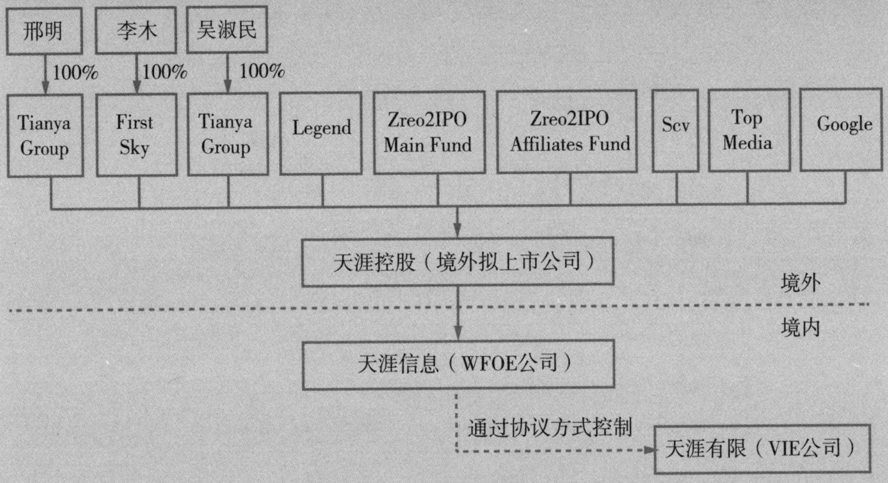

图11–6　天涯社区红筹架构

天涯信息与天涯有限及（或）其股东签署了一系列协议控制协议，包括：①天涯信息与天涯有限签署的《独家技术咨询与培训协议》《独家技术支持与技术服务协议》；②天涯信息与天涯有限及其股东签署的《购股权协议》；③天涯信息与天涯有限及其股东签署的《股权质押协议》；④天涯有限各股东签署的授权委托书。

2010年，天涯社区解除了协议控制结构，其实施步骤如下：

1. 回购Google股份

2010年6月21日，天涯控股董事会、股东会作出决议，同意天涯控股以290万美元的价格回购Google持有的天涯控股100万股股份，同意天涯控股签署相应回购协议、股东协议修正案等交易文件，Google不再享有相应股东权利，且天涯控股董事将相应改选。同日，天涯控股与Google签署《SHAREREPURCHASEAGREEMENT》，天涯控股以290万美元的价格回购Google持有的天涯控股100万股股份（每股面值0.001美元，Google认购价格为每股1美元）；同日，天涯控股各股东签署了股东协议第一次修正案。

2. 境内股权调整

2010年12月，天涯有限增资至5000万元，北京澜讯科信投资顾问有限公司、顾光、王美华、覃业洪、孙巍、严宏、李向园、倪正东、江伟强、詹颖珏、肖旭以及海南达维互联网投资管理有限公司认缴新增注册资本1915.704万元，原股东邢明、李木、吴淑民和君联创投认缴新增注册资本1084.296万元。

3. 终止VIE协议

（1）2011年1月20日，天涯控股董事会作出决议，同意解除、终止天涯有限在股东协议、股份认购协议项下的一切义务、责任以达到天涯有限在中国境内上市的目的，同意相应修改股东协议和股份认购协议。

（2）2011年1月20日，天涯控股与其各股东签署股份认购协议第一次修正案和股东协议第二次修正案，终止天涯有限在股份认购协议和股东协议项下的一切义务、责任，天涯有限不再隶属于天涯控股。

（3）2011年1月20日，天涯信息与天涯有限、海南君达创业投资管理有限公司（简称“君达创投”）、北京君联创业投资中心（有限合伙）（简称“君联创投”）、李木、吴淑民、徐豪、倪正东、邢明签署《协议终止合同》，确认控制协议签署后，天涯信息并未向天涯有限提供控制协议中约定的相关服务，而天涯有限也不存在向天涯信息支付控制协议项下服务费用的义务，并约定控制协议于《协议终止合同》签署之日正式终止，控制协议终止后各方将不再受控制协议的约束，任何一方不再享有控制协议项下任何权利和承担任何义务，任何一方均不得向其他方主张控制协议项下的任何权利或要求其他方履行控制协议项下的任何义务。

前述VIE架构解除后，天涯社区的股权结构如图11-7所示。

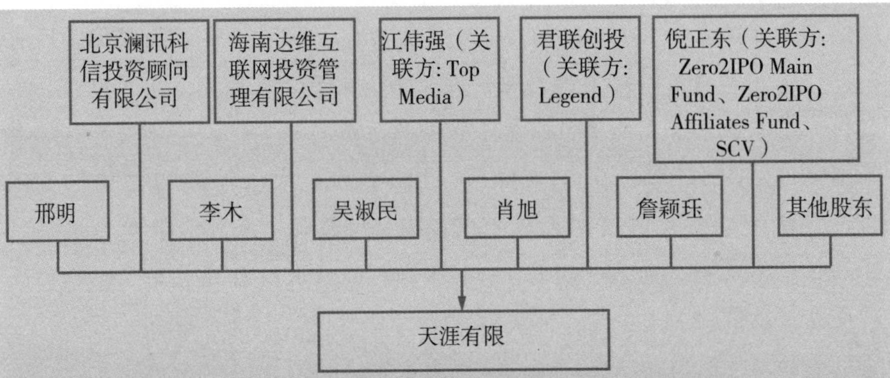

图 11-7　VIE 架构解除后天涯社区的股权结构

（4）不进行“红筹架构落地”

如前所述，根据 2010 年左右保荐代表人培训的内容，境内自然人通过取得境外身份从而获得红筹架构合法资格的问题亦在满足规范性条件的情况下得到认可。因此，实践中也有部分搭建了红筹架构的企业，因实际控制人后续取得了境外身份而在境内上市过程中未拆除红筹架构，如浙江向日葵光能科技股份有限公司（300111）、广东依顿电子科技股份有限公司（603328）、上海飞凯光电材料股份有限公司（300398）均属于这种情况。

二、红筹架构落地的主要方式

根据境内证券市场目前的实践，拆除红筹架构的重组方式有多种。普遍采用如下两种形式：

1. 股权转让方式

采用股权转让方式拆除红筹架构，是指实际控制人控制的境外 SPV 将所持境内经营主体股权分别转让给实际控制人或其设立的境内持股主体。

同时，如果除实际控制人之外的股东有持股调整要求（如境外 SPV 层面的投资人退出、境内经营实体层面引入新投资人、管理层持股安排等），也可以通过将境内经营实体的股权转让给这些主体或其另外控制的境内实体。例如，高奇电子（831586）、迪森股份（300335）、天涯社区（833359）等均是以股权转让方式实现红筹架构拆除。

2. 增资方式

采用增资方式拆除红筹架构，是指原通过境外 SPV 间接持有境内经营主体股权的实际控制人，在境内设立境内持股公司，该境内持股公司对境内经营主体增资取得控股权，并摊薄境外 SPV 所持境内经营实体的股权。同时，实际控制人通过股权回购、转让等方式相应放弃通过境外 SPV 持有的全部或部分的境内经营主体控股权，实现控制权转回境内。例如，数码大方（832617）、圣莱达（002473）、双成药业（002693）等均是以增资方式实现红筹架构落地。

第三节 红筹架构企业回归所涉主要合规问题

一、商务主管部门——商委监管事项

商务主管部门的监管事项主要包括：①搭建红筹架构及后续融资阶段涉及的境外投资审批 / 备案手续；②返程投资阶段涉及的外商直接投资或跨境并购的审批登记手续；③红筹架构拆除阶段涉及的外商投资审批等。主要内容如下：

1. 搭建红筹架构及后续融资阶段涉及的境外投资审批 / 备案手续

整体而言，目前我国对于境外投资项目实行多头并管的模式，商务主管部门从合同备案的角度出发进行核准和备案，而发改委则从项目可行性角度进行监管。在搭建红筹架构阶段，第一步为境内居民在境外设立一个或多个 SPV，如系由境内企业在境外设立 SPV，除需完成发改委关于境外投资项目的核准 / 备案外，还应在商务主管部门完成境内企业境外投资的核准 / 备案手续。在 SPV 完成后续融资及返程投资之后，依法还需进一步进行再投资信息披露。需要注意的是，中国（上海）自由贸易试验区（简称“上海自贸区”）对于境外投资审批流程与区外略有差异。上海自贸区内采取一口受理机制，自贸区管理委员会统一受理区内企业境外投资核准 / 备案申请，不区分投资金额，这也意味着区内企业无须再分别申请办理发改委及商务主管部门的审批手续。

从规定层面而言，2014 年以前，发改委及商务主管部门分别根据《境外投资项目核准暂行管理办法》（国家发展改革委第 21 号令）以及《境外投资管理办法》（商务部令 2009 年第 5 号），对于境外投资采取核准制的管理模式。2014 年，发改委及商务部分别修改了原有的管理办法，现行《境

外投资项目核准和备案管理办法》（国家发展和改革委员会令第9号）、《境外投资管理办法》（商务部令2014年第3号）对于境外投资的监管政策正在从“核准为主”转变为“备案为主”，从总体上放宽了境外投资项目的审批限制。需要注意的是，在判断有关的境外投资程序是否合规时，需要依据当时适用的规定进行分析。

2. 返程投资阶段涉及的外商直接投资或跨境并购的审批手续

在境外架构搭建完成后，通常需要以新设或跨境并购方式在境内设立WFOE或合资企业，并通过一系列重组实现境外SPV对境内经营主体权益的合并。在返程投资阶段涉及的外商直接投资或跨境并购流程中的主要合规问题包括：

（1）外商直接投资的合规性

在现行外资监管体系下，一家外商投资主体，无论其规模、投资金额或行业如何，从其设立至终结清算乃至经营过程中的任何增资、减资、股权变化均需取得商务主管部门的审批。

境内外商投资首先需要符合我国关于外资准入的相关规定，其中《外商投资产业指导目录》（简称《产业指导目录》）是与现行外资核准制相配套的、指导外资准入的核心文件，明确规定了鼓励类、限制类的外商投资项目以及禁止外商投资的领域，未列入指导目录的行业视为允许外商投资的领域。进一步来说，自2013年以来，上海自贸区率先参考国际通行的负面清单做法，制定了适用于区内的《外商投资准入特别管理措施》以取代《产业指导目录》，并开创性地提出在负面清单之外的领域，有关外商投资企业的行政审批将暂时停止实施，改为备案管理。

除了前述外资行业准入规定以外，商务主管部门在批准外商投资主体设立及后续变更时，还主要依据了以下规定，包括但不限于《中华人民共和国外资企业法》及其实施细则、《中华人民共和国中外合资经营企业法》及其实施条例、《中华人民共和国中外合作经营企业法》及其实施细则、《关于外商投资企业境内投资的暂行规定》、《外商投资企业投资者股权变更的若干规定》、《关于涉及外商投资企业股权出资的暂行规定》及《关于外商投资企业合并与分立的规定》等。因此，需核查境内外商投资相关主体在设立及存续过程中是否符合了上述外商直接投资相关监管规定。

（2）10号令相关问题

中华人民共和国商务部、国务院国有资产监督管理委员会、国家税务总局、国家工商行政管理总局、中国证监会、国家外汇管理局于2006年8月8日联合公布的《关于外国投资者并购境内企业的规定》及其之后的修订版（简称“10号令”）是规范返程投资最为重要的规定之一。

①审批层级要求

根据10号令，返程投资过程中外资并购境内企业的程序需由省级以上商务主管部门进行审批。境内实体或自然人以其在境外合法设立或控制的公司并购与其有关联关系的境内的公司，应报商务部审批。当事人不得以外商投资企业境内投资或其他方式规避前述要求。

对于实践中存在的部分返程投资涉及之外资并购或在10号令生效以后发生之关联并购仅获地方主管部门批准的情况，虽然10号令并未明确违反审批权限的行政处罚规定，但若返程投资、关联并购未取得适格主管部门的认可，该等审批程序瑕疵将对红筹架构搭建过程以及后续拆除过程的合规性产生影响。

②资产评估要求

根据10号令的规定，对于境外SPV并购境内经营实体的交易，并购当事人应以资产评估机构对拟转让的股权或拟出售资产的评估结果作为确定交易价格的依据。资产评估应采用国际通行的评估方法，禁止以明显低于评估结果的价格转让股权或出售资产，变相向境外转移资本；并且，外国投资者并购境内企业，导致以国有资产投资形成的股权变更或国有资产产权转移时，应当符合国有资产管理的有关规定。

3. 拆除红筹架构阶段涉及的审批登记手续

在拆除红筹架构的过程中，可能涉及境内经营主体的股权转让、WFOE公司的股权转让、境外SPV及WFOE公司与境内经营主体的业务及资产重组等事项，涉及外商投资企业权益变动的事项一般需要经过商务主管部门的审批。在这一阶段所涉及的主要规定已在前文中提及，在此不作赘述。实践中，需要重点关注以下几点问题：

（1）境外SPV一般会在境外引入投资，由于境外投资者通常以高溢价进入境外SPV，如后续在拆除红筹架构的过程中，境外投资者仍需要持有境内经营实体的股权，则需要预先考虑境外投资者以何种价格取得境内经营实体股权的问题（特别是在境外投资人同时管理外币基金和人民币基金，且两只基金的有限合伙人不完全相关的情况下）。无论是通过增资或转股方式对境内经营实体进行投资，若涉及非常高的溢价，则商务主管部门在审批时可能要求说明合理性。

（2）如境内经营实体的实际控制人和投资者都需要将原通过境外 SPV 持有的境内经营实体权益转回至境内，从税收筹划的角度考虑，实践中实际控制人（通常为境内经营实体的创始人）通常考虑早于境外投资者进行权益回归。因此，对于股权类的红筹架构拆除而言，在投资者入股前的一段过渡时间内，境内经营实体可能需要先变更为中外合资企业而非直接一步到位变更为内资公司。而按照目前的中外合资企业法等外商投资相关规定，除了个别地方通过规定或个案审批的方式进行突破外（如中关村、浦东新区等地），大多数地方还不允许境内自然人成为中外合资企业的直接股东（因外资并购境内企业导致境内自然人成为中外合资经营企业直接股东的情况除外）。因此，除非经商务主管部门同意，否则作为一个过渡性安排，创始人可能需要先通过一个持股平台受让 WFOE 股权，而不能以个人身份直接持有中外合资企业的股权。

（3）境外投资人在投资境外 SPV 时通常会设定一定的股东优先权利（如一票否决权、反稀释、回购、清算优先权等），在拆除红筹架构后，继续持有境内经营实体股权的境外投资者可能希望保留境外融资文件中约定的前述优先权利。由于商务主管部门可能并不倾向于批准这些优先权条款，实践中创始人及境外投资者往往通过另行签署股东协议或其他补充协议对该等优先权利条款予以约定。然而，根据《最高人民法院关于审理外商投资企业纠纷案件若干问题的规定（一）》的规定，当事人在外商投资企业设立、变更等过程中订立的合同，依法律、行政法规的规定应当经外商投资企业审批机关批准后才生效的，自批准之日起生效；未经批准的，人民法院应当认定该合同未生效。因此，对于优先权利条款是否保留及如何保留问题还需要结合红筹架构拆除的实际情况予以进一步斟酌。

（4）反垄断审查。在拆除红筹架构阶段，境外投资者取得境内经营实体股权时可能涉及反垄断审查问题。我国目前对于外资并购实行的反垄断审查制度主要基于《中华人民共和国反垄断法》《国务院关于经营者集中申报标准的规定》《经营者集中审查办法》《经营者集中申报办法》等相关规定。根据规定，若参与集中的所有经营者上一会计年度在中国境内的营业额合计超过20亿元人民币，并且其中至少两个经营者上一会计年度在中国境内的营业额均超过4亿元人民币，则达到规定的申报标准，需要进行经营者集中反垄断申报评估。因此，在拆除红筹架构阶段需根据具体行业及重组相关各方的实际情况，判断是否涉及反垄断审查的问题。

（5）国家安全审查。在境外投资者并购境内关系国家安全的敏感行业（如军工及军工配套、重要农产品、重要能源和资源、重要基础设施、重要运输服务、关键技术、重大装备制造等）中的企业时，可能需要根据《商务部实施外国投资者并购境内企业安全审查制度的规定》《关于建立外国投资者并购境内企业安全审查制度的通知》等规定，接受商务部对相关交易的国家安全审查。因此，在拆除红筹架构阶段，需根据具体行业及重组相关各方的实际情况，判断是否涉及国家安全审查的问题。

二、外汇管理部门——外汇监管事项

外汇监管事项主要包括：红筹架构搭建阶段的境外投资外汇初始登记、后续融资与返程投资阶段外汇变更登记，红筹架构拆除阶段涉及的外汇注销登记、各环节所涉及进出境资金的来源及外汇合规性等。部分主要内容如下：

1. 境外投资及返程投资外汇登记

（1）境内企业境外投资外汇登记

对于红筹架构搭建过程中进行境外投资的境内企业而言，根据《境内机构境外直接投资外汇管理规定》（汇发〔2009〕30号），该等企业在取得商务主管部门颁发的企业境外投资批准证书后，应当办理有关的外汇登记手续，方能最终实现对外付汇。

（2）境内自然人境外投资及返程投资外汇登记

2014年7月，国家外汇管理局公布了《关于境内居民通过特殊目的公司境外投融资及返程投资外汇管理有关问题的通知》（汇发〔2014〕37号）（简称“37号文”），对境内居民境外投资或融资的外汇登记事项进行了更新、细化及调整。根据37号文的规定，2014年7月4日前，境内居民以境内外合法资产或权益已向特殊目的公司出资但未按规定办理境外投资外汇登记的，境内居民应向外汇管理部门出具说明函说明理由。外汇管理部门根据合法性、合理性等原则办理补登记，对涉嫌违反外汇管理规定的，依法进行行政处罚。故对于境内自然人而言，需依据37号文办理境内自然人境外投资外汇登记手续。实践中，搭建与拆除红筹架构过程中的37号文合规性问题，以及可能存在的外汇处罚情况，始终是证券监管部门的关注重点。

企业拆除红筹架构后回归境内资本市场，之前应做而未做的外汇登记/补登记事项将会成为其历史沿革方面的法律瑕疵。在已成功上市的去红筹架构公司中，较为普遍的做法是在股票发行人的招股说明中披露红筹架构涉及的境内居民已办理外汇登记或者外汇补登记。实践中，为减少发行审核过程中的风险，凡涉及上述登记事项的个人或企业，一般建议该等个人或企业与当地外汇管理部门取得沟通，或者补办外汇登记，或者取得外汇管理部门出具的不适用37号文的认可。

（3）境内WFOE或合资企业的外汇登记

根据《国家外汇管理局关于进一步简化和改进直接投资外汇管理政策的通知》（汇发〔2015〕13号）、国家外汇管理局关于印发《外国投资者境内直接投资外汇管理规定》及配套文件的通知（汇发〔2013〕21号）等相关规定，通过返程投资方式设立的外商投资企业需要办理相应的外商投资企业外汇基本信息登记或变更登记，且在办理该等手续过程中不得存在任何虚假陈述。

2. 各环节所涉及进出境资金的来源及外汇合理性

（1）红筹架构搭建阶段资金来源合法性

对于股权控制类的红筹架构，主要关注境外SPV并购境内经营主体的股权转让款的来源是否合法。对于协议控制类的红筹架构，由于资金一般是进入境外SPV在境内设立的WFOE，同时WFOE通过一系列协议实现对境内经营主体的并表，因此主要关注境内WFOE的资金来源。

（2）融资及返程投资阶段资金的入境及结汇合法性

红筹架构下，境外SPV以取得的境外融资或募集资金进行返程投资时，主要方式是向境内WFOE或合资企业进行增资或提供股东贷款。该等资金的入境及其结汇需要遵守外汇管理部门的相关规定，尤其是如下相关规定：①外汇资本金结汇规定，包括《国家外汇管理局综合司关于完善外商投资企业外汇资本金支付结汇管理有关业务操作问题的通知》（汇综发〔2008〕142号）、《国家外汇管理局关于在部分地区开展外商投资企业外汇资本金结汇管理方式改革试点有关问题的通知》（汇发〔2014〕36号文）及《国家外汇管理局关于改革外商投资企业外汇资本金结汇管理方式的通知》（汇发〔2015〕19号）；②外债登记监管规定，包括《外债登记管理办法》（汇发〔2013〕19号）及其操作指引等规定中的相关要求。

（3）红筹架构拆除阶段资金的来源及对外付汇的合法性

红筹架构拆除过程中，可能涉及向拟退出的境外股东支付转让对价，对于此类出境资金的来源及其支付汇出时的预提税扣缴等事项，也需要遵守相应的外汇监管要求。相关规定主要包括《国家外汇管理局关于印发服务贸易外汇管理法规的通知》（汇发〔2013〕30号）、《国家税务总局、国家外汇管理局关于服务贸易等项目对外支付税务备案有关问题的公告》（国家税务总局公告2013年第40号）以及之前适用的《国家外汇管理局、国家税务总局关于服务贸易等项目对外支付提交税务证明有关问题的通知》（汇发〔2008〕64号）、《服务贸易等项目对外支付出具税务证明管理办法》（国税发〔2008〕122号）及《国家外汇管理局、国家税务总局关于进一步明确服务贸易等项目对外支付提交税务证明有关问题的通知》（汇发〔2009〕52号）等。

从我国的外汇管理制度考虑，红筹架构搭建、拆除过程中都可能涉及数额较大的外汇使用。对于相关资金的来源、使用安排以及境内经营主体的实际控制人与资金来源方后续的安排，都应保证不违反我国的外汇管理相关规定，并有详尽的披露，确保整个过程的合法合规性。

三、税务主管部门——涉税事项

1. 红筹架构搭建及拆除过程中涉及的境内外投资人的所得税 / 预提所得税缴纳问题

（1）转让价格的税收合规性

红筹架构搭建及拆除过程中，可能涉及多个股权转让交易。例如对于股权类红筹架构的拆除，就可能涉及境外SPV将其持有的境内经营主体的股权转让给境内 SPV（一般包括境内经营主体的实际控制人、境外投资人设立的境内实体、员工持股平台等）。这些股权转让交易涉及的转股价格关涉相关主体的所得税征缴，因此一直为税务主管部门所关注。关于转让价格的主要法律法规有：

①《股权转让所得个人所得税管理办法（试行）》（国家税务总局公告 2014 年第 67 号）第十条规定，股权转让收入应当按照公平交易原则确定。第十一条规定，符合下列情形之一的，主管税务机关可以核定股权转让收入：（i）申报的股权转让收入明显偏低且无正当理由的；（ii）未按照规定期限办理纳税申报，经税务机关责令限期申报，逾期仍不申报的；（iii）转让方无法提供或拒不提供股权转让收入的有关资料；（iv）其他应核定股权转让收入的情形。

②《财政部、国家税务总局关于企业重组业务企业所得税处理若干问题的通知》（财税〔2009〕59 号）中规定，除符合本通知规定适用特殊性税务处理规定的外，企业重组（包括企业法律形式改变、债务重组、股权收购、资产收购、合并、分立等）资产或负债的计税依据应以公允价值为基础确定。

③《财政部、国家税务总局关于非货币性资产投资企业所得税政策问题的通知》（财税〔2014〕116 号）第二条规定，企业以非货币性资产对外投资，应对非货币性资产进行评估并按评估后的公允价值扣除计税基础后的余额，计算确认非货币性资产转让所得；第三条规定，企业以非货币性资产对外投资而取得被投资企业的股权，应以非货币性资产的原计税成本为计税基础，加上每年确认的非货币性资产转让所得，逐年进行调整。

被投资企业取得非货币性资产的计税基础，应按非货币性资产的公允价值确定。

综上所述，税务主管部门对重大资产重组过程中转让价格的确定原则一般为独立交易原则或公允价值，不符合独立交易原则或公允价值而减少应纳税所得额的，不论实际转让价格是多少，税务主管部门有权按照合理方法进行调整。

（2）取得转让溢价的转让方的所得税或预提所得税的申报缴纳情况

根据《中华人民共和国企业所得税法》及其实施条例，《国家税务总局关于非居民企业所得税源泉扣缴有关问题的公告》(税务总局公告2017年第37号)规定，境外SPV作为非居民企业，取得源自中国境内的股权转让所得，应当就其股权转让所得缴纳企业所得税，股权转让所得是指股权转让价减除股权成本价后的差额。同时，境内受让方作为股权转让款的支付人，应当作为扣缴义务人，实行源泉扣缴。

《关于非居民企业间接转让财产企业所得税若干问题的公告》(国家税务总局公告2015年第7号)(简称"7号公告")进一步完善了对非居民企业间接转让中国应税财产(包括股权和其他财产)的征税规则。7号公告第七条规定，间接转让机构、场所财产所得按照本公告规定应缴纳企业所得税的，应计入纳税义务发生之日所属纳税年度该机构、场所的所得，按照有关规定申报缴纳企业所得税。第八条规定，间接转让不动产所得或间接转让股权所得按照本公告规定应缴纳企业所得税的，依照有关法律规定或者合同约定对股权转让方直接负有支付相关款项义务的单位或者个人为扣缴义务人。

(3)资金调回境内涉及的个人所得税

以股权转让方式拆除红筹架构的，境内受让方将股权转让款支付至境外。对于身为境内居民的实际控制人而言，如该笔款项在境外无其他用途，仍需调回境内，主要有两种方式：其一为通过境外SPV层层向上分红，最终定向分给持有境外SPV股权的实际控制人；其二为境内实际控制人转让其所持境外SPV的股权给外方，从而取得股权转让款。上述两种方式均涉及境内自然人境外所得的个人所得税。

《中华人民共和国个人所得税法》(2011年修正)第九条第四款规定，从中国境外取得所得的纳税义务人，应当在年度终了后30日内，将应纳的税款缴入国库，并向税务机关报送纳税申报表。第七条规定，纳税义务人从中国境外取得的所得，准予其在应纳税额中扣除已在境外缴纳的个人所得税税额。但扣除额不得超过该纳税义务人境外所得依照本法规定计算的应纳税额。

(4)重组过程中的其他税务问题

重组过程中涉及的其他税务问题主要包括：是否符合特殊税务重组的要求，是否存在境外间接股权转让的问题等。针对上述两个问题，主要规定如下：

①特殊税务重组

《财政部、国家税务总局关于企业重组业务企业所得税处理若干问题的通知》（财税〔2009〕59号）第五条规定，企业重组同时符合下列条件的，适用特殊性税务处理规定：A.具有合理的商业目的，且不以减少、免除或者推迟缴纳税款为主要目的；B.被收购、合并或分立部分的资产或股权比例符合现行法规规定的比例；C.企业重组后的连续12个月内不改变重组资产原来的实质性经营活动；D.重组交易对价中涉及股权支付金额符合本通知规定比例；E.企业重组中取得股权支付的原主要股东，在重组后连续12个月内，不得转让所取得的股权。第六条规定了企业重组不同情形（包括企业债务重组、股权收购、资产收购、合并、分立等）下的不同计税规定。同时第七条规定，企业发生涉及中国境内与境外之间（包括港、澳、台地区）的股权和资产收购交易，除应符合第五条规定的条件外，还应同时符合下列条件，才可选择适用特殊性税务处理规定：A.非居民企业向其100%直接控股的另一非居民企业转让其拥有的居民企业股权，没有因此造成以后该项股权转让所得预提税负担变化，且转让方非居民企业向主管税务机关书面承诺在3年（含3年）内不转让其拥有受让方非居民企业的股权；B.非居民企业向与其具有100%直接控股关系的居民企业转让其拥有的另一居民企业股权；C.居民企业以其拥有的资产或股权向其100%直接控股的非居民企业进行投资；D.财政部、国家税务总局核准的其他情形。

《财政部、国家税务总局关于非货币性资产投资企业所得税政策问题的通知》（财税〔2014〕116号）第六条规定，企业发生非货币性资产投资，符合《财政部、国家税务总局关于企业重组业务企业所得税处理若干问题的通知》（财税〔2009〕59号）等文件规定的特殊性税务处理条件的，也可选择按特殊性税务处理规定执行。

《财政部、国家税务总局关于促进企业重组有关企业所得税处理问题的通知》（财税〔2014〕109号）第三条规定，对100%直接控制的居民企业之间，以及受同一或相同多家居民企业100%直接控制的居民企业之间按账面净值划转股权或资产，凡具有合理商业目的，不以减少、免除或者推迟缴纳税款为主要目的，股权或资产划转后连续 12 个月内不改变被划转股权或资产原来实质性经营活动，且划出方企业和划入方企业均未在会计上确认损益的，可以选择按以下规定进行特殊性税务处理：A. 划出方企业和划入方企业均不确认所得；B. 划入方企业取得被划转股权或资产的计税基础，以被划转股权或资产的原账面净值确定；C. 划入方企业取得的被划转资产，应按其原账面净值计算折旧扣除。

综上所述，根据经修订的《国家税务总局关于非居民企业股权转让适用特殊性税务处理有关问题的公告》（国家税务总局公告 2013 年第 72 号）第七条的规定，非居民企业股权转让未进行特殊性税务处理备案或备案后经调查核实不符合条件的，适用一般性税务处理规定，应按照有关规定缴纳企业所得税。另需特别注意，对于特殊税务重组中取得股权支付的原主要股东，在重组后连续 12 个月内不得转让该股权。

②非居民企业间接股权转让的税务处理

《关于非居民企业间接转让财产企业所得税若干问题的公告》（国家税务总局公告 2015 年第 7 号）第一条规定，非居民企业通过实施不具有合理商业目的的安排，间接转让中国居民企业股权等财产，规避企业所得税纳税义务的，应按照《中华人民共和国企业所得税法》第四十七条的规定，重新定性该间接转让交易，确认为直接转让中国居民企业股权等财产。

（5）VIE 架构拆除过程中涉及的特别税收问题

拆除协议控制类红筹架构的模式根据具体情况有各种选择，但是其目的是一致的，主要就是解除 VIE 协议，还原真实股权结构、清理境外 SPV 及其于境内设立的 WFOE。

在一般情况下，VIE 架构拆除所涉及的税务问题主要是转让境内经营实体和（或）WFOE 股权所涉及的企业所得税问题，如涉及 WFOE 的股权转让，还可能关系到 WFOE 变更为内资公司后以往年度取得的税收优惠如何处理的问题等，与股权控制类红筹架构无异。

在实际控制人不具备足够资金来源或引进具有资金能力的境内投资人的情况下，通过自境外 SPV 处收购 WFOE 的方式实现境外投资人退出可能存有障碍。因此，在必要情况下，VIE 架构拆除中还需要使用利润分配方式向境外投资人支付资金，使境外投资人实现退出。例如，境内 WFOE 向境外 SPV 分配利润，或境内经营实体向境外 SPV 支付特许权使用费等。就该等情况可能涉及的税务问题介绍如下：

①《中华人民共和国企业所得税法》第十九条规定，非居民企业取得的来源于中国境内的股息、红利等权益性投资收益和利息、租金、特许权使用费所得，以收入全额为应纳税所得额。境外 SPV 或离岸公司作为非居民企业需遵守前述规定。同时，根据《国家税务总局关于印发〈非居民企业所得税源泉扣缴管理暂行办法〉的通知》（国税发〔2009〕3 号）第三条的规定，对非居民企业取得来源于中国境内的股息、红利等权益性投资收益和利息、租金、特许权使用费所得、转让财产所得以及其他所得应当缴纳的企业所得税，实行源泉扣缴，以依照有关法律规定或者合同约定对非居民企业直接负有支付相关款项义务的单位或者个人为扣缴义务人。

② 2015 年 3 月 18 日，国家税务总局公布了《关于企业向境外关联方支付费用有关企业所得税问题的公告》（国家税务总局公告 2015 年第 16 号）。该公告规定，对于境内企业向境外关联方支付的下列费用，在计算企业应纳税所得额时不得扣除：A. 企业向未履行功能、承担风险，无实质性经营活动的境外关联方支付的费用。B. 企业因接受下列劳务而向境外关联方支付的费用：与企业承担功能风险或者经营无关的劳务活动；关联方为保障企业直接或者间接投资方的投资利益，对企业实施的控制、管理和监督等劳务活动；关联方提供的，企业已经向第三方购买或者已经自行实施的劳务活动；企业虽由于附属于某个集团而获得额外收益，但并未接受集团内关联方实施的针对该企业的具体劳务活动；已经在其他关联交易中获得补偿的劳务活动；其他不能为企业带来直接或者间接经济利益的劳务活动。C. 向仅拥有无形资产法律所有权而未对其价值创造做出贡献的关联方支付的特许权使用费，不符合独立交易原则的。D. 企业以融资上市为主要目的，在境外成立控股公司或者融资公司，因融资上市活动所产生的附带利益向境外关联方支付的特许权使用费。

2. 因拆除红筹架构导致有关企业变更为非外商投资企业时涉及的税收优惠返还问题

（1）生产性外商投资企业所得税优惠

《外商投资企业和外国企业所得税法》（主席令第 45 号）及《关于外

国投资者出资比例低于25%的外商投资企业税务处理问题的通知》（国税函〔2003〕422号）现均已废止。

另需提请注意的是，原先规定外资比例仅因发行新股而被摊薄至25%以下，但外资并未退出的，不适用补缴减免税款的规则，上述外资比例需考虑首次公开发行A股后被摊薄的影响。

（2）进口设备减免税

《国务院关于调整进口设备税收政策的通知》（国发〔1997〕37号）规定，对符合条件的外商投资项目在投资总额内进口的自用设备，项目单位可凭项目可行性研究报告的审批机构出具的确认书、外经贸部门批准设立企业的文件和工商行政管理部门颁发的营业执照等，向其主管海关申请办理免征关税。海关对上述进口设备实施监管。如在海关监管期内，外商投资企业外资比例低于25%，不符合免税条件的，将面临退税风险。

四、工商主管部门——登记变更事项

在红筹架构拆除过程中，可能会涉及公司的变更登记/备案事项（包括股东变更、股权比例变更、注册资本变更以及章程变更等）。因此，无论对于外商投资企业还是内资企业均应根据相关规定（包括但不限于《中华人民共和国公司登记管理条例》）在工商主管部门完成相应的变更登记/备案。

五、行业主管部门——资质问题

在红筹架构搭建或拆除过程中，还会涉及其他行业主管部门的监管，主要为特殊行业的资质问题。例如，目前多方关注的互联网企业办理增值电信业务经营许可证问题（增值电信业务经营许可证的办理要求应以工信主管部门的规定为准）等。

六、中国证监会——上市合规

就红筹架构搭建、拆除事项，中国证监会的关注要点参见本书第五章的内容。

第四节　红筹架构企业回归重组方案考虑因素

除本书第三章提及的规范性内容外，在确定红筹架构企业回归的重组方案时还需重点考虑如下因素：

一、拟上市（挂牌）主体的选择

1. 股权控制类红筹架构

由于此类架构的核心运营主体是境内的 WFOE 或其控股子公司，因此在拟上市（挂牌）公司选择时相对比较简单。

2. 协议控制类红筹架构

此类架构中有两个核心主体：一个是境内运营主体 VIE 公司；另一个是境外 SPV 控制的 WFOE 公司。选择 VIE 公司还是 WFOE 公司，是拆除协议控制类红筹架构首先要考虑的问题，关乎架构拆除以及上市（挂牌）的整体安排。

一般而言，拆除红筹架构是为了实现公司整体登陆境内资本市场的目的，因此，在结构拆除过程中，除了之前所谈到的合规性问题，还需要结合考虑证券监管部门的要求。

在大多数协议控制类红筹架构中，境内的 VIE 公司是业务牌照的持有方，因此通常也是实际运营业务的主体，拥有相关的业务、资产及人员等，因此将 VIE 公司作为拟上市（挂牌）主体更容易满足证券监管部门有关资产完整性以及业务独立性、连续性等方面的要求。另外，在某些特殊情况下，企业可能不得不选择 WFOE 公司作为拟上市（挂牌）主体。一般而言，以下情况会影响选择 VIE 公司或 WFOE 公司作为拟上市（挂牌）主体：

（1）企业所处的产业政策环境发生调整，企业所处行业不再属于外资禁止或限制类。在这种情况下，实际运营实体可能为 WFOE 公司，以 WFOE 公司作为将来的上市（挂牌）主体更容易满足有关资产完整性以及业务独立性、连续性等方面的监管要求。例如：新文化（300336）发行股份购买郁金香广告项目中，标的公司郁金香广告涉及拆除红筹架构，由于其所处行业不属于外资禁止或限制类，因此该公司虽然搭建了 VIE 架构，但主要的运营实体为 WFOE 公司，其 VIE 架构拆除方案亦围绕 WFOE 公司进行；借壳七喜控股（002027）的分众传媒也属于此类，从 2015 年 8 月

31 日七喜控股发布的公告看，分众传媒拆除红筹架构的方案也围绕 WFOE 公司进行。

针对此类行业，由于不存在外商投资限制，原红筹架构下的境内经营主体实际控制人以及境外投资人权益可以直接回归至境内 WFOE 公司，之后可以视情况将 VIE 公司收购成为 WFOE 的子公司或采用其他方式予以清理。采用上述模式需要特别注意的是，应与行业主管机关进行必要的事先沟通，确认外资成分（包括直接或间接持股两种方式形成的外资成分）对于境内 VIE 公司（如重组后将成为 WFOE 子公司）相关牌照的取得或更新不会构成实质性障碍。

（2）VIE 协议的执行情况。VIE 协议的履行情况主要有以下三种。

①完全未履行

在该种情形下，境内 VIE 公司的控制权、业务经营、会计核算等均未受到 VIE 结构的重大影响。因此，一般可以考虑将 VIE 公司作为回归境内资本市场的主体。

在法律上，如 VIE 协议已经签署但实际未履行，需要关注协议各方是否需要承担违约责任、是否存在缔约过失责任或其他法律后果等，以及协议各方是否存在争议或潜在纠纷。

②完全履行

如果 VIE 协议已完全履行，则 VIE 公司虽然作为名义上境内经营实体，但由于其全部或大部分利润已通过 VIE 协议转移至 WFOE 公司，VIE 公司的盈利记录难以满足境内上市条件、独立性难以满足境内上市（挂牌）条件；另外，对于通过 VIE 协议从 VIE 公司获取收入的 WFOE 公司而言，因其收入通过关联交易取得，且 WFOE 公司并不直接拥有实际运营需要的各要素，缺乏独立性和完整性，如果以 WFOE 公司作为拟上市（挂牌）主体，需要着重考虑并论证 WFOE 公司是否满足独立性要求、其过往财务业务状况是否具备可比性等因素。

在前述情况下，需要在考虑外商投资产业政策的基础上选择 VIE 公司或者 WFOE 公司作为拟上市（挂牌）主体进行重组，并且拟上市（挂牌）主体在重组完成后可能需要运作一段时间方可在境内资本市场申报上市（挂牌）。

③部分履行但对独立性不构成重大影响

实践中，VIE 协议被部分履行存在普遍性。对于 VIE 协议得以部分履行的项目，在确定拟上市（挂牌）主体时，应关注 VIE 业务协议履行的程度对 VIE 公司在报告期内的财务状况、经营独立性、税收缴纳情况是否有影响。如果 VIE 公司经营的独立性、连续性没有受到负面影响，税收缴纳合规，并且经营状况能够达到境内上市（挂牌）的要求，可考虑将 VIE 公司作为上市（挂牌）的主体。

已经上市的二六三（002467）案例即属于 VIE 协议部分履行的情况。二六三境内上市主体向 WFOE 实际转让了部分设备及无形资产，并且计提、支付了应向 WFOE 支付的设备租赁费和无形资产使用费。公司招股说明书解释上述资产转让和许可使用对发行人的实际经营没有影响：A 股上市主体仍保有业务经营所需的增值电信业务牌照，并拥有业务经营所需的资产、人员等资源；A 股上市主体独立对外签订合同，正常对外开展经营活动；转出的资产价值较小，占当时总资产的比例仅为 0.6%；转出资产的实际经营权仍在 A 股上市主体；A 股上市主体在 A 股上市前重新购回了所转让的资产。

二、创始人控制权的回归

在股权控制类的红筹架构或者选择 WFOE 作为上市（挂牌）主体的协议控制类的红筹架构中，拆除架构一般只涉及将 WFOE 的控制权转让给实际控制人或其在境内设立的持股平台。对于该等交易，除了需要经 WFOE 的原审批机关核准以外，还需要关注实际控制人或其在境内设立的持股平台收购 WFOE 股权时如何定价（是溢价收购还是按注册资本、净资产或是更低价格），该项问题同时涉及前面第三章的相关法律限制，需要事先与税务主管部门沟通该等转让价格的可行性。

在协议控制类的红筹架构中，如果选择 VIE 公司作为上市（挂牌）主体，大多数情况下实际控制人原本已经在 VIE 公司持有股权，因此拆除结构可能不涉及实际控制人境外权益回归境内的安排。拆除协议控制类红筹架构的核心是根据原境外持股结构并结合各方对公司的估值、境内新投资人的入股安排等因素，推算并在 VIE 公司层面反映实际控制人以及境内外投资人的股权比例。

在另外一些项目中，VIE 公司的股权可能由人代持，拆除架构的过程则涉及将代持安排还原到真实情况。对于这种情形，需要通过转让或其他交易将 VIE 公司的股东变更为实际控制人及其他实际权益人。对于证券监管部门而言，历史上代持人用于出资的资金来源、被代持人是否真实出资、代持发生时与解除时对应的出资权益是否一致、代持关系解除是否彻底以及是否存在法律风险等问题都可能成为审核重点。

三、境外投资者投资资金及股权的处理

在大多数红筹架构中，都会在境外公司层面引进投资者。在拆除红筹架构并回归境内资本市场的过程中，境外投资者的投资资金及其股权如何处理是红筹架构公司回归境内资本市场所需关注的另一重大问题。通常涉及处理方式有如下三种：

1. 境外投资者彻底退出

境外投资者退出原有红筹架构，并且不在境内拟上市（挂牌）主体层面持有权益。由于搭建协议控制类架构的企业多处于外商投资产业限制类行业，因此该种选择在协议控制类红筹架构中也较为常见。

在境外投资者选择退出的情形下：①如境外投资者的大部分投资资金尚在境外，可通过境外 SPV 回购境外投资者股权的方式实现投资资金的归还以及投资股权的处理；②如境外投资者的投资资金已注入 WFOE 公司或 VIE 公司的，可以由境内投资者对 VIE 公司进行投资，再由 VIE 公司收购 WFOE 公司，通过这种方式将境外投资者退出所需的资金支付至境外，或可以由 VIE 公司向 WFOE 公司归还所拆借的资金，WFOE 公司通过分红或还款方式将境外投资者退出所需资金支付至境外。

2. 境外投资者退出境外架构，并重新投资拟上市（挂牌）主体

该等情形是指境外投资者退出境外架构，但通过其自身或其境内关联方投资于境内拟上市（挂牌）主体。对于境外投资者而言，这其中主要涉及境外投资价格与境内投资价格的衔接，以及投资成本的计算问题。

3. 不退出

在红筹架构被拆除时，并不必然要求境外投资者退出投资，境外投资者仍然可以通过境外架构间接持有境内拟上市（挂牌）公司的股权。特别是在股权类红筹架构中，这种安排较为常见。

四、境外投资者优先权利的保留问题

按照境外私募股权投资界的交易惯例，投资者通常会与境内经营实体的实际控制人及拟上市公司在投资合同或者类似法律文件中约定一些涉及投资者在上市前甚至延续至上市后权利的特别条款，这些条款通常包括投资者享有的优先分红权、优先清算权、优先购买权、优先认购权、购买期权、出售期权、赎回权、知情权、反摊薄权等以及对拟上市公司业绩的“对赌”安排。

由于股份公司治理原则之一是“同股同权”，在拆除红筹架构落地的过程中，这些涉及境外优先股股东的权利或投资者的优先权利如何进行清理通常是企业需要预先考虑的重点。

五、境外员工持股期权的处理

按照境外上市架构中的惯例，境外拟上市公司通常会对公司员工派发附条件的持股期权，该等持股期权在上市前可能已经行权、部分行权或者尚未行权，而行权价格则根据期权计划约定的行权条件的不同而有所差异。

如果境内经营主体选择登陆境内资本市场，由于上市前股权结构的稳定明晰是中国证监会审核时一贯关注的重点，原先在境外红筹架构下的持股期权计划不能平移至红筹架构落地后的境内拟上市公司，境外已经派发的持股期权计划需加速行权或者取消行权以使股权结构处于稳定清晰状态。

关于境外员工持股期权的处理，一般可从如下几个方面考虑：

1. 境外员工持股期权回归的载体

激励对象通常通过公司或合伙企业形式的持股平台进行间接持股。

2. 境外员工持股期权回归的时点

从税收筹划的角度考虑，通常需要在境内投资者入股之前落地，可以与创始人权益回归同步操作或紧接其后进行。

3. 境外员工持股期权回归的比例

需要考虑之前境外公司层面的原有境外员工持股期权安排，并结合企业后续激励的预留空间及与投资者的沟通考虑是否有必要增加比例，意味着对创始人及（或）投资者原有权益的稀释。

4. 境外员工持股期权回归的方式

通常包括老股转让及增资两种方式。

5. 境外员工持股期权回归的具体定价

除要考虑原境外员工持股期权安排下的行权价因素以外，还要考虑先于员工持股期权之前回归或入股股东的投资价格。需要提请注意的是，根据中国《企业会计准则第 11 号——股份支付》指南的规定，如公司以非公允价格实施员工持股激励（权益结算或者现金结算），则持股价格与公允价值之间的差额将被认定为成本费用或应付职工薪酬而需调整公司损益和所有者权益总额，并需依据员工持股实施期间和行权条件的不同计入公司当期损益或者在相关的各会计年度成本费用中分摊。

六、VIE 协议的终止

对于 VIE 协议的解除，除了需要确保当初 VIE 协议的相关签署方及利益方都要涵盖到以外，很重要的一点就是确定解除的时点。实务中，单从境外投资者的角度来看，普遍能够接受的方案是等到清退境外投资者的资金支付至境外 SPV 时正式解除 VIE 协议（各方一般会提前签署 VIE 协议的解除协议，并约定解除的生效将在相关约定事项完成之时）。

第五节　上市相关特殊关注事项

一、实际控制人是否发生变化

根据《首次公开发行股票并上市管理办法》及《首次公开发行股票并在创业板上市管理办法》，申请首次公开发行 A 股的发行条件之一为“发行人主营业务和董事、高级管理人员没有发生重大变化，实际控制人没有发生变更”（主板及中小板要求最近 3 年内未发生该等变更，创业板要求最近两年内未发生该等变更）。

同时，《〈首次公开发行股票并上市管理办法〉第十二条“实际控制人没有发生变更”的理解和适用——证券期货法律适用意见第 1 号》规定：“在公司最近 3 年内控股股东发生变更的情况下如果主张多个共同控制公司的小股东没有发生变化，或主张公司没有控股股东的，发行人以及保荐人需有足够的理由。”

因此，在拆除红筹架构的过程中，需要关注拟上市公司的实际控制人是否发生了变化。

二、主营业务是否发生重大变化

如前所述，拟上市公司的主营业务未发生重大变化是其申请首次公开发行A股的条件之一，而拆除红筹架构的过程往往涉及境内外多个公司的重组，这其中需要特别关注重组是否导致拟上市公司的主营业务发生变化并导致申报时间延后。

《〈首次公开发行股票并上市管理办法〉第十二条发行人最近3年内主营业务没有发生重大变化的适用意见——证券期货法律适用意见第3号》第三条规定："被重组方重组前一个会计年度末的资产总额或前一个会计年度的营业收入或利润总额达到或超过重组前发行人相应项目100%的，为便于投资者了解重组后的整体运营情况，发行人重组后运行一个会计年度后方可申请发行。"同时，该适用意见第五条规定："发行人提交首发申请文件前一个会计年度或一期内发生多次重组行为的，重组对发行人资产总额、营业收入或利润总额的影响应累计计算。"

三、投资人特殊权利的去留

股权投资者通常会在投资合同或者类似的法律文件中约定一些特别的权利安排条款，如投资者享有的购买期权、出售期权、优先分红权、优先清算权、优先购买权、优先认购权、赎回权以及对拟上市公司业绩做出的"对赌安排"。由于股份公司治理原则之一是"同股同权"，同时证券监管部门通常认为特殊条款的存在会使得拟上市公司的股权不够稳定、清晰及法人治理结构不规范等，在申请A股上市前各方通常会协议终止该等投资人的特殊权利安排。

四、拟上述主体的财务处理问题

在VIE架构中，由于WFOE公司将境外结汇资金直接出借给VIE公司存在限制，因此实践中可能发生WFOE公司通过承担费用的方式为VIE公司垫付资金，这直接导致VIE公司的财务处理存在不规范之处，并且业绩真实性存疑。由于拟上市主体业绩的真实性及可持续性是监管要点，因此如存在前述情况需要考虑预留时间对此进行规范。

五、重大资产重组项目中涉及的专项披露要求

根据中国证监会于 2015 年 12 月 18 日发布的《关于重大资产重组中标的资产曾拆除 VIE 协议控制架构的信息披露要求的相关问题与解答》，上市公司进行重大资产重组，如拟购买的标的资产在预案公告前曾拆除 VIE 协议控制架构，应当在重组报告书中对以下事项进行专项披露：

（1）VIE 协议控制架构搭建和拆除过程，VIE 协议执行情况，以及拆除前后的控制关系结构图。

（2）标的资产是否曾筹划境外资本市场上市。如是，应当披露筹划上市进展、未上市原因等情况。

（3）VIE 协议控制架构的搭建和拆除过程是否符合外资、外汇、税收等有关规定，是否存在行政处罚风险。

（4）VIE 协议控制架构是否彻底拆除，拆除后标的资产股权权属是否清晰，是否存在诉讼等法律风险。

（5）VIE 协议控制架构拆除后，标的资产的生产经营是否符合国家产业政策相关规定。

（6）如构成借壳上市，还应当重点说明 VIE 协议控制架构拆除是否导致标的资产近 3 年主营业务和董事、高级管理人员发生重大变化及实际控制人发生变更，是否符合《首次公开发行股票并上市管理办法》第十二条的规定。

附　录

附录 1　部分服务机构信息

一、国泰君安证券股份有限公司

国泰君安证券股份有限公司（简称“国泰君安”）是国内最大的证券公司之一。1999 年 8 月 18 日，原国泰证券有限公司和原君安证券有限责任公司通过新设合并、增资扩股组建成立国泰君安证券，目前注册资本 61 亿元。

自成立之日起，国泰君安秉持以客户为中心的服务理念，扎根于国内资本市场，是国内规模最大、经营范围最广、机构分布最广、服务客户最多的证券公司之一，旗下设国泰君安金融控股有限公司（注册地香港）、国泰君安期货有限公司、上海国泰君安证券资产管理有限公司、国泰君安创新投资有限公司、国联安基金管理有限公司 5 家子公司，在全国 30 个省、市、自治区设有 26 家分公司、193 个证券营业部。

国泰君安于 2001 年首批获得由中国证监会和中国证券业协会认定的代办股份转让业务资格，并于 2013 年 3 月首批取得全国中小企业股份转让系统有限公司授予的经纪业务和挂牌业务资格。可为中小企业提供 IPO、全国股转系统（新三板）挂牌、定向增发、中小企业私募债券发行及并购资产证券化等专业服务。

二、国信证券股份有限公司

国信证券股份有限公司（简称“国信证券”）是全国性大型综合类证券公司，注册资本 70 亿元，在全国 57 个城市设有 11 家分公司、84 家营业网点。公司现有员工 9411 人。

公司拥有齐全的证券业务牌照，各项业务市场地位和竞争优势突出。经纪业务方面，自 2008 年以来，股票基金交易额连续四年稳居行业第三，2011 年代理买卖证券业务净收入排名行业第二；投资银行业务主承销家数 2006—2009 年连续 4 年排名行业第一，2010 年排名行业第二，是当年主承销家数、主承销金额同时进入行业前十的两家券商之一，2011 年项目主承销家数排名行业前二、主承销金额排名行业第一（联合保荐按平均数计算）。研究业务方面，2005—2011 年连续在《新财富》“最佳分析师”评选中获得“最具影响力研究机构”称号，共90多人次获得“最佳分析师”奖项。在中国证券业协会主持的全国证券公司经营业绩排名中，国信证券近3年的总资产、净资产、净资本、营业收入、净利润、代理买卖证券业务净收入、承销保荐业务项目发行家数等主要指标均进入行业前十。

三、广发证券股份有限公司

广发证券股份有限公司（简称“广发证券”）成立于1991年9月8日，是国内首批综合类证券公司。公司营业网点遍布全国各主要经济区域。截至2013年12月31日，公司现有证券营业部238个，数量位居全国第二。自1994年开始，公司主要经营指标已连续19年稳居国内十大券商行列。

为配合上海金融中心建设和发展需要，广发证券特派驻总部投行部、行业研究所、债券部、私募融资部、销售交易部精英在沪，面向上海市内各类企业提供私募、IPO、债券、新三板等金融服务。

自2006年2月起，广发证券将推荐中小企业进入新三板作为一项重点工作，目前市场占有率位居前列。2009年，广发证券被北京市人民政府授予“中关村20年突出企业贡献”称号（券商中仅有两家获此殊荣）。公司推荐挂牌的11家挂牌公司中，北陆药业不仅在新三板上完成了定向增资，并作为第一批上市公司成功登陆创业板市场。

四、东北证券股份有限公司

东北证券股份有限公司前身为吉林省证券有限责任公司。2000年6月，经中国证监会批准，经增资扩股成立东北证券有限责任公司，注册资本9.78亿元。经过20多年的发展，公司已经开展全面证券及与证券相关的业务，包括证券经纪、证券承销与保荐、证券自营、证券资产管理、证券研究咨询、IB、直接投资、融资融券、中小企业私募债、债券质押式报价回购、约定购回证券交易、股票质押式回购交易、代销金融产品等业务，形成了较为完整的业务体系。并于2005—2007年连续3年被深圳证券交易所评为优秀保荐机构，2010年被《中国改革报》评为20年十佳保荐机构，2012年被《中国证券报》授予中国新锐投行奖。

目前，公司已在全国19个省、自治区、直辖市的37个大中城市设立83家证券营业部、17家区域分公司，并在北京、上海设立了4家分公司，分别经营证券承销与保荐业务、证券资产管理业务、证券自营业务、证券研究咨询业务，公司全国战略布局趋于合理并形成了一定的规模优势和品牌优势。

五、金茂凯德律师事务所

金茂凯德律师事务所是一家专业从事金融证券和公司法高端品牌及争端解决等业务的专业律师机构，是国家商务部《国际商报》2012 年中国商务最具活力服务贸易 50 强企业，是上海市商务委员会和上海市司法局确认的上海市专业服务贸易重点单位，并具有中国人民银行认可的中国银行间市场交易商协会会员资格。上海市高级人民法院原副院长、上海市人民政府原参事室主任、著名法学家李昌道教授担任事务所负责人。事务所在上海市律师行业综合排名中名列前茅。

事务所主要办公地在上海香港新世界大厦，并在北京等多地设有分所和代表处或联盟所，从业人员 120 多名。事务所的主要业务领域为公司法业务、兼并收购、资本市场、房地产及工程建设、反垄断、银行业务、投资业务、知识产权与信息技术、海事海商业务、仲裁和诉讼等。金茂凯德律师事务所在公司重组、上市、再融资等资本市场运作方面以及海事海商诉讼、仲裁、谈判等争议解决方面积累了丰富的经验，办理了一批“中国第一”“上海第一”的成功案例。事务所拥有一批在司法界享有盛誉的权威人士，拥有一批在省级人民政府、著名法学院担任过重要职务和在国际国内仲裁机构担任仲裁员的专家律师，拥有一批在国际律师组织担任重要职务并在业内有较大影响的著名律师。

六、国浩律师（上海）事务所

国浩律师（上海）事务所（简称“国浩上海”）原名上海市万国律师事务所，创建于 1993 年 7 月，是我国最早的以资本市场法律服务为主要业务的律师事务所之一，也是目前中国最大的跨地域合伙制律师事务所之一，在北京、上海、深圳、杭州、广州、昆明、天津、成都、宁波、福州、西安、南京、香港、巴黎等地设有执业机构。

国浩上海始终位于静安区，并取得了突飞猛进的发展。目前，国浩上海拥有专职律师 148 名，具有大学本科以上学历的有 146 名，其中拥有硕士、博士学位的律师近 90 名，具有海外学习或者工作经历者近 37 名。国浩上海的业务遍及证券与资本市场、公司与商业、金融与银行、国际投资、基础设施建设、知识产权、海商海事、新能源等所有经济发展的重点领域。尤其是在资本市场，国浩上海在境内外 IPO、再融资、重大资产重组、收购兼并等综合指标上几乎每年均排名行业第一。

七、上海市锦天城律师事务所

上海市锦天城律师事务所（简称“锦天城”）是一家提供全方位法律服务的、全国领先的律师事务所，并多次被司法部、地方司法局、律师协会以及国际知名法律媒体和权威评级机构列为中国最顶尖的法律服务提供者之一，位居全国十大品牌律师事务所前列。目前已在北京、杭州、深圳、苏州、南京、成都、重庆、太原和香港设有分所。

锦天城在金融、证券、信托、投资等方面拥有丰富的经验，业绩在业界拥有较高的排名。在股票发行上市及资产重组业务方面，锦天城的市场占有率每年位居全国前列。大量的项目经验为锦天城向客户提供优质服务奠定了坚实的基础。并在长期实践中，与国内外知名的证券公司、投资银行、会计师事务所、评估师事务所保持良好的合作关系；在证券监管部门、外资管理部门、国有资产管理部门，锦天城也有着良好的声誉，并保持畅通的沟通和联系。

八、瑛明律师事务所

瑛明律师事务所成立于 1998 年，是中国领先的商务律师事务所之一，并在中国内地和香港都具有从事中国法律业务的资格。自成立以来，瑛明律师事务所致力于为国内外各个行业的公司、金融机构、政府部门、中介机构等提供量身定制的法律服务，业务范围主要包括：资本市场、投资与并购、公司法、反垄断与反不正当竞争、破产、重组和清算、房地产、知识产权和争议解决。目前，瑛明律师事务所在上海、北京和香港都设有办公室，拥有超过 90 名员工。

九、北京金诚同达（上海）律师事务所

金诚同达律师事务所（简称“金诚同达”）创立于 1992 年，目前拥有

数百名律师及合伙人，是中国乃至亚洲居于领先地位的大型综合性律师事务所。2000 年金诚同达被司法部命名为“部级文明律师事务所”，2005 年被中华全国律师协会评为“全国优秀律师事务所”，2006 年被《亚洲法律事务》杂志（ALB）评选为“亚洲地区蓬勃发展中的 30 家律所”，成为中国内地获得这一荣誉的 12 家律所之一。金诚同达总部设在北京，同时拥有上海、深圳、沈阳、西安、成都等多家分所，并与美国、欧洲多国、加拿大、澳大利亚、日本、韩国、新加坡、印度、阿根廷、南非等国家和中国港、澳、台地区的同行建立了紧密的业务合作关系。

金诚同达在诸多业务领域，都已成为行业里的领先者。各地区的分所与北京总所紧密合作，形成覆盖全国的网络，为客户提供广泛的法律服务，从公司、证券、金融、房地产、项目融资、基础建设、资产管理、保险、并购、税务、知识产权、反垄断，到外商投资、国际贸易、WTO 争端解决、商事仲裁诉讼，等等。

十、上海市广发律师事务所

上海市广发律师事务所（简称“广发所”）是一家致力于提供证券金融法律服务的专业机构，专业化的特色使广发所在证券、金融、法律服务领域更具有竞争优势。根据中国证监会统计的 IPO 排名规则，广发务所近 3 年均位列全国前十、上海前三，是国内证券业务专业化程度最高的律师事务所。

专业化发展模式使广发律师事务所在金融证券领域颇有建树，是为数不多的、拥有广泛声誉的中国金融证券业律师事务所。已成功为国内数十家公司提供与证券发行上市相关的法律服务，范围涵盖国内 A 股和 B 股、新加坡红筹、香港 H 股和红筹（创业板或主板）及纳斯达克、纽约交易所上市等。

十一、盈科（上海）律师事务所

盈科律师事务所是一家全球化法律服务机构，总部设在中国北京，在中国内地拥有 25 家办公室，在纽约、伦敦、维罗纳、米兰、布达佩斯、圣保罗、首尔、伊斯坦布尔、华沙、墨西哥城、布鲁塞尔、特拉维夫、芝加哥、新加坡、迪拜、里斯本、马德里、莫斯科、中国香港分别设有办公室，盈科律师事务所有 4000 名员工，致力于为客户提供全球商务法律服务。

证券法律业务是盈科律师事务所的核心业务领域。迄今，已为中国数百家企业的股份制改造、境内外首次发行 A 股、法人股、B 股、H 股以及上市公司配股、增发、发行可转换债券、并购与资产重组等提供优质法律服务，在证券领域居领先地位。在开展证券业务的过程中，盈科律师团队与相关中国政府监管部门，包括中国证监会、财政部、商务部、国家发改委等均建立了良好的工作联系；与从事投资银行业务的券商建立了良好工作关系；与知名会计师事务所、评估师事务所建立了良好的工作关系。

十二、天健会计师事务所（特殊普通合伙）

天健会计师事务所（简称“天健”）成立于 1983 年 12 月，是由我国一批资深注册会计师投资创办的全国性大型专业会计中介服务机构。现有从业人员 2800 余人，注册会计师 1100 人。天健拥有包括财政部和中国证监会批准的证券期货相关审计业务、中国人民银行和财政部批准的金融相关审计业务等 20 多项执业资格；同时，也是国务院国有企业监事会工作办公室推荐的全国 40 家从事特大型国有企业审计的会计师事务所之一。

天健拥有 30 年的丰富执业经验和雄厚的专业服务能力。目前，拥有包括省内外 A 股、B 股、H 股上市公司、大型国企、外商投资企业等在内的固定客户 2000 多家。其中，上市公司客户 240 家，按承办上市公司家数排名，在具有证券、期货相关执业资格的会计师事务所中位居全国第一。

十三、普华永道中天会计师事务所有限公司

普华永道中天会计师事务所有限公司（简称“普华永道”）是世界顶级的会计师事务所之一。各成员机构遍及全球 158 个国家和地区，有超过 18 万名员工，致力于在审计、税务及咨询领域提供高质量的服务。尤其在审计、首次公开募集资本、内部控制、企业重组以及合并与收购等业务中拥有丰富的经验。

目前，普华永道在北京、上海、天津、重庆、大连、西安、青岛、南京、苏州、杭州、宁波、厦门、广州、深圳、香港及澳门等地设有分支机构，拥有员工约 13500 人，其中包括约 490 名合伙人。

十四、上海众华沪银会计师事务所有限公司

上海众华沪银会计师事务所有限公司（简称“众华沪银”）成立于1985年9月，是中国恢复注册会计师行业后第一批成立的会计师事务所之一。发展至今，会集了近800名优秀的专业人才，积累了大量的优质客户，是一家在国内外享有良好声誉的会计师事务所。

众华沪银是中国财政部、中国证监会和国家国有资产管理局第一批批准的可以从事证券、期货相关业务的大中型会计师事务所，已帮助近50家境内外公司进行股份制改制并挂牌上市，涉及制造、运输、IT、金融、零售、服务等多个行业。

十五、上海真金创业投资管理有限公司

上海真金创业投资管理有限公司（简称“真金投资”）是一家由上海现代服务业联合会和上海浦东科技投资有限公司发起募集、上海市发改委创投引导基金出资支持的创业投资基金。基金的出资人包括上海创投、浦东科投、国盛集团、浦东文化传媒、北京中交通华及一些成功的民营企业家等。基金主要投向以高技术服务业为先导的产业，包括信息技术、健康医疗、先进制造、新材料等，具备完全市场化的投资管理、投资决策、交易及退出机制。真金投资管理资产近6亿元，稳定的管理团队由一批经验丰富的专业人士组成，具备丰富的行业背景以及投资和企业管理经验，能为基金投资的企业提供积极有益的帮助。真金投资依托政府、行业协会和基金出资人的有力支持，形成了自己特有的企业文化，倡导在投资人和企业家之间建立相互尊重和信任的合作伙伴关系，共享基金的资源网络。

十六、上海荣正投资咨询有限公司

上海荣正投资咨询有限公司（简称“荣正咨询”）创立于1998年7月，是一家以国际规范的投资银行理念与结构组建的股份化、知识型并向合伙人制发展的智力密集型企业，是中国证监会授予的证券投资咨询从业资格机构、中国证券业协会会员、投资银行专业委员会委员单位。

荣正咨询围绕资本市场的金融创新，从事非承销（公募融资）类投资银行业务和人力资本业务，致力于“人力资本上市”的研究与咨询，是国

内唯一专注于股权激励交叉学科细分领域的证券投资咨询机构。目前，荣正咨询由担任独立财务顾问的已公告股权激励的上市公司已有80多家，总体市场占有率近20%，遥遥领先于同行业其他中介机构，其中创业板客户占有率接近35%。

十七、上海朗程投资管理有限公司

上海朗程投资管理有限公司（简称“朗程资本”）成立于2005年，是中国首批本土专业品牌股权投资机构之一。公司始终践行“投资+服务”的专业投资理念，专注于中国民营拟上市中小企业股权投资，为中国长三角地区乃至全国多家中小型企业提供发展资金，并协助企业规范公司治理结构、共同参与发展战略决策、改善企业管理水平、提高财务绩效、策划上市，为企业提供包括资金在内的有价值资源的有效整合。

朗程资本自成立以来，受托管理了由紫江集团发起设立的紫晨投资基金在内的三期基金，并设立项目合伙企业10余家，管理资产近20亿元，高峰持有市值规模超过10亿元，是国内本土股权投资机构中以投资成功率著称的业绩佼佼者。

十八、昆吾九鼎投资管理有限公司

昆吾九鼎投资管理有限公司（简称“九鼎投资”）是在国家发展和改革委员会及中国证券投资基金业协会备案登记的专注于股权投资及管理的专业机构，是中国投资协会股权和创业投资专业委员会副会长单位。在中国股权投资第三方研究机构清科集团的中国私募股权投资机构综合排名中，九鼎投资在2011年、2012年连续两年位居“中国私募股权投资机构50强”第一名，获评“中国最佳私募股权投资机构”。

九鼎投资总部位于北京，在全国50个地区设有分支机构或派驻专业人员，管理了多只人民币基金和一只美元基金。九鼎投资在消费、服务、医药医疗、农业、装备、材料、矿业、节能环保等领域均有专业的投资团队进行长期研究、跟踪，并有大量的成长期和成熟期企业的投资案例。目前，九鼎投资累计投资企业超过100家，其中已上市企业及处于上市在审企业60余家。

附录 2　重点法律法规文件索引

附表 1　总体适用法律索引

序号	名称	文号	实施日期	发文机构
1	《中华人民共和国物权法》	中华人民共和国主席令第 62 号	2007 年 10 月 1 日	全国人民代表大会
2	《中华人民共和国公司法》	中华人民共和国主席令第 42 号	2006 年 1 月 1 日	全国人民代表大会常务委员会
3	《中华人民共和国证券法》	中华人民共和国主席令第 43 号	2006 年 1 月 1 日	全国人民代表大会常务委员会
4	《中华人民共和国个人所得税法》（2011 年修订）	中华人民共和国主席令第 048 号	2011 年 6 月 30 日	全国人民代表大会常务委员会
5	《中华人民共和国企业所得税法》（2007 年修订）	中华人民共和国主席令第 063 号	2008 年 1 月 1 日	全国人民代表大会

附表 2　企业上市与保荐业务相关的重要法规文件索引

序号	名称	文号	实施日期	发文机构
1	《关于进一步加强保荐业务监管有关问题的意见》	证监会公告（〔2012〕4 号）	2012 年 3 月 15 日	中国证券监督管理委员会
2	《证券发行与承销管理办法》（2014 年修订）	中国证券监督管理委员会令（第 98 号）	2014 年 3 月 21 日	中国证券监督管理委员会
3	《中国证监会关于进一步推进新股发行体制改革的意见》	证监会公告（〔2013〕42 号）	2013 年 11 月 30 日	中国证券监督管理委员会
4	《发行证券的公司信息披露内容与格式准则第 27 号——发行保荐书和发行保荐工作报告》	证监会公告（〔2009〕4 号）	2009 年 4 月 1 日	中国证券监督管理委员会

续表

序号	名称	文号	实施日期	发文机构
5	《证券发行上市保荐业务工作底稿指引》	证监会公告（〔2009〕5号）	2009年4月1日	中国证券监督管理委员会
6	《关于进一步提高首次公开发行股票公司财务信息披露质量有关问题的意见》	证监会公告（〔2012〕14号）	2012年5月23日	中国证券监督管理委员会
7	《关于首次公开发行股票并上市公司招股说明书财务报告审计截止日后主要财务信息及经营状况信息披露指引》	证监会公告（〔2013〕45号）	2013年12月6日	中国证券监督管理委员会
8	《关于首次公开发行股票并上市公司招股说明书中与盈利能力相关的信息披露指引》	证监会公告（〔2013〕46号）	2013年12月6日	中国证券监督管理委员会
9	《深圳证券交易所上市公司保荐工作指引》（2014年修订）	深证上（〔2014〕387号）	2014年10月24日	深圳证券交易所
10	《公开发行证券的公司信息披露解释性公告第1号——非经常性损益》	中国证券监督管理委员会公告（〔2008〕43号）	2008年12月1日	中国证券监督管理委员会
11	《〈首次公开发行股票并上市管理办法〉第十二条发行人最近3年内主营业务没有发生重大变化的适用意见——证券期货法律适用意见第3号》	中国证券监督管理委员会公告（〔2008〕22号）	2008年5月19日	中国证券监督管理委员会

续表

序号	名称	文号	实施日期	发文机构
12	《〈首次公开发行股票并上市管理办法〉第十二条"实际控制人没有发生变更"的理解和适用——证券期货法律适用意见第1号》	证监法律字（〔2013〕15号）	2007年11月25日	中国证券监督管理委员会
13	《深圳证券交易所首次公开发行股票发行与上市指南》（2013年修订）		2013年1月28日	深圳证券交易所
14	《深圳证券交易所股票上市公告书内容与格式指引》（2013年修订）	深证上（〔2013〕475号）	2013年12月30日	深圳证券交易所

附表3　企业引进战略投资者进行私募的相关法规文件索引

序号	名称	文号	实施日期	发文机构
1	《关于外国投资者并购境内企业的规定》（2009年修订）	中华人民共和国商务部、国务院国有资产监督管理委员会、国家税务总局、国家工商行政管理总局、中国证券监督管理委员会、国家外汇管理局令（2006年第10号）	2006年9月8日	中华人民共和国商务部、国务院国有资产监督管理委员会、国家税务总局、国家工商行政管理总局、中国证券监督管理委员会、国家外汇管理局
		中华人民共和国商务部令（2009年第6号）	2009年6月22日	商务部
2	《关于上市公司涉及外商投资有关问题的若干意见》	外经贸部资发（〔2001〕538号）	2001年10月8日	对外贸易与经济合作部、中国证券监督管理委员会

续表

序号	名称	文号	实施日期	发文机构
3	《中国证监会、科技部关于印发 < 关于支持科技成果出资入股确认股权的指导意见 > 的通知》		2012 年 11 月 15 日	科学技术部、中国证券监督管理委员会

附表 4　企业改制上市税收问题的相关重要法规文件索引

序号	名称	文号	实施日期	发文机构
1	《征收个人所得税若干问题的规定》	国税发（〔1994〕89 号）	1994 年 4 月 1 日	国家税务总局
2	《国家税务总局公告 2011 年第 46 号——国家税务总局关于贯彻执行修改后的个人所得税法有关问题的公告》	国家税务总局公告 2011 年（第 46 号）	2011 年 9 月 1 日	国家税务总局
3	《国家税务总局关于股份制企业转增股本和派发红股征免个人所得税的通知》	国税发（〔1997〕198 号）	1997 年 12 月 25 日	国家税务总局
4	《国家税务总局关于盈余公积金转增注册资本征收个人所得税问题的批复》	国税函（〔1998〕333 号）	1998 年 6 月 4 日	国家税务总局
5	《财政部、国家税务总局关于股权转让有关营业税问题的通知》	财税（〔2002〕191 号）	2003 年 1 月 1 日	财政部、国家税务总局
6	《土地增值税暂行条例》	中华人民共和国国务院令（第 138 号）	1994 年 1 月 1 日	国务院

续表

序号	名称	文号	实施日期	发文机构
7	《财政部、国家税务总局关于土地增值税一些具体问题规定的通知》	财税（〔1995〕48号）	1995年5月25日	财政部、国家税务总局
8	《中华人民共和国税收征收管理法实施细则》（2012年修订）	中华人民共和国国务院令（第628号）	2002年10月15日	国务院
9	《关于推进经济发展方式转变和产业结构调整的若干政策意见》	沪府办发（〔2008〕38号）	2008年8月23日	上海市财政局、上海市发展和改革委员会、上海市经济委员会、上海市地方税务局和上海市对外经济贸易委员会
10	《关于企业所得税应纳税所得额若干税务处理问题的公告》	国家税务总局公告（2012年第15号）	2011年1月1日	国家税务总局
11	《国家税务总局关于企业所得税核定征收有关问题的公告》	国家税务总局公告（2012年第27号）	2012年1月1日	国家税务总局

附表5　国内主板、中小企业板上市相关法规文件索引

序号	名称	文号	实施日期	发文机构
1	《首次公开发行股票并上市管理办法》	中国证券监督管理委员会令（第32号）	2006年5月18日	中国证券监督管理委员会
2	《公开发行证券的公司信息披露内容与格式准则第9号——首次公开发行股票并上市申请文件》（2006年修订）	证监发行字（〔2006〕6号）	2006年5月18日	中国证券监督管理委员会

续表

序号	名称	文号	实施日期	发文机构
3	《公开发行证券的公司信息披露内容与格式准则第1号——招股说明书》（2015年修订）	证监发行字（〔2015〕32号）	2015年12月30日	中国证券监督管理委员会
4	《上海证券交易所发行上市业务指引》	2013年修订	2013年12月27日	上海证券交易所
5	《上海证券交易所上市审核实施细则》		2013年12月27日	上海证券交易所
6	《深圳证券交易所首次公开发行股票发行与上市指南》		2014年5月9日	深圳证券交易所
7	《中小企业板块上市公司特别规定》	深证会（〔2004〕93号）	2004年5月21日	深圳证券交易所

附表6　国内创业板上市相关法规文件索引

序号	名称	文号	实施日期	发文机构
1	《首次公开发行股票并在创业板上市管理办法》	中国证券监督管理委员会令（第99号）	2014年5月14日	中国证券监督管理委员会
2	《创业板上市公司证券发行管理暂行办法》	中国证券监督管理委员会令（第100号）	2014年5月14日	中国证券监督管理委员会
3	《公开发行证券的公司信息披露内容与格式准则第28号——创业板公司招股说明书》（2014年修订）	中国证券监督管理委员会公告（〔2014〕28号）	2014年6月11日	中国证券监督管理委员会

续表

序号	名称	文号	实施日期	发文机构
4	《公开发行证券的公司信息披露内容与格式准则第 29 号——首次公开发行股票并在创业板上市申请文件》（2014 年修订）	中国证券监督管理委员会公告（〔2014〕29 号）	2014 年 6 月 11 日	中国证券监督管理委员会
5	《公开发行证券的公司信息披露内容与格式准则第 30 号——创业板上市公司年度报告的内容与格式》（2012 年修订）	中国证券监督管理委员会公告（〔2012〕43 号）	2013 年 1 月 1 日	中国证券监督管理委员会
6	《公开发行证券的公司信息披露内容与格式准则第 31 号——创业板上市公司半年度报告的内容与格式》（2013 年修订）	中国证券监督管理委员会公告（〔2013〕29 号）	2013 年 6 月 28 日	中国证券监督管理委员会
7	《深圳证券交易所创业板市场投资者适当性管理实施办法》	深证发（〔2009〕17 号）	2009 年 7 月 15 日	深圳证券交易所
8	《创业板市场投资者适当性管理业务操作指南》		2009 年 7 月 2 日	深圳证券交易所

附表 7 “新三板”挂牌相关法规文件索引

序号	名称	文号	实施日期	发文机构
1	《国务院关于全国中小企业股份转让系统有关问题的决定》	国发（〔2013〕49 号）	2013 年 12 月 13 日	国务院
2	关于修改《非上市公众公司监督管理办法》的决定	中国证券监督管理委员会令（第 96 号）	2013 年 12 月 26 日	中国证券监督管理委员会
3	《非上市公众公司信息披露内容与格式准则第 1 号——公开转让说明书》	中国证券监督管理委员会公告（〔2013〕50 号）	2013 年 12 月 26 日	中国证券监督管理委员会
4	《非上市公众公司信息披露内容与格式准则第 2 号——公开转让股票申请文件》	中国证券监督管理委员会公告（〔2013〕51 号）	2013 年 12 月 26 日	中国证券监督管理委员会
5	《全国中小企业股份转让系统股票挂牌业务操作指南（试行）》	股转系统公告（〔2015〕91 号）	2015 年 10 月 20 日	全国中小企业股份转让系统有限责任公司
6	《全国中小企业股份转让系统业务规则（试行）》	股转系统公告（〔2013〕40 号）	2013 年 12 月 30 日	全国中小企业股份转让系统有限责任公司
7	《全国中小企业股份转让系统公开转让说明书内容与格式指引（试行）》	股转系统公告（〔2013〕42 号）	2013 年 12 月 30 日	全国中小企业股份转让系统有限责任公司
8	《全国中小企业股份转让系统挂牌申请文件内容与格式指引（试行）》	股转系统公告（〔2013〕43 号）	2013 年 12 月 30 日	全国中小企业股份转让系统有限责任公司
9	《全国中小企业股份转让系统股票发行业务细则（试行）》	股转系统公告（〔2013〕49 号）	2013 年 12 月 30 日	全国中小企业股份转让系统有限责任公司

续表

序号	名称	文号	实施日期	发文机构
10	《全国中小企业股份转让系统股票发行业务指引第 1 号——备案文件的内容与格式（试行）》	股转系统公告（〔2013〕50 号）	2013 年 12 月 30 日	全国中小企业股份转让系统有限责任公司
11	《中国证监会关于进一步推进全国中小企业股份转让系统发展的若干意见》	中国证券监督管理委员会公告（〔2013〕26 号）	2015 年 11 月 16 日	中国证券监督管理委员会

附表 8　公司治理相关法规文件索引

序号	名称	文号	实施日期	发文机构
1	《上市公司治理准则》	证监发（〔2002〕1 号）	2002 年 1 月 7 日	中国证券监督管理委员会、国家经济贸易委员会
2	《上市公司章程指引》（2014 年修订）	中国证券监督管理委员会公告（〔2014〕47 号）	2014 年 10 月 20 日	中国证券监督管理委员会
3	《深圳证券交易所交易规则》（2013 年修订）	深证会（〔2013〕135 号）	2013 年 8 月 5 日	深圳证券交易所
4	《深圳证券交易所股票上市规则》（2014 年修订）	深证上（〔2014〕378 号）	2014 年 11 月 16 日	深圳证券交易所
5	《深圳证券交易所中小企业板上市公司规范运作指引》	深证上（〔2010〕243 号）	2010 年 9 月 1 日	深圳证券交易所
6	《深圳证券交易所创业板股票上市规则》（2014 年修订）	深证上（〔2014〕378 号）	2014 年 11 月 16 日	深圳证券交易所
7	《深圳证券交易所创业板上市公司规范运作指引》	深证上（〔2009〕106 号）	2009 年 10 月 15 日	深圳证券交易所

续表

序号	名称	文号	实施日期	发文机构
8	《上市公司股东大会规则》	上市公司股东大会规则	2014年10月20日	中国证券监督管理委员会
9	《关于规范上市公司对外担保行为的通知》	证监发（〔2005〕120号）	2006年1月1日	中国证券监督管理委员会、中国银行业监督管理委员会
10	《关于规范上市公司与关联方资金往来及上市公司对外担保若干问题的通知》	证监发（〔2003〕56号）	2003年8月28日	中国证券监督管理委员会、国务院国有资产监督管理委员会
11	《上海证券交易所上市公司关联交易实施指引》（仅做参考）	上证公字（〔2011〕5号）	2011年5月1日	上海证券交易所
12	《中国证券监督管理委员会公告〔2012〕44号——上市公司监管指引第2号——上市公司募集资金管理和使用的监管要求》	中国证券监督管理委员会公告（〔2012〕44号）	2012年12月9日	中国证券监督管理委员会
13	《中国证券监督管理委员会关于修改上市公司现金分红若干规定的决定》	中国证券监督管理委员会令（第57号）	2008年10月9日	中国证券监督管理委员会
14	《中国证券监督管理委员会关于进一步落实上市公司现金分红有关事项的通知》		2012年5月4日	中国证券监督管理委员会
15	《中国证监会发行监管部、创业板发行监管部、会计部关于做好首次公开发行股票公司2012年度财务报告专项检查工作的通知》	发行监管函（〔2012〕551号）	2012年12月28日	中国证券监督管理委员会

附表 9 境外证券市场上市相关法规文件索引

序号	名称	文号	实施日期	发文机构
1	《国家外汇管理局关于境内居民通过境外特殊目的公司融资及返程投资外汇管理有关问题的通知》	汇发（〔2005〕75 号）	2005 年 11 月 1 日	国家外汇管理局
2	《国家外汇管理局关于印发〈境内居民通过境外特殊目的公司融资及返程投资外汇管理操作规程〉的通知》	汇发（〔2011〕19 号）	2011 年 7 月 1 日	国家外汇管理局
3	《外商投资项目核准暂行管理办法》	中华人民共和国国家发展和改革委员会令（第 22 号）	2004 年 10 月 9 日	中华人民共和国国家发展和改革委员会
4	《关于规范境内上市公司所属企业到境外上市有关问题的通知》	证监发（〔2004〕67 号）	2004 年 7 月 21 日	中国证券监督管理委员会
5	《国务院关于进一步加强在境外发行股票和上市管理的通知》	国发（〔1997〕21 号）	1997 年 6 月 20 日	国务院
6	《关于到香港上市公司对公司章程作补充修改的意见的函》	证监海函（〔1995〕1 号）	1995 年 4 月 3 日	中国证券监督管理委员会、国家经济体制改革委员会
7	《到境外上市公司章程必备条款》	证委发（〔1994〕21 号）	1994 年 8 月 27 日	国务院证券委员会、国家经济体制改革委员
8	《合格境内机构投资者境外证券投资外汇管理规定》	国家外汇管理局公告 2013 年（第 1 号）	2013 年 8 月 21 日	国家外汇管理局

附录 3　尽职调查内容清单

一、业务考察

1. 公司发展历史调查（1）部门、子公司及公司组织结构演变过程
（2）公司过去的产品、服务及市场情况

2. 公司经营范围调查
（1）产品 / 服务类别清单
（2）公司前十大客户名单及对其销售金额
（3）主要产品销售明细
（4）占公司总业务 80% 的子公司或部门名单

3. 公司收入构成调查
（1）公司收入来源构成明细
（2）经常性收入占总收入的比重及来源明细
（3）构成经常性收入来源的主要产品和服务说明
（4）产品定价
（5）提供维修服务的期限
（6）与客户发生摩擦的记录
（7）长期性主营业务与过渡性业务描述
（8）季节性变化
（9）周期性

4. 竞争对手 / 市场份额调查
（1）产品市场规模、增长潜力及市场份额分布
（2）公司产品的主要竞争对手名单及公司对竞争者市场份额的估计
（3）在产品、价格、分销渠道及促销于段等方面与竞争对手的比较

5. 公司经营策略调查
（1）产品销路与服务需求
（2）竞争对手的规模及占有的市场份额
（3）公司产品的需求弹性
（4）短期及长期的风险 / 机会

（5）现行策略的脆弱性

6. 产品研究开发策略调查

（1）公司主要产品技术发展方向，研究重点及正在开发的产品和新产品清单

（2）收购新产品的机会判断

（3）从事开发的人力资源情况

（4）开发项目的组织、规划管理及控制描述

（5）新产品开发生产的质量保证及测试情况

（6）产品技术服务与支持

（7）产品更新换代周期

（8）过去几年的研究开发活动

（9）研究开发的资金需求及融资渠道，购买主要设备的需求及满足途径

（10）公司研究开发与竞争对手的比较

（11）公司拥有或已申请的专利与商标

7. 产品或服务的销售与促销调查

（1）营销机构、销售队伍与销售半径

（2）销售人员的地域分布及人数，销售队伍的素质、销售培训、市场及客户

（3）销售能力：推销员人均销售收入、报酬结构、账户范围、经验与培训

（4）销售程序

（5）分销渠道、配套市场，直销、分销商与代理商数量与分布

（6）代理销售协议范本（代销条件）

（7）广告与促销手段

（8）存在的主要问题说明

二、生产过程与生产设施

1. 生产设施调查

（1）设施与用地说明

（2）设施布局与环境状况

（3）重要设备新旧程度，维修维护情况，建造成本及净值可变说明

（4）设施所有权：拥有还是租赁？租赁条件是什么？

（5）受区域划分法之建筑规约的限制

（6）设施维修保养的资本化与折旧政策

2. 生产过程调查

（1）生产原料及辅助材料说明

（2）生产流程介绍

（3）独有的生产工艺设施及工艺技术说明

3. 质量保证情况调查

（1）产品或服务质量保证计划

（2）历史退货率记录

（3）产品质量测试程序、测试设备及测试人员素质

4. 生产过程中的环保问题调查

（1）目前与潜在的环保问题评估

（2）目前已完成的测试及相应的改进措施，改制效果

（3）面临经费问题估计

（4）保险情况

三、公司财务

1. 历史财务报表分析与考查

（1）损益表

① 营业收入确认政策，收入分部门、分地区分布情况

② 利润构成考查

③ 产品销售成本构成：直接材料、直接人工与制造费用

④ 管理费用、财务费用和销售费用明细及间接费用分配政策

⑤ 公司主要会计政策与会计估计说明（如折旧政策、成本核算方法、坏账准备计提、投资跌价损失准备、利息资本化政策、外币折算政策）等

⑥ 公司利润分配政策及历年利润分配情况说明

⑦ 税率和面临的赋税负担

（2）现金流量表与融资

① 现金收入与构成

② 现金支出与构成

③ 折旧与摊销政策及折旧与摊销金额

④ 资本支出与营运资金支出

⑤ 自由现金流量、融资需求与融资额

（3）资产负债表

① 考查核实现金及现金等价物余额及本期变动情况

② 存货明细（原料、在制品、成品等）及存货可变现资值考查，存货管理办法及管理效果，存货账面值与盘点记录比较

③ 应收款明细及相关管理措施：账目集中、欠款追讨、质量、准备金、疑问账目、注销记录、追索、过期账目、账龄分析、应收款政策等

④ 固定资产明细，历史成本与可变现价值，折旧政策等

⑤ 长期投资明细及长期投资管理办法

⑥ 银行长短期借款明细

⑦ 应付债券明细

⑧ 其他负债及备付科目考查：递延负债、预付及应收未付账项、现有合同中的保证及责任、准备金及客房赔偿金

⑨ 资产负债表外的资产（合资、少数投资、风险投资）与负债情况说明

⑩ 或有负债说明

（4）合并财务报表考查

（5）积压未交订货摘要（拨款与未拨款）

（6）主要合同摘要

2. 未来 5 年财务预测

（1）公司业务计划、主要客户摘要及主要业务部门资料（未来 5 年）

（2）损益表预测

从销售出发，考查预测数据并评价预测假设，合并财务报表（未来 5 年）

（3）现金流量表预测

主要考查投资需求、资本支出维持水平、计划资本支出、计划折旧和摊销时间表、账面和课税折旧及摊销预测、账面和课税资产寿命、融资需

求、产生净现金的能力

（4）资产负债表预测

主要考查各主要账户的估计变动、固定资产变动、负债、流动负债变动情况及变动的合理性，与销售和损益的对照

3. 财务会计组织、管理与控制考查

（1）数据处理设施

（2）财务申报结构（资料的收集与传播）

（3）政府规定的会计程序

（4）审计人员（内部与外部）

（5）会计控制

（6）现金管理制度

四、公司组织与管理

1. 组织

（1）公司与业务部门组织结构图

（2）公司上下级关系描述

（3）子公司所有权、少数投资及合资企业

2. 管理层

（1）主要管理与技术人员简历

（2）管理人员酬金与雇佣合约

3. 员工

（1）部门、地域、设施人员分布状况

（2）工人技术状况

（3）劳动力统计（年龄、教育程度、工资水平）

（4）人事政策及程序手册，劳资关系

（5）人员流动统计

（6）罢工记录

（7）对具体关键人员的依赖程度描述

4. 报酬结构

（1）薪金制与计时工

（2）奖励计划（资金、股权与期权安排、储蓄计划等）

（3）退休与养老金计划（描述及资金提供状况）

五、其他相关情况调查

1. 专利 / 许可证 / 商标

2. 诉讼：可能影响公司业务的法规方面的未决变化

3. 与政府监管部门的情况及所需的批准概况

4. 保险单、承保水平及未清索赔摘要

5. 税务审计情况（在美国，包括部门 / 子公司的课税标准及过年的税单）

6. 最新股东名单及股数

7. 期权持有人名单及股权控制变化时其他股票 / “金保护伞”领受者

8. 公司章程及附则（或同类文件）

9. 公司营业执照及其他注册登记文件

10. 银行贷款协议：股权控制变动条款

11. 审计师的处理文书

12. 过去的收购与公司分拆情况摘要

13. 未了结的合同关系

14. 国际经营：子公司结构、分销协议、销往国际市场的产品国际设施、销售队伍及促销安排、外汇问题与会计处理、外国税务情况、外国竞争的性质

15. 其他资产：闲置土地、营业净额

16. 非经营项目及中断的营业

17. 保险事项

附录 4　国内各板块功能定位及对发行人的要求

附表 10　国内各板块功能定位及对发行人的要求

	主板（上交所、深交所）	中小企业板（主板组成部分）	创业板
功能定位	面向经营相对稳定、盈利能力较强的大型成熟企业	主要服务于即将或已进入成熟期、盈利能力强的中小企业	以自主创新企业及其他成长型企业为服务对象
主体资格	依法设立且合法存续的股份有限公司。自股份有限公司成立后，持续经营时间应当在 3 年以上，但经国务院批准的除外；有限责任公司按原账面净资产值折股整体变更为股份有限公司的，持续经营时间可以从有限责任公司成立之日起计算	依法设立且合法存续的股份有限公司。自股份有限公司成立后，持续经营时间应当在 3 年以上，但经国务院批准的除外；有限责任公司按原账面净资产值折股整体变更为股份有限公司的，持续经营时间可以从有限责任公司成立之日起计算	依法设立且持续经营 3 年以上的股份有限公司。有限责任公司按原账面净资产值折股整体变更为股份有限公司的，持续经营时间可以从有限责任公司成立之日起计算
财务指标	最近 3 个会计年度的累计净利润超过 3000 万元人民币（净利润以扣除非经常性损益前后较低者为计算依据）；最近 3 个会计年度经营活动产生的现金流净额累计超过 5000 万元人民币或最近 3 个会计年度累计营业收入超过 3 亿元人民币；最近一期无形资产（扣除土地使用权、水面养殖权和采矿权等后）占净资产的比例不超过 20%；最近 3 个会计年度的财务报告中无虚假记载	最近 3 个会计年度的累计净利润超过 3000 万元人民币（净利润以扣除非经常性损益前后较低者为计算依据）；最近 3 个会计年度经营活动产生的现金流净额累计超过 5000 万元人民币或最近 3 个会计年度累计营业收入超过 3 亿元人民币；最近一期无形资产（扣除土地使用权、水面养殖权和采矿权等后）占净资产的比例不超过 20%；最近 3 个会计年度的财务报告中无虚假记载	最近两个会计年度连续盈利，最近两个会计年度净利润累计不少于 1000 万元，且持续增长；或者最近一个会计年度盈利，且净利润不少于 500 万元，最近一个会计年度营业收入不少于 5000 万元，最近两个会计年度营业收入增长率均不低于 30%。净利润以扣除非经常性损益前后孰低者为计算依据。最近一期末净资产不少于 2000 万元，且不存在未弥补亏损

续表

	主板（上交所、深交所）	中小企业板 （主板组成部分）	创业板
独立性	应具有完整的业务体系和直接面向市场独立经营的能力；资产应当完整；人员、财务、机构以及业务必须独立	应具有完整的业务体系和直接面向市场独立经营的能力；资产应当完整；人员、财务、机构以及业务必须独立	资产完整，业务及人员、财务、机构独立，具有完整的业务体系和直接面向市场独立经营的能力
同业竞争	与控股股东、实际控制人及其控制的其他企业间不得有同业竞争；募集资金投资项目实施后，也不会产生同业竞争	与控股股东、实际控制人及其控制的其他企业间不得有同业竞争；募集资金投资项目实施后，也不会产生同业竞争	与控股股东、实际控制人及其控制的其他企业间不存在同业竞争，募集资金投资项目实施后，也不会产生同业竞争
关联交易	与控股股东、实际控制人及其控制的其他企业间不得有显失公平的关联交易；应完整披露关联方关系并按重要性原则恰当披露关联交易；关联交易价格公允，不存在通过关联交易操纵利润的情形	与控股股东、实际控制人及其控制的其他企业间不得有显失公平的关联交易；应完整披露关联方关系并按重要性原则恰当披露关联交易；关联交易价格公允，不存在通过关联交易操纵利润的情形	与控股股东、实际控制人及其控制的其他企业间不得有严重影响公司独立性或者显失公允的关联交易；应完整披露关联方关系并按重要性原则恰当披露关联交易；关联交易价格公允，不存在通过关联交易操纵利润的情形
股本及公众持股	发行前股本总额不少于人民币 3000 万元；上市股份公司股本总额不低于人民币 5000 万元；公开发行的股份达到公司股份总数的 25% 以上；公司股本总额超过人民币 4 亿元的，公开发行股份的比例为 10% 以上；企业的股权清晰，控股股东和受控股股东、实际控制人支配的股东持有的企业股份不存在重大权属纠纷	发行前股本总额不少于人民币 3000 万元；上市股份公司股本总额不低于人民币 5000 万元；公众持股至少为 25%；如果发行时股份总额超过人民币 4 亿元，发行比例可以降低，但不得低于 10%；企业的股权清晰，控股股东和受控股股东、实际控制人支配的股东持有的企业股份不存在重大权属纠纷	最近一期末净资产不少于 2000 万元，且不存在未弥补亏损，发行后股本总额不少于 3000 万元，企业的股权清晰，控股股东和受控股股东、实际控制人支配的股东所持企业的股份不存在重大权属纠纷

续表

	主板（上交所、深交所）	中小企业板 （主板组成部分）	创业板
公司治理	企业已经依法建立健全股东大会、董事会、监事会、独立董事、董事会秘书制度，相关机构和人员能够依法履行职责；企业董事、监事和高级管理人员符合法律、行政法规和规章规定的任职资格；企业的董事、监事和高级管理人员已经了解与股票发行上市有关的法律法规，知悉上市公司及其董事、监事和高级管理人员的法定义务和责任；内部控制制度健全且被有效执行，能够合理保证财务报告的可靠性、生产经营的合法性、营运的效率与效果	企业已经依法建立健全股东大会、董事会、监事会、独立董事、董事会秘书制度，相关机构和人员能够依法履行职责；企业董事、监事和高级管理人员符合法律、行政法规和规章规定的任职资格；企业的董事、监事和高级管理人员已经了解与股票发行上市有关的法律法规，知悉上市公司及其董事、监事和高级管理人员的法定义务和责任；内部控制制度健全且被有效执行，能够合理保证财务报告的可靠性、生产经营的合法性、营运的效率与效果	具有完善的公司治理结构，依法建立健全股东大会、董事会、监事会以及独立董事、董事会秘书、审计委员会制度，相关机构和人员能够依法履行职责。并且公司的董事、监事和高级管理人员符合法律、行政法规和规章规定的任职资格；公司的董事、监事和高级管理人员已经了解与股票发行上市有关的法律法规，知悉上市公司及其董事、监事和高级管理人员的法定义务和责任；内部控制制度健全且被有效执行，能够合理保证财务报告的可靠性、生产经营的合法性营运的效率与效果
持续盈利能力			不存在如下情形：经营模式、产品或服务的品种结构已经或者将发生重大变化，并对公司的持续盈利能力构成重大不利影响；行业地位或公司所处行业的经营环境已经或者将发生重大变化，并对公司的持续盈利能力构成重大不利影响；公司在用的商标、专利、专有技术、特许经营权等重要资产或者技术的取得或者使用存在重大不利变化的风险；公

续表

	主板（上交所、深交所）	中小企业板（主板组成部分）	创业板
持续盈利能力			司最近一年的营业收入或净利润对关联方或者有重大不确定性的客户存在重大依赖；公司最近一年的净利润主要来自合并财务报表范围以外的投资收益；其他可能对公司持续盈利能力构成重大不利影响的情形
其他要求	企业最近3年内主营业务和董事、高级管理人员没有发生重大变化，实际控制人没有发生变更；企业的注册资本已足额缴纳，发起人或者股东用作出资的资产的财产权转移手续已办理完毕，企业的主要资产不存在重大权属纠纷；企业的生产经营符合法律、行政法规和公司章程的规定，符合国家产业政策；最近3年内不得有重大违法行为	企业最近3年内主营业务和董事、高级管理人员没有发生重大变化，实际控制人没有发生变更；企业的注册资本已足额缴纳，发起人或者股东用作出资的资产的财产权转移手续已办理完毕，企业的主要资产不存在重大权属纠纷；企业的生产经营符合法律、行政法规和公司章程的规定，符合国家产业政策；最近3年内不得有重大违法行为	最近3年内主营业务和董事、高级管理人员没有发生重大变化，实际控制人没有发生变更；企业的注册资本已足额缴纳，发起人或者股东用作出资的资产的财产权转移手续已办理完毕，公司的主要资产不存在重大权属纠纷；公司的生产经营符合法律、行政法规和公司章程的规定，符合国家产业政策；最近3年内不得有重大违法行为

注：主板与中小企业板对发行人的基本要求大致相同。

附录 5　拆除股权控制类红筹架构流程 4F

一、拆除股权控制类红筹架构流程

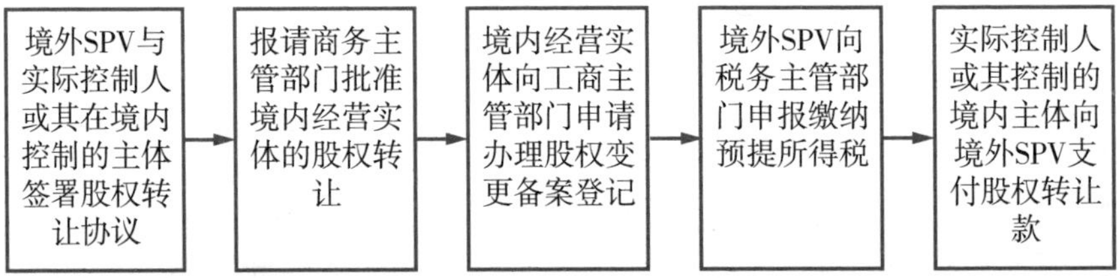

二、办理流程及申请材料

1. 报请商务主管部门批准境内经营实体的股权转让

（1）办理流程

①提出申请；②审核申请材料；③申请材料审核结果：需要补正材料的告知申请人，符合不予受理情形的不予受理，发放《行政审批不予受理决定书》；④受理的发放《行政审批受理通知书》；⑤批准决定（20 个工作日内做出）；⑥证件送达（3 个工作日内）；⑦决定公开。

（2）申请材料

①申请报告（含可行性说明）；②企业原批准证书、营业执照；③企业最高权力机构关于变更及修改合同、章程相应条款的决议（外商独资企业只需修改章程）；④企业最高权力机构成员名单；⑤企业投资方法定代表人或授权代表签署的合同修正案（外商独资企业无须提供）；⑥企业投资方法定代表人或授权代表签署的章程修正案；⑦经批准的原合同及修正案（外商独资企业无须提供）；⑧经批准的原章程及修正案；⑨授权签署文件的，出具授权书；⑩授权签署文件的，被授权代表身份证明；⑪转让方与受让方签订的并经其他投资者签字或以其他书面方式认可的股权转让协议；⑫新（或更名后的）投资方为境外投资者的提供经公证和认证的境外投资者的主体资格证明或身份证明及中文翻译件；⑬新（或更名后的）投资方为境内投资者的提供境内投资者的营业执照和更名通知书；⑭新投资方银行资信证明及中文翻译件；⑮新投资方法定代表人或授权代表的身份证明；⑯产权交易所交易凭证（涉

及国有资产股权）；⑰涉及董事会成员（或执行董事）、监事会成员（或监事）变更的，投资方出具董事、监事委派书及原董事、监事免职书；⑱新任董事身份证明；⑲发起人（包括但不限于原外商投资企业投资方）协议；⑳原外商投资企业投资方关于终止原合同、章程的决议；㉑原外商投资企业最近连续 3 年的年度审计报告；㉒原外商投资企业资产评估报告；㉓证券管理部门批准境外上市的文件（股份有限公司在境外发行上市外资股需提供）；㉔境外证券机构批准原股份有限公司股票上市的文件；㉕境外上市的原股份有限公司股票交易情况；㉖股份有限公司资产评估报告；㉗会计师事务所出具的企业年度审计报告；㉘股东大会律师意见函和公告（上市公司需提供）；㉙相关核准、许可、备案文件（涉及项目核准、城市规划土地、环保、国有资产管理需提供）；㉚其他相关批准文件（涉及其他前置审批需提供）；㉛审批机关要求的其他文件。

2. 境内经营实体向工商主管部门申请办理股权变更备案登记

（1）办理流程

①申请人到登记机关现场领取或者从上海市工商行政管理局网站下载公司变更登记申请表格。②申请人向登记机关现场提交公司登记所需的全套申请材料，领取收件凭据。③登记机关在收件后 5 日内做出是否准予登记的决定；需要对申请文件、材料核实的，应当在受理之日起 15 日内做出是否准予变更登记的决定；属于简易登记的，登记机关当场做出是否准予变更登记的决定。④登记机关做出准予变更登记决定的，申请人于 10 日内到登记机关注册大厅领取营业执照。

（2）申请材料

①《公司登记（备案）申请书》。②《指定代表或者共同委托代理人授权委托书》及指定代表或委托代理人的身份证件复印件。③股东向股东以外的人转让股权的，提交其他股东过半数同意的文件；其他股东接到通知 30 日未答复的，提交拟转让股东就转让事宜发给其他股东的书面通知。④股东双方签署的股权转让协议或者股权交割证明。⑤新股东的主体资格证明或自然人身份证件复印件。⑥修改后的公司章程或公司章程修正案（公司法定代表人签署）。⑦法律、行政法规和国务院决定规定变更股

东必须报经批准的，提交有关的批准文件或者许可证书复印件。⑧营业执照。

3. 境外 SPV 向税务主管部门申报缴纳预提所得税

（1）扣缴企业所得税合同备案

①扣缴企业所得税合同备案登记表；②股权转让合同或协议（为外文文本的同时附送中文译本）；③股权转让双方信息（如身份信息、联系方式等）；④股权转让情况说明（如股权基本信息、企业资产状况、约定对价金额、具体交易形式、工商变更时间、对价支付时点、后续收入或赔偿等）；⑤关于股权转让及价格合理性的说明文件；⑥授权经办人办理备案手续的授权委托书以及经办人身份证明文件复印件；⑦税务主管部门要求的其他文件。

（2）扣缴税款

①中华人民共和国扣缴企业所得税报告表；②关于应纳税款金额的计算说明；③相关部门核准企业股权变更事项证明材料及被转让股权企业变更后工商营业执照（如外商投资企业发生直接股权转让）；④税务主管部门要求的其他文件。

4. 实际控制人或其控制的境内主体向境外 SPV 支付股权转让款

（1）审核材料

①业务登记凭证；②外汇管理部门资本项目信息系统银行端中打印的股权转让流出控制信息表。

（2）办理原则

①银行应根据股权转让流出控制信息表为申请主体办理资金汇出。外汇管理部门或银行在备注栏中进行备注的，汇款银行应结合备注内容办理；②银行应在业务办理后及时完成国际收支申报手续。

附件 6　拆除协议控制类红筹架构流程 5F

一、拆除协议控制类红筹架构流程

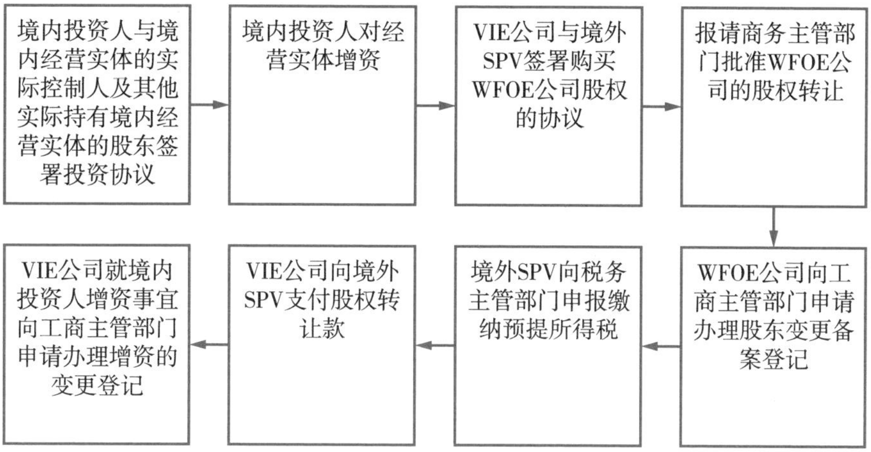

二、办理流程及申请材料

1. 报请商务主管部门批准 WFOE 公司的股权转让

（1）办理流程

①申请人到登记机关现场领取或者从上海工商网站下载公司变更登记申请表格。②申请人向登记机关现场提交公司登记所需的全套申请材料，领取收件凭据。③登记机关在收件后 5 日内做出是否准予登记的决定；需要对申请文件、材料核实的，应当在受理之日起 15 日内做出是否准予变更登记的决定；属于简易登记的，登记机关当场做出是否准予变更登记的决定。④登记机关做出准予变更登记决定的，申请人于 10 日内到登记机关注册大厅领取营业执照。

（2）申请材料

①《公司登记（备案）申请书》。②《指定代表或者共同委托代理人授权委托书》及指定代表或委托代理人的身份证件复印件。③股东向股东以外的人转让股权的，提交其他股东过半数同意的文件；其他股东接到通知 30 日未答复的，提交拟转让股东就转让事宜发给其他股东的书面通知。

④股东双方签署的股权转让协议或者股权交割证明。⑤新股东的主体资格证明或自然人身份证件复印件。⑥修改后的公司章程或公司章程修正案（公司法定代表人签署）。⑦法律、行政法规和国务院决定规定变更股东必须报经批准的，提交有关的批准文件或者许可证书复印件。⑧营业执照。

2.WFOE 公司向工商主管部门申请办理股东变更备案登记

（1）办理流程

①申请人到登记机关现场领取或者从上海工商网站下载公司变更登记申请表格。②申请人向登记机关现场提交公司登记所需的全套申请材料，领取收件凭据。③登记机关在收件后 5 日内做出是否准予登记的决定；需要对申请文件、材料核实的，应当在受理之日起 15 日内做出是否准予变更登记的决定；属于简易登记的，登记机关当场做出是否准予变更登记的决定。④登记机关做出准予变更登记决定的，申请人于 10 日内到登记机关注册大厅领取营业执照。

（2）申请材料

①《公司登记（备案）申请书》。②《指定代表或者共同委托代理人授权委托书》及指定代表或委托代理人的身份证件复印件。③股东向股东以外的人转让股权的，提交其他股东过半数同意的文件；其他股东接到通知三十日未答复的，提交拟转让股东就转让事宜发给其他股东的书面通知。④股东双方签署的股权转让协议或者股权交割证明。⑤新股东的主体资格证明或自然人身份证件复印件。⑥修改后的公司章程或公司章程修正案（公司法定代表人签署）。⑦法律、行政法规和国务院决定规定变更股东必须报经批准的，提交有关的批准文件或者许可证书复印件。⑧营业执照。

3. 境外 SPV 向税务主管部门申报缴纳预提所得税

拆除红筹架构过程中因外商投资企业发生直接或间接股权变更，则转让方为纳税义务人，而受让方作为扣缴义务人需申报并缴纳股权转让所得税。

（1）扣缴企业所得税合同备案

①扣缴企业所得税合同备案登记表；②股权转让合同或协议（为外文文本的同时附送中文译本）；③股权转让双方信息（如身份信息、联系方式等）；④股权转让情况说明（如股权基本信息、企业资产状况、约定对

价金额、具体交易形式、工商变更时间、对价支付时点、后续收入或赔偿等）；⑤关于股权转让及价格合理性的说明文件；⑥授权经办人办理备案手续的授权委托书以及经办人身份证明文件复印件；⑦税务主管部门要求的其他文件。

（2）扣缴税款

①中华人民共和国扣缴企业所得税报告表；②关于应纳税款金额的计算说明；③相关部门核准企业股权变更事项证明材料及被转让股权企业变更后工商营业执照（如外商投资企业发生直接股权转让）；④税务主管部门要求的其他文件。

4.VIE 公司向境外 SPV 支付股权转让款

（1）审核材料

①业务登记凭证；②外汇管理部门资本项目信息系统银行端中打印的股权转让流出控制信息表。

（2）办理原则

①银行应根据股权转让流出控制信息表为申请主体办理资金汇出。外汇管理部门或银行在备注栏中进行备注的，汇款银行应结合备注内容办理。②银行应在业务办理后及时完成国际收支申报手续。

5.VIE 公司就境内投资人增资事宜向工商主管部门申请办理备案登记办理增资

（1）审核材料

①申请人到登记机关现场领取或者从上海工商网站下载公司变更登记申请表格。②申请人向登记机关现场提交公司登记所需的全套申请材料，领取收件凭据。③登记机关在收件后 5 日内做出是否准予登记的决定；需要对申请文件、材料核实的，应当在受理之日起 15 日内做出是否准予变更登记的决定；属于简易登记的，登记机关当场做出是否准予变更登记的决定。④登记机关做出准予变更登记决定的，申请人于 10 日内到登记机关注册大厅领取营业执照。

（2）申请材料

①《公司登记（备案）申请书》；②《指定代表或者共同委托代理人授权委托书》及指定代表或委托代理人的身份证件复印件；③关于公司增

加注册资本的决议或者决定；④修改后的公司章程或者公司章程修正案（公司法定代表人签署）；⑤股份有限公司以募集方式增加注册资本的还应提交国务院证券监督管理机构的核准文件；⑥法律、行政法规和国务院决定规定变更注册资本必须报经批准的，提交有关的批准文件或许可证件复印件；⑦公司营业执照。